Ida von Düringsfeld

Von der Schelde bis zur Maas

Zweiter Band : Das geistige Leben der Vlamingen seit dem Wiederaufblühen der

Literatur

Ida von Düringsfeld

Von der Schelde bis zur Maas
Zweiter Band : Das geistige Leben der Vlamingen seit dem Wiederaufblühen der Literatur

ISBN/EAN: 9783742889997

Hergestellt in Europa, USA, Kanada, Australien, Japan

Cover: Foto ©ninafisch / pixelio.de

Manufactured and distributed by brebook publishing software (www.brebook.com)

Ida von Düringsfeld

Von der Schelde bis zur Maas

Von der Schelde bis zur Maas.

Das geistige Leben
der
Vlamingen
seit dem Wiederaufblühen der Literatur.

Biographien, Bibliographien und Proben
von
Ida von Düringsfeld.

Zweiter Band.

Leipzig.   Brüssel.
Ad. Lehmann.   Fr. Claasen.

1861.

Inhalt.

	Seite
Geiregat (Pieter)	1
Eine öffentliche Einmiethung. Erzählung . . .	2
Génard (Petrus Marie Nikolas Jan) . . .	24
Die Macht der Liebe. Gedicht	28
Gerrits (Lodewyk)	41
Hendrik. Erzählung	42
Gezelle (Guido)	53
O 's Rauschen von dem schlanken Ried! Gedicht .	53
Gautier (Frau, geborene Marie de Smet) . .	55
Samstagabend. Lied	56
Hansen (Constanz J.)	57
Das Kind und die Wittwe. Fragmente aus dem Oratorium: Das Leben der Frau. Ritornel. An meinen Busenfreund zu seinem Feste	61
Hendrickxzone (Emmanuel, Hiel) . . .	63
Triolette	64
Hendrickx (Petrus Joseph Norbert) . . .	65
Erster Auftritt des zweiten Akts aus dem zweiten Theil des dramatischen Gedichtes „Don Juan." . . .	68

	Seite
Heuts (Michel Bernard Frans)	74
Clara. Gedicht	74
Lauwers (Edmond L. D.)	78
Fragment aus dem Roman Minna Van der Blyt	79
Ledeganck (Karel Lodewyk)	82
Der Bettler. Gedicht	85
Loveling (Rosalie)	92
Der kleine Lautenspieler. Gedicht	94
Loveling (Virginie)	95
Das Liedchen meiner Kindheit. Gedicht	95
Mees (Benedictus Joannes)	97
Eine Heirath bei den alten Belgiern. Erzählung	97
Mertens (Florentius)	106
Im Postwagen. Skizze	106
Michels (Eduard)	114
Fragment aus der Erzählung Zu Haus bei den Bauern	115
Nolet de Brauwere van Steenland (Johann Karl Hubert)	128
Fragment aus dem Gedicht Fortschritt. Streitgesang aus der epischen Dichtung Ambiorix	128
Pâquers (Dosent)	137
Fragment aus der Dichtung „Die fünfundzwanzigjährige Jubelfeier Sr. Majestät Leopold I. Königs der Belgier	137
Peeters (Hendrik Bartholomäus)	138
Ging mein Hembelein zu waschen.	140
Vergangnes Jahr und dieses Jahr.	141
Am Brunnen. Lieder.	142
Gestern und Heute.	142
Lieb Knäbelein.	143
Renier (Petrus Joannes)	145
Hans, der Sperling und der Maikäfer. Fabel	145

	Seite
Rens (Frans)	149
Das Kinderopfer. Gedicht	150
Roelants (Johan Franz)	154
Scenen aus dem Trauerspiel Wilhelm der Schweiger	155
Rogghé (Willem)	166
Meine Rosen. Lied	167
Rosseels (Emmanuel)	168
Theodor Van Ryswyck. Lustspiel	169
Simillion (Konstantyn)	204
Vögel für die Katze. Märchen	204
Sleeckx (Dominikus)	214
Miß Arabella Knoir. Eine Pferdegeschichte	217
Snellaert (Ferdinand Augustyn)	273
Am 18. Juli 1853. Gedicht	275
Snieders (August)	277
Auf Wiederseh'n. Gedicht	279
Am Eingang der Kirche. Gedicht	281
Snieders (Xavier, de)	287
Der Sohn des Scheerenschleifers. Erzählung	290
Staes (Jan)	342
Die Blümchen meiner Mutter. Gedicht	342
Stallaert (Karl Frans)	345
Die erste deutsche Charte in Brabant. Geschichtliche Skizze	346
Stroobant (Eugen Eduard)	358
Rath und That. Lustspiel	359

Geiregat, (Pieter) geboren zu Gent den 25. Februar 1828. Sein Vater war Lichtgießer, und ließ den Sohn dasselbe Gewerbe erlernen, nachdem der Knabe vom siebenten bis zum dreizehnten Jahre eine der freien Stadtschulen in Gent besucht hatte.

Nun er, der Sohn, und das älteste der drei Kinder den Eltern beim Verdienst zu helfen vermochte, ging es bald so viel besser, daß die Mutter ein kleines Specereiwaaren=geschäft anfangen konnte. Zu Düten kaufte sie öfter pfund=weise alte Bücher, welche für den Knaben neu und köstlich waren. Sobald er sein Tagewerk vollbracht hatte, saß er und las, den Kopf zwischen den beiden Händen, taub und blind gegen Alles, was um ihn herum vorging. Dabei brannte eines Abends seine Schlafmütze an, die er bereits aufgesetzt hatte. Zum Glück sah die Mutter bei Zeiten die drohende Gefahr, riß ihm die lodernde Mütze vom Kopf, und der allzu eifrige Leser kam mit versengtem Haar davon.

Doch nicht nur auf diese autodidaktische Weise suchte er sich auszubilden, er besuchte auch die unentgeldlichen Vor=träge, welche an der Industrieschule für junge Handwerker ge=halten wurden.

Bei diesen Vorträgen wurde er mit einem jungen Ver=messer, Ramon, auf das Innigste vertraut und durch diesen wiederum mit dem jüngern Bruder des Dichters Rens be=kannt. Als die „Blämische Gesellschaft" gegründet und der junge Rens durch seinen Bruder in dieselbe eingeführt wurde, ließ er nicht nach, bis er seine Freunde ebenfalls überredet hatte, Mitglieder zu werden. Angefeuert durch die Aelteren in der Versammlung, legten die drei jungen Leute sich zugleich mit großem Eifer auf die vaterländische Literatur, doch nur Geiregat, der damals achtzehn Jahre zählte, beharrte in diesem Streben, als dessen erste Frucht ein Bändchen erschien, welches „Ritter Geerard", Roman aus dem Mittelalter, und „Das Höllenfest", eine Phantasie, enthielt. Von der Zeit an hat Geiregat nicht mehr aufgehört zu arbeiten. Er gewann mehrmals Preise, so zu Deinze, zu Löwen und erst 1856 in dem Preiskampf der Gesellschaft für Rhetorika zu Rousselaere die beiden ersten für das Drama „Der Tod der Grafen Egmont und Hoorne", und für das Lustspiel „Frans Hals und Van Dyck". Seit 1855 ist Geiregat Mitredacteur der „Zeitung von Gent", des ältesten und verbreitetsten vlämischen Tageblattes, „welches ohne politische Farbe ist und blos Nachrichten und Artikel über Handel, Kunst, Wissenschaft und Literatur bringt."

Die Novelle, welche ich von Geiregat bringe, behandelt einen ächt vlämischen Gebrauch, das Einmiethen der Gemeindearmen. Dieses Verfahren heißt „besteden", und die Eingemietheten werden folglich „Bestedelingen"*) genannt. Eene openbare aenbesteding läßt sich deshalb nicht gut anders übersetzen als:

Eine öffentliche Einmiethung.

I.

Es war in dem strengen Winter des Jahres 1846, und dicke Schneewolken flogen um die Hütte des alten Van den Bogaerde her, die einsam und verlassen in der Nähe eines Hölzchens und etwa eine Viertelstunde weit von der Kirche

---

*) De bestedeling ist auch der Titel von der neuesten größeren Dichtung Jan Van Beers in seinen Levensbeelden. Amsterdam 1859.

eines vlämischen Dorfes stand, dem wir aus gewissen Gründen einen erfundenen Namen beilegen wollen und zwar den von Westenberge.

Van den Bogaerde, ein Greis von siebenzig Jahren, saß bei einem Holzfeuerchen; seine Frau, die etwas jünger aussah, hielt ihm zur Seite ihre frierenden Hände über die eben nur glimmende Glut. Zwischen beiden Gatten stand so dicht wie möglich am Kamin ein Gebauer, in welchem ein Eichhörnchen vergnügt herumsprang.

Die Lebendigkeit und Beweglichkeit des lieben Thierchens stachen seltsam gegen den tiefen Kummer ab, der auf dem gefurchten Antlitz der beiden Greise zu lesen war. Auch waren sie wirklich auf das Höchste unglücklich: sie wärmten sich an ihrem letzten Scheit Holz, und in dem alten wurmstichigen Schränkchen, welches außer einem elenden Bett das einzige Stück Hausrath in der Hütte war, lag die letzte Schnitte Roggenbrod.

Gott behüte einen vor Elend in seinen alten Tagen, besonders wenn man, wie die Van den Bogaerde's, niemals Mangel gelitten hat. Auch schauderten die alten Leute vor dem Gedanken daran zurück, mit thränenden Augen blickten sie einander an, mit ihren zitternden Händen griffen sie nach einander, und mit einem schweren Seufzer sprach der Greis: „Ach, beste Trien, wenn Gott uns doch jetzt zu unserm Gabriel rufen wollte. Wir haben lange genug gelebt."

„Ja, bei Gabriel im Himmel wär' es gut sein," antwortete die alte Frau. Dann warf sie einen zärtlichen Blick auf das Eichhörnchen und fuhr fort:

„Ihr, arm klein Thierchen, habt ihn auch gekannt, unfern Gabriel, unfern guten Jungen. Er war es, der Euch in dem Land der hohen Berge einem kleinen Savoyarden abkaufte, der Euch tödten wollte. Unser Gabriel hatte selbst mit dem kleinsten Thierchen Mitleid, er konnte keiner Fliege Leid anthun sehen. Eine Zeit lang habt Ihr bei ihm gewohnt und viele Nüßchen zum Aufknacken von ihm bekommen, und wenn er an Euer Gebauerchen kam, da sprangt Ihr vor Freuden. Auch schrieb er uns: „Vater, Mutter, das Eichhörnchen soll Euch an mich erinnern; wenn Ihr „Gabriel" sagt, wird es Euch ansehen und die Pfötchen ausstrecken, um ein Nüßchen zu bekommen. Ich hab' ihm das gelehrt; es ist ein so liebes anstelliges Thierchen; Ihr werdet sehen, daß es mich noch kennen wird, wenn ich wieder nach Hause komme." Ach, arm Thierchen, Gabriel wird nicht mehr zurückkommen — er ist todt!"

„Todt!" wiederholte gleich einem traurigen Echo die schwache Stimme des Greises, während das Eichhörnchen bei dem Hören des Namens Gabriel im Springen innegehalten und sein Pfötchen zwischen den Stäben seines Käfigs herausgestreckt hatte. Die alte Frau suchte in ihrer Tasche nach einer Nuß, doch ihr Suchen war umsonst. Da rief sie schmerzlich: „Ach, auch unser armes Thierchen wird Mangel leiden müssen — das ist doch schrecklich."

Vater Van den Bogaerde war Schuhmacher von Gewerbe und hatte vier Kinder, eine Tochter und drei Söhne, welche nach den drei Erzengeln Gabriel, Rafael und Michael genannt worden waren. Der zweite, Rafael, war in dem Alter von drei Jahren zum Herrn gerufen worden, die Tochter war mit sechszehn Jahren in Dienst nach Brüssel gegangen. Dort hatte sie zwei Jahr später einen Arbeiter geheirathet, und fand als Mutter mehrerer Kinder nur mit Mühe ihr ehrliches Fortkommen. Wie bei so Vielen war allzufrühes Heirathen ihr Unglück gewesen.

Gabriel, der Aelteste, hatte zur Pathe eine Tante, die zu Gent wohnte, kinderlos war, und deshalb Alles that, um ihr Taufkind zu sich nehmen zu dürfen. Sie war allerdings nicht sehr bemittelt, aber sie konnte doch den Knaben ein gutes Handwerk lehren lassen, der Schuhmacher, dessen Verdienst in dem kleinen Dorfe nur gering war, willigte endlich ein. Gefiel es dem Jungen nicht, dann konnte er ihn ja augenblicklich wieder nach Hause holen. Aber Tante war brav, der Junge auch, und so richtete er sich recht gut ein, ging bis zu vierzehn Jahren in die Schule und kam dann zu einem Uhrmacher in die Lehre. Mit zwanzig Jahren war er bereits ein sehr guter Arbeiter, doch er wollte sich noch vervollkommnen und ging deshalb zuerst nach Paris und von dort nach Genf. Da blieb er mehrere Jahre und verdiente viel Geld. Der Vater war inzwischen alt und augenkrank geworden, doch litt darum weder er noch die Mutter Mangel, denn Gabriel sandte seinen Eltern jeden Monat dreißig Franken und mehr bedurften sie nicht. Auch das Eichhörnchen hatte er von Genf aus mit einem guten Freunde gesandt.

Aber im December 1845 kam ein Trauerbrief. Gabriel war in Genf plötzlich gestorben, fern von den Seinen, fern vom Vaterlande. In dem Briefe lag eine Banknote von hundert Franken, das sollte Alles sein, was der Jüngling hinterlassen hatte. Ob dem so war? Wie sollten die armen

alten Leute das in dem fernen Auslande in Erfahrung
bringen?

Die hundert Franken, das letzte Geld des guten Sohnes,
und was die beiden Alten sonst noch hatten, war im Laufe
des Jahres aufgezehrt worden, und darum saßen die greisen
Gatten jetzt rath= und trostlos da und blickten mit tiefem
Schmerze auf ihr armes Eichhörnchen, welches heute zum
ersten Male sein Pfötchen umsonst nach einer Nuß ausge=
streckt hatte.

Da ging die Thür auf, und herein trat ein Jüngling
von etwa zwanzig Jahren, der jüngste Sohn, Michael, der
seit zwei Jahren bei einem Pastor in Dienst war und so
oft ihn sein Weg an der Hütte vorüberführte, nach seinen
Eltern sehen kam.

Als er sie so niedergeschlagen sitzen fand, rief er er=
schrocken: „Vater, Mutter, was giebt's?"

Der Vater antwortete: „Was es giebt, Junge? Das letzte
Holz brennt im Ofen, und das letzte Brod liegt im Schrank."

Der Jüngling stand mehrere Augenblicke wie geschlagen
da; endlich seufzte er: „Ich hab' es gefürchtet, daß es soweit
kommen würde: Gabriel ist nicht mehr."

Bald indessen faßte er wieder Muth, erhob kräftig den
Kopf und sprach: „Nein, Vater, Mutter, Ihr sollt nicht
Mangel leiden, ich will Euch beistehen, so viel es in meiner
Macht steht; ich hab' zwanzig Franken erspart — die sind
für Euch. Und muß es sein, so bring' ich Euch alle Tage
die Hälfte von meinem Essen — mein Baas*) ist gut, er

---

*) Baes, Baas: Herr, Meister, Wirth. Ebenso Bazin, mit dem
Tonfall auf die letzte Sylbe: Frau, Meisterin, Wirthin.

wird mich das schon thun lassen." Und heftig bewegt ergriff der Jüngling die Hände seiner Eltern und blickte ihnen liebreich und voll Mitleid in die Augen.

Ebenso bewegt küßten die Eltern den braven Sohn, aber darauf sprach der Vater: „Nein Kind, das darf, das kann nicht sein. Ihr seid nur ein armer Knecht, wir wollen nicht, daß Ihr für uns Hunger leiden sollt; in der Jugend bedarf man der Nahrung, um stark zu werden, und Euer Lohn reicht kaum hin, um Euch anständig zu kleiden. Wir werden uns an die Obrigkeit wenden, das ganze Dorf weiß, daß wir immer brave ehrliche Leute waren, die Gemeinde wird uns schon unterhalten."

„Ja," entgegnete bitter der Sohn, „man wird Euch öffentlich einmiethen, der oder jener habsüchtige Bauer wird für ein Paar Centimen den Tag die Sorge für Euern Unterhalt übernehmen, er wird von Euch Profit haben wollen, Euch vielleicht Arbeiten zumuthen, die über Eure Kräfte sind. Ihr werdet bei fremden Menschen sein, Vater hier, Mutter dort —"

„Ach, Kind, schweigt doch, Ihr zerreißt mir das Herz!" rief die Mutter.

Michael, der gute Michael, hatte sich nicht mehr halten können — gegen den alten Schrank gestützt, weinte er heiße Thränen.

Der Vater suchte ihn zu trösten. „Bedenkt, Kind, wie alt wir schon sind," sprach er. „Gott hat uns viele glückliche Jahre geschenkt; müssen wir auch jetzt etwas leiden, so wollen wir, Mutter und ich, es gelassen als gute Christen ertragen. Wir haben nicht viele Jahre mehr auszuhalten, bevor wir wieder mit Gabriel vereinigt und ewig glücklich sein werden."

II.

Der alte Van den Bogaerde und seine Frau thaten wie sie gesagt hatten. Sie wendeten sich an die Obrigkeit der Gemeinde Westenberge, legten derselben ihre Verhältnisse dar und baten, daß die Gemeinde sie unterhalten möge. Da sie immer brav und ehrlich gewesen und aus Westenberge gebürtig waren, auch ihr ganzes Leben dort zugebracht hatten, konnte ihnen das nicht abgeschlagen werden. Nicht alle Gemeinden in Vlanderen besitzen ein Armenhaus, viele sind selbst zu arm, um eines unterhalten zu können. In diesen ist die Sitte, daß die Hülfsbedürftigen alle Jahre bei den Mindestfordernden eingemiethet werden.

Der Tag war gekommen, und die alten Leute, welche eingemiethet werden sollten, standen in zwei Reihen auf dem Platz vor der Dorfkirche. Unter ihnen befanden sich Van den Bogaerde und seine Frau; sie standen nebeneinander und hielten sich an der Hand. Der alte Mann trug den Käfig, in welchem das Eichhörnchen saß, das Einzige, was zu verkaufen sie sich nicht hatten entschließen können. Der Bürgermeister, die Schöffen und der Gemeindeschreiber standen in einiger Entfernung, und der Feldwächter marschirte mit einem großen Säbel umher, gerade als müßte er Wache halten. Bauern und Bäuerinnen drängten sich zwischen die alten Leute, besahen sie und thaten ihnen eine Menge Fragen: ob sie die oder die Arbeit verrichten könnten, ob sie sich mit solcher oder solcher Kost begnügen wollten, und dergleichen mehr.

Ein Pachter, ein stattlicher Funfziger, der wohlhabend aussah und es auch war, kam zu dem alten Van den Bogaerde und fragte ihn: „Würdet Ihr noch so was Schuhe flicken und jäten können? dann will ich mit auf Euch bieten."

„Ja wohl, Pachter Pieters," antwortete der alte Mann, „ich will Alles thun, was ich kann, und Ihr sollt gewiß mit mir zufrieden sein, wenn —"

„Nun, wenn?" fragte der Pachter.

„Wenn Ihr meine Trien auch nehmt, damit wir beisammen bleiben."

„Das taugt Nichts," engegnete der Pachter. „Ein altes Ehepaar, das steckt ewig zusammen, und schwatzt und thut Nichts. Darauf lass' ich mich nicht ein."

„Ach, seid doch so gut, Pachter Pieters," bat der alte Van den Bogaerde, „verrichtet eine schöne That — Gott wird sie Euch lohnen."

Die alte Trien streckte gleichfalls bittend ihre Hände nach Pachter Pieters aus, aber ihre Lippen zitterten so, daß sie nicht sprechen konnte. In diesem Augenblick kam eine dicke Pachterin, Frau Ketels, zu der armen Alten und frug sie, ob sie gut auf kleine Kinder aufpassen würde.

„O ja, und nebenbei auch noch etwas stricken und stopfen," antwortete Trien.

„Dann ist es gut, dann nehm' ich Euch," fuhr die Pachterin fort.

„Ja, aber —" setzte die Alte zögernd hinzu.

„Was?"

„Kauft doch auch meinen Mann, damit wir nicht getrennt werden. Wir haben einander so viele Jahre unterstützt und getröstet. Wir wollen alle Beide unser Bestes thun, Frau Ketels."

„Ich hab' keinen Mann nöthig, und Ihr werdet es allein schon gewohnt werden. Wenn uns der Mann stirbt, müssen wir uns doch auch ohne ihn behelfen."

„Ach ja, aber dann weiß man, daß er bei Gott im Himmel ist: das ist ein Trost," sagte Trien, aber die Pachterin war schon fort und hörte die letzten Worte nicht mehr.

Nachdem die alten Leute genugsam untersucht worden waren, begann die Feilbietung. Der Feldwächter nahm Einen nach dem Andern beim Arm, während der Bürgermeister den Namen und das Alter ausrief. Die Kleidung besorgte die Gemeinde, das Feilbieten geschah nur für Kost und Wohnung.

Mehrere waren bereits eingemiethet, als die Reihe an Vater Van den Bogaerde kam.

„Hier ist ein noch rüstiger Mann!" rief der Bürgermeister. „Lieven Van den Bogaerde, siebenzig Jahr; für Kost und Wohnung pro Tag, durch die Gemeinde zu bezahlen — wer bietet?"

„Sechzig Centimen!" rief Pachter Pieters.

„Fünfundfunfzig!" bot ein anderer Pachter.

„Funfzig!" rief Pachter Pieters.

„Vierzig!" rief der Andere.

Pachter Pieters warf ärgerliche Blicke auf seinen Mitbieter und rief endlich heftig:

„Fünfunddreißig!"

Der Andere zuckte die Achseln, sagte, daß dabei kein Profit wäre, und entfernte sich.

„Fünfunddreißig Centimen! Fünfunddreißig Centimen!

Bietet Niemand weniger? Niemand? Niemand? Zugeschla=
gen!" rief der Bürgermeister in die Hände schlagend. Er
wünschte Pachter Pieters zu dem Geschäft Glück und
übergab ihm den Greis, doch nicht, ohne ihn zu ermahnen,
denselben wohl zu verpflegen. Zu dem alten Manne sagte
er, wie er hoffe, daß er mit Pachter Pieters in Frieden und
Eintracht leben und ihm dienen werde, wo er könne. Er
würde es dann gut bei ihm haben, hätt' er sich aber über
irgend etwas zu beschweren, möchte er sich nur an ihn, den
Bürgermeister, wenden.

Der alte Mann indessen achtete wenig auf die Worte
des Bürgermeisters, sondern wendete sich zu dem Pachter
und flehte: „Kauft doch auch meine Trien! Es wird Euch
Segen bringen, Pachter Pieters, thut ein gutes Werk, trennt
zwei solche alte Eheleute nicht!"

„Ich habe schon Unterröcke genug im Hause," war die
trockene Antwort des Pachters, und bald darauf wurde Trien
ebenfalls für fünfunddreißig Centimen der Frau Ketels zuge=
schlagen.

Die alten Ehegatten fielen einander um den Hals, und
ihre Thränen mischten sich.

„Ach, Mann," sagte die Frau, „wenn Ihr nun wieder
blind werden solltet, wer wird Euch dann den Arm geben,
um Euch nach der Kirche zu führen?"

„Schweigt doch, Trien, schweigt doch!" antwortete der
Greis. „Murren wir nicht. Was wir hier leiden, wird
Gott uns einst im Himmel bei Gabriel vergelten. So, trock=
net Eure Thränen, seht mich noch ein Mal süß an, und sagt
mir, daß Ihr geduldig sein wollt."

„Guter Freund," sprach Trien, „Ihr findet immer Worte, um mich zu trösten. Ich hatte Unrecht, aber es ist doch gewiß traurig so geschieden zu werden, wenn man dreißig Jahre in Liebe und Friede mit einander gelebt hat. Aber ich will geduldig sein, es ist doch das Beste. Gebt mir noch einen Kuß, Freund, und dann nehmt unser Eichhörnchen mit und bleibt gesund bis zum Wiedersehen." Und nach einer letzten Umhalsung und einem letzten Händedruck wollte sie der Pachterin folgen, doch ihr Mann hielt sie zurück und sprach: „Wie, Trien, könnt' Ihr daran denken? Ich das Eichhörnchen mitnehmen? Nein, das müßt Ihr haben, es ist Euch so zugethan, und wird Euch eine Zerstreuung sein. Nehmt es nur mit, Frau Ketels wird Nichts dagegen haben."

„Im Gegentheil; es wird ein Spielzeug für meine Kinder sein," bemerkte Frau Ketels, aber Trien wollte lange nicht. „Ihr habt es eben so gern, wie ich, Mann," sagte sie, „Ihr könnt ihm seinen Käfig so schön rein machen, und es läßt sich so gerne von Euch streicheln — es wird's besser bei Euch haben — nehmt Ihr's mit."

„Nein, Trien, nein; vergeßt Ihr denn, daß ich oft Tage lang blind bin? Wer soll dann auf das Thierchen Acht geben?"

„Das wird Pachter Pieters schon thun."

„Trien, Ihr müßt es nehmen."

„Lieven, mir ist es lieber, daß Ihr es habt."

Der Streit würde noch lange gewährt haben, hätte der alte Van den Bogaerde nicht plötzlich Pachter Pieters zugerufen: „Kommt, Pachter, laßt uns gehen, sonst werd' ich noch böse."

Doch anstatt wirklich böse zu sein, wandte der alte Mann sich schon nach einigen Schritten um und warf seiner Frau mit einem Kuß den letzten Abschiedsgruß zu.

III.

Es war Sonntag. Zum ersten Male humpelten die alten Eheleute von verschiedenen Seiten der Kirche zu. Frau Trien wohnte am nächsten und kam daher auch zuerst. Eigentlich war sie viel zu früh an der Kirchthür, aber sie that es mit Willen, sie dachte, da bekäme sie um so eher ihren Mann zu sehen. In der That sah sie ihn auch bald einen Baumgang heraufgewandert kommen, welcher nach dem Gehöfte von Pachter Pieters führte. So geschwind sie konnte, eilte sie ihm entgegen. Es waren nur drei Tage, daß sie ihn nicht gesehen, aber sie hatten ihr so lange geschienen, wie drei Monate.

Ihren Arm unter den seinen steckend, frug sie ihn zärtlich, wie es ihm gehe. Er stand still, um ihr so recht in's Gesicht schauen zu können.

„Ach! Trien lieb," sagte er, „daß ich Euch sehe, so liebreich und freundlich, das ist wie Thau, der mir in's Herz fällt. Mich bekümmerte nur etwas: das wart Ihr. Ich dachte: Trien wird's nicht gewohnt werden, sie wird sich grämen."

„Und ich dachte dasselbe von Euch, Mann," antwortete Mutter Van den Bogaerde. Kann ich über Euch ruhig sein, so will ich mich bei Frau Ketels schon einrichten."

„Das könnt Ihr, Trien; Pachter Pieters ist gut, sehr gut gegen mich."

„Lieven, wie dank' ich Gott, daß Ihr zu guten Men=
schen gekommen seid!"

„Und ich auch, Trien, preise den Himmel, daß ich über
Euch beruhigt sein kann!"

Die beiden alten Leute waren nun an die Kirche ge=
kommen und traten hinein. Sie mußten sich jetzt trennen,
denn in den Dorfkirchen von Blandern sitzen die Frauen auf
der einen und die Männer auf der andern Seite, doch sie
verabredeten sich, einander nach der Messe auf dem Bänkchen
wiederzufinden, welches vor dem Christus auf dem Kirchhof
stand.

Auf dem Kirchhof also, welcher, wie gewöhnlich auf den
Dörfern, rund um die Kirche herlag, finden wir nach dem
Gottesdienst Beide wieder. Die alte Frau läßt ihre Hände
auf den Knieen des Greises ruhen, und dieser blickt forschend
in ihr Gesicht, als wolle er darinnen lesen, ob sie ihm vor=
hin über ihr Loos auch die Wahrheit gesagt. Kaum jedoch
hatten sie einige Worte gewechselt, so kam mit dem Ruf:
„Vater! Mutter!" ein Jüngling angelaufen. Es war
Michael.

„O was ich froh bin, Euch zu sehen!" sprach er, nach=
dem die Eltern ihn zärtlich geküßt. „Ich wäre zur Feil=
bietung gekommen, aber mein Baas ließ mich nicht. Ihr
würdet da weinen und schreien, Junge, sagte er, und das
hülfe doch zu Nichts — es muß sein."

„Euer Baas hatte Recht, Kind," antwortete der Vater.

„Aber wie behandelt Euch Pachter Pieters, Vater?"
rief Michael. „Und Frau Ketels Euch, Mutter?"

„Gut, Kind, gut!" gaben Beide zur Antwort.

„Ha, sonst sollten sie es auch mit mir zu thun haben!" rief der Jüngling und ballte die Fäuste.

„Seht ihn, wie er dasteht, unser starker Held!" scherzte der Vater, den Jüngling auf die Schulter klopfend. „Laßt's Michael; mit Gewalt richtet man in der Welt nichts aus, sondern schadet nur sich selber."

„S'ist gleich," antwortete der Jüngling, „Euch soll man doch nichts anhaben dürfen — das sag' ich."

„Wir wissen's, Junge, daß Ihr Eure alten Eltern sehr lieb habt," sprach nun Mutter Trien, während sie mit ihrer Hand durch das blonde Haar des Jünglings fuhr, „aber darum dürft Ihr doch nicht bös' werden. Setzt Euch lieber was her, hier, so zwischen uns, und laßt uns reden."

Durch die zärtlichen Worte der Mutter ganz beruhigt, setzte der Jüngling, sanft wie ein Lamm, sich zwischen seine Eltern, dann holte er zwei Päckchen hervor, legte eines auf die Knie seines Vaters, das andere in den Schooß seiner Mutter und sprach: „Ihr wart gewohnt, immer ein Prieschen zu nehmen, Vater und Mutter, ich will nicht, daß Ihr das entbehren sollt. Und jeden Sonntag sollt Ihr Jedes solch ein Päckchen haben, also braucht Ihr nicht zu sparen."

„Guter Junge," sprach der Vater, indem er vergnüglich ein Prieschen nahm, ein Beispiel, welchem die Mutter folgte, „daß Ihr Eure Eltern so liebt, dafür wird Gott Euch lohnen."

„Ich hab' noch was," sprach Michael, und holte aus seiner Tasche eine Menge Haselnüsse hervor, welche er der Mutter ebenfalls in den Schooß warf. „Das ist für unser Eichhörnchen."

„Ach ja, für unſer lieb' Thierchen!" lächelte die Mutter dankbar.

„Was macht es denn, Trien?" fragte der Vater. „Springt's noch wie ſonſt?"

„Ja, Mann, doch glaub' ich, daß es noch froher ſein würde, wenn es Euch wiederſähe."

„Wohlan denn," ſprach Michael, „ſo laßt uns das Thierchen beſuchen, und das gleich. Nichts iſt leichter, ich gehe in der Mitte und gebe Jedem von Euch einen Arm, und ſo ziehen wir zu Frau Ketels."

Vater und Mutter ſtimmten eifrig ein und bald befanden ſie ſich bei der Wohnung von Pachter Ketels. Aber kaum waren ſie in den Hof gelangt, ſo hörten ſie ein gewaltiges Gelärme und Geſchrei. Aengſtlich traten ſie in das Haus und vernahmen, wie Frau Ketels voller Zorn ausrief: „das häßliche Thier, es hat mein Jantjen gebiſſen, daß ihm das Blut aus dem Finger läuft. Aber es ſoll fort; ich mag ſolche Thiere, welche die Kinder beißen, in meinem Hauſe nicht leiden."

Die alten Leute waren ſo erſchrocken, daß ſie kein Wort hervorbringen konnten, Michael aber frug: „und es iſt unſer Eichhörnchen, das Euern Jungen gebiſſen hat, Frau Ketels?"

„Ja ſicher, es iſt das häßliche böſe Thier," war die knurrige Antwort.

„Dann wird Euer Junge es vorher geplagt haben."

„Jantjen thut dergleichen niemals."

Michael mußte dieſer mütterlichen Verſicherung nicht recht trauen, denn er wandte ſich an das zehnjährige Töch= terchen von Frau Ketels und frug das Kind: „nicht wahr,

Liebchen, Jantjen hat das Eichhörnchen geplagt?" — „Er hat es mit einem Stöckchen auf den Kopf geschlagen," antwortete das kleine Mädchen.

„Seht Ihr wohl, Frau Ketels!" sprach Michael.

„Jantjen ist sehr stark," fuhr das kleine Mädchen fort; „gestern hat er auch die alte Mutter Trien mit dem Stock auf den Kopf geschlagen, daß sie weinte."

Der alte Van den Bogaerde schlug sich mit den Fäusten gegen den Kopf und rief: „Gott, das mußte meine gute Trien aushalten, und sie sagte mir Nichts davon! O, um meine Ruhe ist es gethan." Michael ging zu Frau Ketels, sah sie finster an und frug: „und das habt Ihr gesehn?"

„Das ist auch der Mühe werth," war die Antwort, „ein paar Schläge mit einem Stöckchen von einem Kinde!" Michael jedoch fuhr scharf fort: „es ist eine schlechte Mutter, welche ihren Kindern keine Ehrfurcht vor alten Leuten beibringt. Ihr werdet auch noch einmal alt werden, Frau Ketels, und wenn Eure Kinder Euch dann nicht ehren, so schiebt die Schuld ganz allein auf Euch selbst."

Frau Ketels war von Herzen keine schlechte Frau, sie machte es nur gleich vielen Müttern, die ihre Kinder verziehen. Jetzt fühlte sie, daß sie Unrecht hatte und sprach daher: „es soll nicht wieder vorkommen, Michael. Jantjen soll Eure Mutter nicht mehr schlagen und auch das Eichhörnchen nicht mehr quälen. Mein Mann sagt es auch immer, daß ich den Kindern zu viel durchlasse. Wenn sie groß geworden sein werden, sagt er, so werden sie uns commandiren wollen."

„Ja," entgegnete Michael, „zu Eurem eigenen Besten,

Frau Ketels, „vergeßt das nicht." Darauf wandte er sich an seinen Vater, der, an die Wand gelehnt, bitterlich weinte, und fuhr fort: „Kommt, Vater, laßt mich Euch zu Pachter Pieters führen, und grämt Euch nicht mehr. Ich will schon dafür sorgen, daß Mutter Nichts mehr geschehe."

Vater Van den Bogaerde ließ sich durch seinen Sohn willig fortführen, aber er seufzte tief und schmerzlich: „meine arme Trien!"

IV.

Seit diesem Tage war der alte Mann niedergeschlagen, fast wie tiefsinnig. Auf seinen Stock gestützt, wanderte er stöhnend und vor sich hinmurmelnd im Gehöfte des Pachter Pieters hin und her. Dieser zuckte die Achseln und ließ den alten Mann in Ruhe; da der Greis fast Nichts aß, so konnte er für fünfunddreißig Centimen des Tages über und über erhalten werden.

Mutter Trien, welche ihren Gatten deutlich hinsiechen sah, weinte sich die Augen fast aus. Michael war wüthend auf sich selbst, daß er seinen Eltern nicht helfen konnte. Aber wie sollte er es anfangen?

Er liebte ein Mädchen aus dem Dorfe, Wanna, des Müllers Nichte, ein liebes, blondes, rosenwangiges Kind, mit Lippen, die fast immer Lust zum Lachen hatten. Dabei war sie flink auf den Füßen, wie ein Reh und so fleißig, wie bei gutem Wind die Mühle des Oheims.

Dieses Mädchen hatte den armen Michael aus keiner bloßen Laune zu ihrem Geliebten gewählt, denn sie durfte nur wählen, sondern sie liebte ihn seiner vortrefflichen Gemüths=

art wegen. Kein andrer Bursche war so liebevoll gegen seine Eltern, so mitleidig, so sparsam, so fleißig wie Michael.

Wenn er seine Arbeit gethan hatte, oder wenn sein Baes es ihm gestattete, ging er nach der Mühle zu Wanna und schwatzte Stunden lang. Die schönsten Pläne für die Zukunft wurden gemacht. Der Müller hatte keine Kinder und hatte deshalb sein Nichtchen um so lieber. Noch war er rüstig, doch in einigen Jahren, wenn er das Alter herankommen fühlen und Hülfe nöthig haben würde, dann sollten Wanna und Michael sich heirathen und mit Onkel und Tante zusammen eine Familie ausmachen. Nach dem Tode des Müllers sollte die Mühle auf Michael vererben, er hatte folglich die Aussicht, das hübscheste und ordentlichste Mädchen im Dorfe zur Frau zu bekommen und einst Dorfmüller zu werden. Doch bis dahin konnte noch manches Jahr verlaufen, und inzwischen waren seine Eltern unglücklich. Welcher Sohn könnte glücklich sein, wenn die, welchen er das Leben verdankt, sich im allertraurigsten Zustand befinden? Michael gewiß nicht. Es wird Niemand verwundern, daß Wanna ihren Liebsten jetzt oft bekümmert und wortkarg sah. Sie befragte ihn mehrmals um die Ursache, doch wich er ihr immer aus; hätte er ihr die Wahrheit bekannt, würde er das gute Mädchen nur betrübt haben, ohne seinen Eltern dadurch eine Erleichterung zu verschaffen. Der Müller verdiente wohl reichlich sein Brod, war jedoch weit entfernt, wohlhabend zu sein, und Wanna selbst besaß gar Nichts.

Das Mädchen glaubte endlich den Grund von Michaels Traurigkeit herausgefunden zu haben. Die Zeit nahte, wo er losen mußte, und was ihn so beunruhigte, war sicher die

Furcht, eine schlechte Nummer zu ziehen und Soldat werden
zu müssen. Wenn Michael eingezogen wurde, so konnten
noch acht Jahr vergehen, bevor er Wanna heirathen konnte,
und das, meinte das Mädchen, wäre bei einem so feurig
Verliebten Ursache genug, um niedergeschlagen zu sein. Doch
sie wollte Alles thun, was in ihrem Vermögen wäre, um
dieses Unheil von seinem Haupte abzuwenden.

In Blandern befindet sich fast in jedem Hause auf dem
Lande ein Muttergottesbild, vor welchem jeden letzten Abend
der Woche ein Lichtchen angesteckt wird. Eines Sonnabends
nun, als Michael bei Wanna war, bemerkte er, daß statt
eines Lichtchens zwei vor dem Muttergottesbilde brannten.
Solch eine Pracht kam ihm befremdlich vor.

„Wanna lieb," sprach er, „warum brennt Ihr denn
doppelt Licht vor Unserer Lieben Frau?"

„Das ist mein Geheimniß, Michael," war die Antwort.

„Und seit wann haben die Mädchen Geheimnisse vor
ihren Liebsten?"

„Seit die Burschen Geheimnisse vor ihren Mädchen haben."

„Hab' ich welche vor Euch, Wanna?"

„Eine schöne Frage! Wenn ich wissen will, was Euch
so ernsthaft und so stumm macht, krieg' ich da die Wahrheit
zur Antwort? Jetzt habt Ihr Kopfweh, dann seid Ihr müde
vom Arbeiten, dann ist's wieder was Anderes. Heißt das
ehrlich sein? Gut, daß ich rathen kann, und die Wahrheit
gerathen habe. Das Lichtchen brennt für Euch, Neugieriger."

„Für mich, Wanna?"

„Ja, weil Ihr bald losen müßt, und Dank der Für=
sprache Unserer Lieben Frau eine gute Nummer ziehen sollt."

Ein kleines Opfer für die heilige Jungfrau und ein Gebet zum Himmel, das waren die einzigen Mittel, welche Wanna anwenden konnte, um das drohende mögliche Unglück von ihrem Freunde abzuwehren.

Michael war durch den Zustand seiner Eltern dermaßen beschäftigt worden, daß er nur von Zeit zu Zeit an die herannahende Ziehung gedacht hatte. Doch wollte er seiner Geliebten die Genugthuung nicht nehmen, daß sie richtig gerathen habe, darum sprach er: „es ist so, Wanna; der Gedanke, acht Jahr Soldat sein zu müssen, macht mir Angst. Acht Jahr noch warten müssen, ohne Euch zur Frau zu bekommen, das wäre doch etwas lange."

V.

Der Ziehtag war da. Die jungen Leute, welche loosen sollten, waren im Gemeindehaus versammelt. Michael befand sich unter ihnen, und trat jetzt, da die Reihe an ihn kam, zu der Büchse. Tief bewegt zog er, der Bürgermeister nahm ihm die Nummer aus der Hand und besah sie. „Proficiat! Achtundneunzig — die höchste Nummer!" sagte er lachend zu Michael, und gab ihm die Nummer zurück. „Also bin ich frei?" rief Michael. „Welches Glück!" Und die Nummer über dem Kopfe schwingend, sprang er aus dem Hause.

Man drängte sich um ihn her, wünschte ihm Glück, drückte ihm die Hände, doch er schien weder zu sehen noch zu hören. Er drang durch die Menge, welche vor dem Gemeindehause versammelt war, aber einige Schritte weiter stand er still.

„Wohin zuerst?" frug er sich. „Zu Vater, zu Mutter? zu Wanna?"

Von einer unwiderstehlichen Ahnung getrieben, begab er sich nach der Kirche. Auf dem Bänkchen vor dem Christus= bilde knieeten drei Personen; von ferne schon erkannte er sie; es waren seine Eltern und Wanna, sie beteten für ihn, und Gott hatte das Gebet der Frommen erhört.

Pfeilschnell eilt der Jüngling zu den Theuern. „Acht= undneunzig, das höchste Loos!" ruft er und ist in ihren Ar= men und wird geküßt von bebenden Lippen und gestreichelt von zitternden Händen und fühlt auf seinen Wangen heiße Freudenthränen.

Als die größte Erschütterung vorüber war, dankte Michael seinen Lieben für ihre Gebete.

„O, Nichts hätte mich zurückhalten können, am Ziehtag hierher zu kommen und mein Gebet zu thun!" rief Vater Van den Bogaerde.

„Ich wußt' es wohl, daß ich Vater hier finden würde," fügte Mutter Trien hinzu.

Wanna sagte Nichts, das Mädchen war ihrer Rührung noch nicht Herrin geworden, sie hielt ihre Schürze vor das Gesicht und weinte so stille süße Thränen.

„Freundin," flüsterte Michael ihr in das Ohr, „Eures Gleichen kenn' ich nicht. So viel Liebe für mich! Aber ich will Euch auch ewig lieben." Und die Hände der Liebenden suchten und drückten einander.

Dann verließen die vier, im Augenblick so glücklichen Menschen den Kirchhof und wandelten eine Zeit lang im

Felde umher, ihre Freude durch keine äußeren Kundgebungen verrathend, doch innerlich desto seliger.

VI.

Der Sohn des Notars von dem Dorfe hatte eine schlechte Nummer gezogen, doch der Vater war ein reicher Mann, dem es auf einige hundert Franken für einen Stellvertreter nicht ankam. Für einen ordentlichen Menschen, auf den er sich vollkommen verlassen könnte, wollte er bis zu zwölfhundert gehen.

Die Nachricht verbreitete sich bald im ganzen Dorfe, doch keiner der jungen Leute, die sich freigeloost hatten, schien Lust zu haben, diese Freiheit hinzugeben, selbst nicht für eine so bedeutende Summe. Michael aber dachte ernstlich darüber nach. Zwölfhundert Franken — dafür konnte er seinen Eltern vielleicht einen heitern Lebensabend bereiten.

Er kam mit seinen Eltern jeden Sonntag in der Kirche zusammen und machte nach dem Gottesdienste mit ihnen einen Spaziergang. Jetzt war wieder Sonntag, aber der Jüngling fand seine Mutter allein in der Kirche, der Vater war nicht gekommen.

„Sollte Vater am Ende krank sein, Mutter?" frug Michael voll Unruhe.

„Ich fürcht' es, Kind," gab die Mutter zur Antwort, „es ist schon lange, daß er nicht mehr ist, wie er sonst war."

„Ach ja, Mutter; Ihr waret Vaters Trost und Stütze auf der Welt; von Euch getrennt kann er nicht leben, das seh' ich wohl."

Ein tiefer Seufzer war dieses Mal die einzige Antwort der alten Frau.

„Laßt uns nachsehen gehen," sprach Michael, nahm seine Mutter unter den Arm, und Beide gingen zu Pachter Pieters, wo sie Vater Van den Bogaerde in der That bett= lägerig fanden.

Er sah äußerst bleich und matt aus, doch als er seine Frau und seinen Sohn erblickte, richtete er sich auf so gut er konnte, versuchte zu lächeln und streckte ihnen die Hände entgegen.

„Ihr seid krank, Lieven, mein Freund?" fragte Mutter Trien.

„'S ist Nichts, Frau, eine leichte Unpäßlichkeit, es wird wohl vorübergeh'n — seid nur nicht ängstlich."

Mutter Trien jedoch war durch den Anblick ihres Mannes zu tief ergriffen — sie legte den Kopf auf sein Bett, benetzte seine magern Hände mit ihren Thränen und erfüllte die Kammer mit Klagen. Endlich rief sie: „ich verlaß' Euch nicht mehr — ich bleibe bei Euch zur Pflege."

— „Das kann nicht sein, Frau Van den Bogaerde, Ihr wißt es wohl," sprach eine Stimme hinter ihr. Mutter Trien wandte sich um und erkannte Pachter Pieters, welcher eben hereingekommen war.

Sie wollte vor ihm auf die Knie fallen, doch Michael hielt sie zurück.

„Nein, Mutter, das würde Nichts helfen," sprach er. „Aber Ihr und Vater sollt wieder beisammen wohnen und nur der Tod soll Euch scheiden, und müßt' ich mein ganzes Leben lang als Sklave dienen. Wartet hier meine Rückkehr ab; ich werde mit guten Nachrichten wiederkommen!" Und Michael küßte die kalte Wange seines Vaters und das bethränte Gesicht seiner Mutter, verließ eiligst Pachter Pieters Gehöft und ging geradeweges nach der Mühle zu seiner Geliebten.

„Wanna," frug er hastig, das Mädchen bei den Händen fassend, „seid Ihr mir gut?"

„Ob ich Euch gut bin?" fragte Wanna zurück, indem sie Michael anstarrte und nicht recht wußte, ob er bei Sinnen sei oder nicht. „Was für eine wunderliche Frage! Wie viel hundert Mal soll ich die noch beantworten, bevor Ihr mir Glauben schenkt?"

„Es ist nur, Wanna, daß ich Euch um eine große Aufopferung zu bitten habe, und daß Ihr mich stark, ja, so sehr wie Euer eigenes Leben lieben müßt, um einzuwilligen."

„Laßt hören, Michael."

„Wanna, meine Eltern werden bald sterben, wenn sie noch länger voneinander getrennt bleiben. Mein Vater ist schon krank. Wenn man es wüßte, wie sehr die alten Leute stets aneinander gehangen haben, so würde Niemand sich darüber wundern. Wanna, muß ich das noch länger mit ansehen, ich werde auch krank. Wohlan, Liebe, sollte es nicht möglich sein, daß Ihr meine Eltern zu Euch nehmen und verpflegen könntet?"

„Aber, Michael, wir sind unbemittelt," stammelte das Mädchen.

„Ich weiß es, Wanna, aber wenn ich Euch Geld genug gäbe, um einen schönen Laden einzurichten, einen Spezereiladen zum Beispiel."

„Aber, Michael, wie wollt Ihr denn zu dem Gelde kommen?"

„Indem ich für den Sohn des Notars eintrete. Das wird allerdings unsere Heirath auf einige Jahre verzögern, Wanna, aber es wird das Leben meiner Eltern verlängern und ihnen ein glückliches Alter verschaffen."

Wanna war so ergriffen durch diesen plötzlichen Entschluß, daß sie fast das Bewußtsein verlor, der Müller aber, der Alles mit angehört hatte, kam zu Michael, klopfte ihm auf die Schulter und rief: „Das heißt brav gehandelt, Junge!"

Und sich zu Wanna wendend fuhr er fort: „Nichtchen, das müßt Ihr annehmen; Ihr könnt hier in unserm Hause einen Laden einrichten — es ist Platz genug da. Und die beiden alten Leute können dann bei uns wohnen, wir werden schon gut durchkommen; es wird wohl gute Menschen geben, die Euch die Kundschaft gönnen werden."

„Was sagt Ihr, Wanna?" frug Michael.

Das Mädchen flog ihm an den Hals. „Michael," rief sie, „Ihr verdient die Liebe einer Königin, so gut ist Euer Herz. Thut Eure Pflicht, ich bleib' Euch treu, und Eure Eltern will ich lieben und verpflegen, als ob es meine eigenen wären."

„Dank, Wanna, Dank! O, was muß ich Gott preisen, daß er einen Engel, wie Euch auf die Welt gesendet hat, um mich armen Jungen zu trösten und zu lieben!"

Michael küßte das Mädchen und eilte dann im vollen Lauf nach dem Hause des Notars, welchem er die Gründe seines Besuches und seines Anerbietens auseinandersetzte.

Der Notar war sehr zufrieden, einen so guten Stellver=

treter zu finden, und Michael sagte ungeduldig: „Mein Herr, so gebt mir denn geschwind die zwölfhundert Franken."

„Einen Augenblick, Junge," sprach der Notar. „Ihr seid noch minderjährig und könnt Euch folglich ohne die Zustimmung Eures Vaters nicht verkaufen."

„Die Zustimmung meines Vaters!" rief Michael enttäuscht aus, „daran hatte ich nicht gedacht — wie werde ich den alten Mann überreden können? Ich habe gar nicht den Muth, mit ihm darüber zu sprechen — ich bin fast sicher, daß er es mir abschlagen wird — er liebt mich so sehr."

„Ich will's abmachen, Junge," sprach der Notar; „geht ein wenig in die Küche zu meiner Frau, da giebt's Speck und Bier — in einem Stündchen bin ich zurück."

Der Notar kleidete sich an, schob seine Perücke zurecht, setzte sich die Brille fest und verließ mit dem Spazierstock in der Hand seine Wohnung.

Das Stündchen, welches er wegbleiben wollte, wurde zu sechs Viertelstunden, die Michael noch doppelt so lang schienen, dermaßen ungeduldig war der Jüngling, den Erfolg von den Bemühungen des Notars zu vernehmen.

Als dieser endlich zurückkam, brauchte man nicht erst zu fragen, welche Antwort er mitgebracht. Sein bekümmertes Gesicht und sein Kopfschütteln ließen sie genugsam vermuthen.

„Es ist also keine Hoffnung!" rief Michael; „mein Vater will lieber sterben."

„Es ist so, Junge," antwortete der Notar, „ich habe alles Mögliche versucht, um ihn zu überreden, ich habe gebeten, Alles war fruchtlos. „So viel kann ich von meinem Kinde nicht annehmen," rief er, „es darf nicht sein."

„Was nun thun?" rief Michael weinend.

Der Notar antwortete: „Ich weiß Euch keinen andern Rath zu geben, als zum Herrn Pastor zu gehen und ihm die Sache vorzutragen."

Michael griff hastig nach diesem neuen Vorschlage. Nach einigen Augenblicken schon stand er in der Pastorei und trug dem frommen Dorfhirten sein Anliegen in so rührenden Worten vor, daß der Diener des Herrn tief bewegt wurde.

Auch sprach er: „Rechnet auf mich, mein Sohn, ich will alle Kraft meiner Worte anwenden, um Euern Vater zu überreden. Gott hat den Kindern, welche Vater und Mutter ehren, ein langes Leben auf Erden verheißen, er wird auch Eure Kindesliebe segnen. Wartet hier auf mich; ich werde augenblicklich zu Eurem Vater gehen."

Mit noch größerer Ungeduld erwartete Michael nun die Rückkehr des Pastors. Aber ach! sie brachte ihm abermals eine bittere Enttäuschung. Der alte Van den Bogaerde blieb dabei, daß er so viel von seinem Kinde nicht annehmen könne.

„Ach, ich werde noch krank werden!" rief Michael unter Thränen, und in der That lag er am andern Morgen schon an einem heftigen Fieber danieder. Er redete irre und wiederholte unaufhörlich, daß er Soldat werden oder sterben wolle. In seinen hellen Augenblicken flehte er den Arzt an, den man gerufen hatte, daß er bei seinem Vater einen letzten Versuch machen möchte.

Der Arzt begab sich folglich zu dem alten Manne.

„Vater Van den Bogaerde," sagte er, „Euer Sohn ist ernstlich krank, und ich kann nicht für seine Genesung einstehen, wenn Ihr Euch noch länger weigert, seine schöne Auf=

opferung anzunehmen. Stimmt ein, und Ihr rettet sein Leben und macht ihn zum glücklichsten der Söhne."

„Ach, betrügt Ihr mich nicht? Ist mein Kind wirklich krank?" rief der Greis.

„Nein, man betrügt Euch nicht," klang eine wohlbekannte Stimme, die des Pastors, welcher eben eingetreten war. „Ich komme von Eurem Sohn, Vater Van den Bogaerde, er hat mich nochmals zu Euch gesandt, um die Bitte des Doctors mit der meinen zu unterstützen. Nehmt die Aufopferung Eures Sohnes an, fürchtet nicht, ihn dadurch unglücklich zu machen — nein, sie wird sein Glück sein."

Der alte Mann konnte nicht länger widerstehen, mit Thränen in den Augen gab er seine Zustimmung.

Nun währte es mit Michaels Genesung nicht lange, und ebenfalls in kurzer Zeit wohnten Vater und Mutter Van den Bogaerde zusammen bei dem Müller, wo Wanna, die mit Michaels zwölfhundert Franken einen schönen Spezereiladen eingerichtet hatte, die alten Leute wie die beste der Töchter pflegte. Auch war der alte Van den Bogaerde bald gänzlich wieder hergestellt und vereint mit seiner Frau so vergnügt und aufgeräumt wie früher.

Mit Wanna's Laden ging es gleichfalls ausnehmend gut, und das war nicht zu verwundern, denn sie war freundlich gegen Jedermann — gegen Arm und Reich, gegen Groß und Klein. Das Eichhörnchen war nicht minder zufrieden, es hatte Nüsse im Ueberfluß und brauchte sich nicht mehr vor Frau Ketels Kindern zu fürchten.

VII.

Der Tag, an welchem Michael fortmußte, war endlich gekommen. Sein Vater, seine Mutter, Wanna und ihr Oheim, der Müller, gaben ihm das Geleit bis an eine Herberge an dem äußersten Ende des Dorfes. Dort trank man ein Glas zum Abschied, und dann umarmte Michael Alle, stammelte schluchzend: „Fahrt wohl!" und eilte rasch von bannen.

„Michael, mein Kind!" war Alles, was die alten Leute hervorbrachten, während sie ihrem Sohn die Hände nachstreckten. Der Jüngling wendete sich in einiger Entfernung nochmals um, warf seinen Lieben noch einen Händekuß zu und eilte weiter.

Erst als er Niemand mehr sah und auch von Niemand mehr gesehen werden konnte, lehnte er sich gegen einen Baum und wischte sich den Schweiß von der Stirn und die Thränen aus den Augen. Dann zog er getrost weiter nach Gent, wo er eintreten sollte.

Bald schrieb er, und zwar meldete der Brief, daß er bei seiner Kompagnie sehr wohl gelitten sei, daß die Kleidung warm und das Essen gut sei, und daß er sich leicht an den Dienst gewöhnen werde. In dem zweiten Briefe stand, daß er Bursche bei seinem Kapitain geworden sei, der ihn wie seinen Sohn behandele und ihm viel Trinkgeld gebe, welches er jedoch nicht vertrinke, sondern spare. Sein dritter Brief, ebenfalls voll tröstender und beruhigender Worte, ward von Geschenken für Alle begleitet. Der Vater bekam ein schönes Halstuch, die Mutter eine bemalte Schnupftabaksdose, Wanna einen vergoldeten Pfefferkuchen; ein großer, aber nicht so guter lag für den Müller und dessen Frau dabei, und

Alles war für das Trinkgeld vom Kapitain gekauft. Doch so zufrieden Michael sich in seinen Briefen auch stellte, in der Wahrheit fühlte er die Trennung von allen seinen Theuern doch recht schmerzlich.

Ein Jahr war nun vorüber, da brach in einer großen Fabrik in Antwerpen, wo Michael eben stand, mitten in der Nacht ein Brand aus. Die ganze Garnison wurde zum Löschen beordert, Michael zeichnete sich durch Muth und Thätigkeit aus. Plötzlich sah er eine Frau, die wie wahnsinnig nach einem Fenster langte, um welches die Flammen bereits zuckten. „Rettet mein Kind!" schrie sie. Michael war schon im nächsten Augenblick auf einer Leiter. Obgleich er durch Feuer und Rauch dringen mußte, gelang es ihm doch, das Kind zu finden und unversehrt der Mutter zu bringen. Der Fabrikbesitzer verzweifelte über den Verlust seiner Bücher. Michael ließ sich beschreiben, wo sie sich befänden, und rettete auch diese. Erst als weiteres Retten unmöglich wurde, hielt er ein und betrachtete den Brand in seiner ganzen Furchtbarkeit, und da schauderte er vor der Gefahr, worin er gewesen war.

Daß sein Name in Aller Munde war, und mit Lobpreisungen in den Tageblättern genannt wurde, setzte ihn sehr in Erstaunen; er glaubte nur einfach seine Pflicht gethan zu haben.

Als er am andern Tage, um seinen Dienst zu verrichten, bei seinem Kapitain erschien, sprach dieser freundlich: „Junge, Ihr müßt mit mir heute zum General, er will Euch sehen. Wißt Ihr, daß Ihr ein tapferer Kerl seid? Ich bin stolz darauf, daß Ihr zu meiner Kompagnie gehört."

Der General empfing ebenfalls den Jüngling sehr freundlich und frug ihn, welche Belohnung für seine brave That ihm die liebste sein würde.

„Welche Belohnung?" stammelte Michael verlegen.

„Verlangt nur frei heraus," sprach der General ermuthigend.

„Ach, General, wenn ich eine Belohnung verdient habe — wenn ich wagen dürfte —"

„So würdet Ihr um das Ehrenkreuz bitten? Wohlan, Junge, Ihr werdet es bekommen, ich zweifle nicht daran."

Aber Michael antwortete bittend: „Das Ehrenkreuz, General — o, es wäre schön, doch ich habe Eltern, die alt sind und nicht mehr arbeiten können — wenn ich nach Hause dürfte, um sie zu unterstützen — ach, ich würde so glücklich sein!"

Der General sah verwundert den jungen Soldaten und dann den Kapitän an. Dieser letztere, der Michaels Geschichte kannte, erzählte sie und machte so dem General die Bitte des Jünglings verständlich. Gerührt sprach der General: „Ich bin auch Vater; gebe Gott, daß meine Kinder Euch gleich werden mögen. Ich werde dem Minister Eure Geschichte mittheilen. Habt gute Hoffnung, mein Kind."

In der That lief acht Tage später ein Brief vom Kriegsministerium in Antwerpen ein. Michael bekam den Leopoldsorden und seine Entlassung.

Er weinte und lachte und lief herum, als wäre er unsinnig. Jeden, den er traf, hätte er umarmen mögen. „Das dank' ich dem braven General und meinem braven Kapitain!" rief er, „was es doch für gute Menschen auf der Welt giebt!"

Sobald wie möglich begiebt Michael sich auf den Heimweg. Er hat seinen Eltern die glücklichen Ereignisse gemeldet, das ganze Dorf ist davon unterrichtet worden. Man will den Jüngling festlich bewillkommnen; man schlägt Pfähle ein, hängt Flaggen und Festons auf, ja, vom Kirchthurme weht sogar eine große dreifarbige Fahne.

Man weiß die Stunde, zu welcher der Jüngling ankommen soll, die ganze Bevölkerung des Dorfes erwartet ihn in einem langen Zuge; der Bürgermeister, der Pastor, der Schreiber, der Notar stehen an der Spitze, in ihrer Mitte Michaels Eltern und Wanna..

Endlich sieht man den Erwarteten von ferne die Straße herkommen. Er schwingt den Hut, hunderte von Hüten, Mützen und Schnupftüchern beantworten seinen Gruß. Man ist gezwungen, die alten Eltern zu unterstützen, die Erschütterung ist zu mächtig für sie. Noch kurze Zeit und der gute Sohn liegt in ihren Armen und alle Stimmen jauchzen: „es lebe Michael!" Den ganzen Tag war Fest im Dorfe.

Einige Wochen später fand in der Kirche eine andere Feierlichkeit statt, die Trauung Michaels und Wanna's. Noch lange nach diesem Tage lebten Michaels Eltern. Endlich starb zuerst Vater van den Bogaerde, vierzehn Tage später folgte ihm Mutter Trien. Sie konnten nicht lange geschieden von einander bleiben; ihre letzten Worte auf Erden waren ein Segen für ihren Sohn und ihre Schwiegertochter, denen sie ein glückliches Alter dankten.

Dieser Segen trug Früchte. Wanna's Oheim übergab, wie er es versprochen hatte, Michael seine Mühle und geht es mit der fortwährend so gut wie mit Wanna's Laden, so wird Michael bald einer der reichsten Leute im Dorfe sein und kann vielleicht einst gar Bürgermeister werden.

Daß er mildthätig gegen die Nothleidenden ist, hat seine arme Schwester in Brüssel bereits mehr als ein Mal erfah=ren. Zwei liebe Knaben und ein Mädchen machen seine und Wanna's größte Freude aus und haben die ihrige an dem Eichhörnchen, welches allerdings gestorben ist, aber ausgestopft mit glänzenden Perlenaugen auf dem Kamine steht und das Pfötchen ausstreckt, als bät' es noch immer um Nüsse.

Ridder Geeraerd, roman uit de middel-eeuwen, en het Hellefeest fantasy. Gent 1848.
Het werkmansleven, een zedentafereel. Gent 1849.
Verhalen voor kinderen. Gent 1853.
Stad en dorp. Antwerpen 1853.
Verhalen uit den ouden tyd. Gent 1854.
Verhalen voor jonge lieden. Gent 1854.
De duivenmelkers, zedenschets. Gent 1855.
Het volksmeisje, gentsche vertelling.

Génard (Petrus Maria Nikolas Jan), geboren zu Antwerpen den 27. April 1830. Sein Vater, Petrus Antoon Joseph, Laureat der Akademie von Antwerpen, war zuerst Marineoffizier, dann Chef des bureau de l'État civil, und starb 1831. Die Mutter, Marie Elisabeth Beghein, erzog den Knaben, der bei seiner Schwächlichkeit ihrer Sorgfalt allein das Leben dankte. Nach dem Beendigen seiner Studien gab Génard sich ganz der Literatur hin. Er gründete mit

J. Jacobs und J. Spinnael die Gesellschaft „Aristoteles" für das Studium der alten Sprachen, mit De Marteau, Spinnael u. A. die Gesellschaft „Van Maerlant", und machte, in die Gesellschaft „Van Vondel" aufgenommen, von welcher er später zugleich mit Jan Van Rotterdam u. A. Direktor wurde, die Bekanntschaft der übrigen Antwerpner Literaten. Weiter lernte er Englisch und Deutsch, dieses bei D. David. Lehrer und Schüler waren gleich enthusiastisch für Goethe und Schiller, mit denen nun doch einmal immer angefangen werden muß. Eines Tages kamen sie im Werther an seinen letzten Brief. Das übermannte Beide, sie hörten auf zu lesen, und fingen an zu weinen, aber auch mit einer solchen Ge=waltsamkeit, daß die Mutter Génard's, welche durch die Stille im Zimmer aufmerksam geworden und hereingekommen war, nur mit großer Mühe überzeugt werden konnte, eine so boden=lose Betrübniß sei ganz allein durch Werther's Todesbrief veranlaßt worden.

Eigentlich hatte Génard die lebhafteste Neigung, für das Theater zu schreiben, welches bei seinem ersten Besuche dessel=ben einen Eindruck auf ihn gemacht hatte, der sich heute noch bisweilen wiederholt. Dieser Neigung verdanken wir die aus=gezeichnete Uebersetzung von Goethe's Geschwistern, welche ebenso wie ein Aufsatz aus dem Englischen, „die Schule Shakspeare's" im „Sprachverband" erschien.

Doch sollte Génard anders geführt werden. In das Büreau der Wohlthätigkeit eingetreten, fand er dort Veran=lassung, den Stammbaum der Familie Rockox=Perez Behufs der Stipendienstiftung gleichen Namens auszuarbeiten. Natür=lich mußte er dazu eine Masse heraldischer Werke durchstudiren, und wurde so auf die Heraldik hingeleitet. Kurze Zeit darauf bewog ihn die Bekanntschaft mit Leo von Burbure, sich mit den Archiven zu beschäftigen, und auf diese Weise hat er sich allmählich zu einem gründlichen Kenner der Kunstgeschichte seiner Vaterstadt ausgebildet. Das Erste, was er in diesem Fache schrieb, eine im Messager des sciences erschienene Notice

sur le vitrail d'Angelbert de Nassau, trug ihm einen eigen=
händigen Brief des Prinzen Friedrich der Niederlande ein,
eben so wie eine andere Notiz über Jan Van Boendale, ge=
nannt Jan de Clerc*), ein höchst schmeichelhaftes Schreiben des
Herrn Vries, Hochlehrers an der Universität zu Leyden, ver=
anlaßte. Die erste Biographie, welche er 1852 schrieb, die
über Jakob Jordaens, gab Gelegenheit zu einer Diskussion
in der Brüssler Akademie und zu einer Flugschrift von Herrn
Alvin, Conservateur der Königlichen Bibliothek zu Brüssel.
Seitdem hat Génard bereits eine Menge von Biographieen
über Antwerpner Maler geschrieben, hauptsächlich in der „Blä=
mischen Schule," die er mit Zetternam, Jan Van Rotterdam
u. A. 1855 stiftete, nachdem er mit Heremans die beiden
letzten Jahrgänge des „Sprachverbandes" redigirt hatte. Was
er hier versucht hatte, eine literarische historische Zeitschrift zu
liefern, das hat er in der „Blämischen Schule" durchgeführt,
deren Hauptredakteur und Hauptmitarbeiter er ist. Seine
Artikel sind theils mit seinem Namen, theils mit den Pseu=
donymen P. Kampe, J. Lievens und P. Schats unterzeichnet.
Diesen letzteren hat er von der seiner Mutter verwandten
Familie Schats genommen, welche seit mehreren Jahrhunderten
in Antwerpen ansäßig ist. Mit Lievens unterzeichnet er gern
seine Gedichte. Das, welches ich mittheile, steht jedoch unter
seinem eignen Namen und zwar im „Sprachverband" 1850
—51. Man wird aus ihm Génard's leidenschaftliche und
schwärmerische Empfindungsweise erkennen. In der That ist
die den Blamingen eigene nervöse Reizbarkeit bei Génard im
höchsten Grade vorhanden und macht ihn gewissermaßen zu
einem Typus. Außerdem ist er Antwerpner, wie ein Pariser
nur Pariser sein kann. Seine Freunde nennen Antwerpen

---

*) Geboren um das Jahr 1280 zu Tervueren, kam er um 1310
nach Antwerpen, wo er als Schöffenschreiber seine Brabansche Yeesten,
und außerdem noch der Leken spieghel, Jans Teestye und Van
den deerden Edewaert schrieb und 1350 starb.

„Génards Haus," sie könnten noch weiter gehen und es „Génards Welt" nennen. Er hat noch nie eine Nacht außerhalb seiner Vaterstadt geschlafen, und ein Besuch, welcher ihn nöthigt, sie, wenn auch nur auf Stunden zu verlassen, ist eins der größten Opfer, welches er der Freundschaft bringen kann. Aber innerhalb Antwerpens ist er dafür auch Jedermann zu Diensten, dem Frembesten so gut wie dem Befreundetsten. Van Beers sagt von ihm sehr richtig: „Génard ist vom lieben Gott ganz eigens dazu geschaffen worden, um Andern Dienste zu leisten; er wartet nicht, daß man ihn darum bittet, nein, er ist es, der einem nachläuft und einen bittet, sie anzunehmen." Ohne Génard wäre ich bei der Manie von Bescheidenheit, welche der größte Theil der Antwerpner entwickelte, mit dem Sammeln der Biographieen in Antwerpen schwerlich zu Ende gekommen. Nicht, daß er es mir etwa leicht mit der seinigen gemacht hätte, nein, er ließ sich genau sechs Monate darum quälen und las sie dann nicht weniger als drei Mal durch, um zu sehen, ob er auch ja nicht zu viel von sich selbst gesagt hätte. So weiß ich auch, daß ich ihm keine größere Unruhe verursachen könnte, als wenn ich ihn sehr lobte, und lass' es daher wohlweislich sein. Aber soviel glaube ich sagen zu dürfen, daß er der Spezial- und Kunstgeschichte seiner Vaterstadt noch große Dienste leisten wird, wenn er sich nicht durch allzuheftigen Fleiß zu langen Arbeiten unfähig macht.

Das Einzige, worauf Génard heute noch stolz ist, das Einzige, was er, wie er sagt, wirklich zu Stande gebracht hat, das ist die durch ihn angeregte Feier, womit die St. Lukasgilde*) die 400jährige Einsetzung ihrer Dekane beging. Génard

---

*) Die St. Lukasgilde, gebildet aus Handwerken, welche den heiligen Lukas als Patron erkannten, bestand seit den frühesten Zeiten. 1382 waren in ihr nur die Goldschmiede, Maler, Glaser, Posamentirer, Holzbildschnitzer und Silberborbirer. Allmählich aber traten immer mehr und mehr Gewerke hinzu, und zugleich gingen aus ihrer

und Theodor Van Lerius hatten den Aufruf gethan, nicht nur die Antwerpner Gesellschaften, auch mehr als dreißig auswärtige, holländische so gut wie belgische, beeiferten sich, ihm Folge zu leisten. J. Van Lennep fehlte nicht, und das Landjuwel ging in voller Pracht vor sich. Génard wurde für seine Bemühungen eine Medaille von Gold zuerkannt, die Medaille nahm er an, aber gegen das Gold that er Einspruch, und so wurde das Zeichen der öffentlichen Dankbarkeit einfach aus Vermeil verfertigt. Die neueste größere Arbeit Génard's ist der mit Van Lerius und Leo von Burbure gemeinschaftlich neu umgearbeitete Catalog des Antwerpner Museums.

Die Macht des Liedes.

Sie sang ein Lied; es glich dem Zephyrsäuseln,
Das Abends um die Sommerzeit im Grün
Der Bäume spielt; es glich dem Klang der Harfe,
Der in der Ferne lebt geheimnißvoll.
So stieg aus ihrem Busen leis' das Lied
Und klang so süß, so rührend an das Herz,
Daß sich das harte Herz erweichen mußte
Und fühlen was bisher es nie gefühlt.
Dann sang sie wiederum in vollen Tönen,
In Tönen, wie die Seele sie ergreifen,
Daß sie dem Endlichen, der Welt entflieht,
Und in's Unendliche sich jauchzend wirft,
Und ach, dies Lied, dies Himmelslied war: Hoffnung!

Mitte die drei Rhetoreitkammern „der Veilchenstock," „die Goldblume" und der „Oelzweig" hervor, deren Namen auf den „Landjuwelen," den geistigen Turnieren des 15. und 16. Jahrhunderts, nicht wenig glänzen. Der größte Glanz der Gilde begann, seitdem am 15. August 1454 ihre ersten Dekane ernannt wurden. Diese Festlichkeit war 1554, 1654 und 1754 gefeiert worden, aber noch nie so glänzend wie am 21. August 1854.

Ich hörte mit Entzücken den Gesang,
Er klang mir lieblich, wie der frohen Mutter
Das erste Stammeln aus dem Munde des Säuglings.
Ich bebt', ich kniete — ja, das Lied war himmlisch;
Mir war, als ob vergangen unsre Erde
Und Eden wieder aufgestiegen wäre,
Als ob der Himmel Reich mir offen stände!
Auf goldnen Wolken schwebten Engel nieder,
Im vollen Glorienglanze sah ich vor mir
Den Thron von ihm, dem Ungebornen, flammen,
Und auch das Lied des Engelchors war: Hoffnung!

Versunken in Entzückung blieb ich lange,
Noch immer klangen fort die sel'gen Lieder,
Noch immer hört' ich eine süße Stimme,
Die murmelnd Hoffnung in das Herz mir sang.
Doch plötzlich wacht' ich auf, und, wehe mir!
Die Stimme schwieg, sie war für mich verhallt,
Verhallt, verhallt, und ach, vielleicht auf immer!
Auf immer! Der Gedanke war entsetzlich,
Ich sah die Schöpfung wieder sich entfärben,
Das Leben ward mir öd' und tödtlich kalt,
Mein Traum von höherm Heil verschwand wie Nebel
Verzweiflung fiel zerschmetternd auf mich nieder

Wie wenig kannt' ich doch die Macht des Liedes!
Wie täuscht' ich mich im Wahne: daß mit ihm
Auch seine Kraft verginge! Wenn der Schmerz
Mich drückt, Verzweiflung mich umfassen will,
Dann hör' ich wieder eine Himmelsstimme
So leis' und tröstend singen, und ich horche
Den süßen Worten: hoff' und hoffe fort!
Ich lese sie im Lichte goldner Strahlen,
Und höher schwillt das Blut in meinen Adern,

Das Haupt erheb' ich trotzig, meine Augen
Erglänzen, und mit neuem Muthe stürm' ich
In's schwankend Reich des Unbekannten hin.

Geslachtboom der Familie Rokox-Perez. 1849.
Broeder en zuster, tooneelspel van Goethe uit het hoogduitsch vertaeld. 1850.
Iets over de school van Shakespeare int algemeen, en James Shirley, haren laetsten leerling. Uit het engelsch vertaeld. Taelverbond 1850.
O. L. V. op't Staeksken te Antwerpen (1124—1481). Antwerpen 1853.
Verhandeling over O. L. V. Kerk te Antwerpen.
Over eenige Kunstwerken in de Kempen. Taelverbond 1854.
Levensschets van den Antwerpschen beeldhouwer Bartholomeus van Raephorst. Taelverbond 1853. Tweede verbeterde uitgave. 1858.
Levensschets van Jan van Boendale, gezeyd Jan de Clerc van Antwerpen. Taelverbond 1853.
Luister der St. Lucasgilde en Geschiedeniss der Antwerpsche Kunstschool. Antwerpen 1854.
Blazoenen der Gilden en Ambachten van Antwerpen. Taelverbond 1854.
Blazoenen der Gilden en Ambachten van Herenthals. Taelverbond 1854.
Glasraem van Hendrik VIII. koning van England en Aertshertog Philipp den Schoone in de hoofdkerk te Antwerpen. 1855.
Levensschets van den Kunstschilder Hunin. 1855.
Levensschets van den Kunstschilder Nicasius de Keyser. 1855.
Levensschets van den schilder Quinten Massys. 1855.
Het Nassausche Glasraem in de Hoofdkerk van Antwerpen. Antwerpen 1855. Amsterdam 1856.
Levensschets van den schilder Adam van Noort 1856.
Levensschets van den Antwerpschen historieschryver Andries-Eugenius Valckenisse. 1857.
Levensschets van den schilder Pieter-Jan-Balth. de Grée. 1858.
De oudste burggraven van Antwerpen. 1858.

Gerrits (Lodewyck), geboren 1827 zu Antwerpen. Sein Vater, Heinrich, seine Mutter Anna Maria De Groof. Sein Leben wird am besten mit seinen eigenen Worten geschildert. „Meine Biographie," schreibt er mir, „ist, Gott sei Dank, sehr einfach. Ich bin der Sohn eines Mannes aus dem kleinen Bürgerstande. Er starb, als ich dreizehn Jahr war. Sein Verdienst war sicher sehr gering gewesen, aber er hatte allen seinen Stolz auf den Sohn gesetzt und mit den Pfennigen, die er sich vom sauern Werklohn abgespart hatte, wurde ich auf das Athenäum von Antwerpen geschickt, um dort eine Erziehung zu erhalten. Der Tod meines Vaters machte es meiner Mutter unmöglich, das Schulgeld noch länger zu erschwingen. Glücklicherweise hatte ich meinen Lehrern Antheil eingeflößt. Auf ihre Vorstellungen wurde mir von der Stadt ein Stipendium bewilligt. Einer der vornehmsten Kaufleute versprach sogar für meinen persönlichen Unterhalt zu sorgen, wenn ich meine Studien fortsetzen und Rechtsgelehrter werden wolle. Aber es mußte nicht blos für mich allein gesorgt werden. Die Wittwe, meine Mutter, hatte sich bereits übernatürlich angestrengt, um meinen Schwestern und mir das tägliche Brod zu verschaffen. Ich wollte daher unmittelbar Geld verdienen, ohne erst das Reifen späterer Früchte abzuwarten. Ich fand einen Platz als Schreiber bei einem Kaufmanne, und seit meinem sechszehnten Jahr bis heute bin ich auf demselben Comptoir geblieben. Mit neunzehn Jahren hatte ich den „Sohn des Volkes" herausgegeben."

Daß dieses Erstlingswerk in kürzester Zeit vergriffen wurde, sagt der bescheidene Verfasser nicht, aber es steht in der Vorrede zur zweiten Auflage, zu welcher Gerrits sich jedoch erst nach acht Jahren entschloß. Von seinen kleineren Erzählungen wählte ich seinem Wunsche gemäß:

Hendrik.

Oft umkränzen Blumen den Rand des Abgrunds, tief liegt oft unter äußerlicher Ruhe der Schmerz verborgen.

Durch den sanften Glanz einer Lampe erleuchtet, saß eine junge Frau, blond und schön, auf dem Schooß ein blühend Kind, das liebkosend die kleinen Arme um [ihren weißen Hals schlang.

Sie lachten einander an, das blaue Auge der Frau spiegelte sich feucht von Liebe in den blauen Augen des angebeteten Kindes wieder. Ihr mütterliches Lachen machte das Kleine vor Freude zappeln; es spielte küssend und stammelte Worte, die, obwohl noch unverständlich, doch in der Sprache der Liebe bereits eine himmlische Bedeutung hatten.

Ein Mann, welcher an einem Schreibtisch gearbeitet hatte, richtete das Haupt in die Höhe, gerade als die Frau mit Stolz die kleinen lockigen Haare des tändelnden Lieblings um ihre Finger wickelte.

Er betrachtete die wechselseitigen Liebkosungen von Mutter und Kind mit einem jener Liebesblicke, welche auf Strömen von Zärtlichkeit aus dem Herzen empor zu wallen scheinen.

So blieb er einige Augenblicke, wahrscheinlich von Glück träumen. Und doch war in dem Lächeln, welches sich um seine Lippen zog, etwas Trauriges, etwas, das an eine Gewohnheit des Leidens denken machte. Unter dem süßen Gefühl, welches aus den Augen des Mannes strahlte, sah man in ihrer Tiefe etwas Fieberhaftes und Düsteres.

Mit einem Male richtete der Mann sich heftig in die Höhe und streckte den Arm aus, wie um in der Luft ein unsichtbares Wesen zu ergreifen.

Da stand er mit erhobenem Haupt, während sein Blick von bezwungener Begeisterung glühte. Aber es war in seiner Haltung und in dem Ausdruck seines marmorbleichen Gesichtes etwas so Fremdes, daß man nicht wußte, sollte man Bewunderung, sollte man Schreck empfinden.

Er sprach nicht, aber die innerliche Bewegung hatte ihn so stark ergriffen, daß sein ganzer Körper bebte.

Endlich griff seine linke Hand krampfhaft nach den Papieren, die vor ihm lagen und auf denen sich Zahlen und Zeichnungen in großer Menge befanden. Sein bleiches Gesicht erhellte sich mehr und mehr, und er warf das Haupt mit einem solchen Aussehen von Stolz zurück, als fühlte er unter seinen Füßen die Erde nur wie einen unermeßlichen Säulenfuß unter seinem Standbilde.

Sein Lächeln war fast wie das eines Irren.

Leider nicht umsonst. Der Mann hatte die schwierigsten Fragen der Wissenschaft ergründet, der Natur ihre Geheimnisse entrissen; so jung er auch war, hatte er doch schon in der Welt der Entdeckungen Wunder geleistet, die ihm das Recht gaben, von Reichthum und Größe zu träumen, aber ein böser Engel hatte mit seinem Athem diese brennende Stirn angehaucht, das schrecklichste aller Uebel war auf den Unglücklichen gefallen — er hatte Augenblicke von Sinnlosigkeit.

In ihre mütterlichen Gefühle versunken hatte die Frau nicht bemerkt, wie ihr Gatte emporgesprungen war. Das Kind spielte noch immer fröhlich auf ihrem Schooße fort und sie, sie hatte für einige Augenblicke Alles vergessen, was nicht Liebe, nicht Glück war.

Die Seligkeit der Frau konnte nicht lange währen. Wohl wandte sie das Auge nicht ab von ihrem Kinde, aber ihr Blick ward ernster und ernster, bis er endlich das tieffte Mitgefühl aussprach. Sie preßte das Kind an ihre Brust, drückte ihre Lippen auf seine Stirn und eine Thräne fiel auf seine frische Wange.

Der Mann sah, daß sie weinte. Sie hatten sich immer so treu lieb gehabt, ihre Liebe war so himmelssüß. Gerade in dem Augenblick, wo die Frau das Haupt beugte, hatte der Mann in der Entzückung wahnsinnigen Glückes zu sich selbst gesagt: „Größe — Ruhm — für sie!" Der Anblick ihrer Thränen brachte ihn zu sich selbst zurück. Er wußte auf ein Mal wieder Alles. Das war zu schmerzhaft; er griff mit beiden Händen nach seiner Brust, sein ermatteter Körper brach zusammen, und er fiel ohnmächtig in den Sessel zurück.

Sein Fall schreckte die Frau aus ihrem schmerzlichen Nachdenken auf. Ein Schrei durchgellte das Zimmer — sie warf sich neben dem Mann auf die Knie und stützte ihn mit ihren Armen.

Als er die Augen wieder öffnete, ruhte sein Haupt auf ihrem vor Angst klopfenden Busen. Sie sahen einander an und was ihre Augen sagten, das kann nur die Liebe be= greifen. Er verstand, was sie leiden mußte, und dankend hätte er zu ihren Füßen niederknieen mögen.

Sie legte ihre Hand auf seine Stirn, strich ihm die langen blonden Haare zurück und sagte: „Hendrik, nicht wahr, Ihr habt zu viel gelitten?"

„Es ist Nichts. Ich weiß nicht, was mir ankam. Nun ist's schon wieder vorbei."

„Hendrik," und ihre Stimme wurde traurig feierlich, „so liebt Ihr also Eure Frau nicht mehr?"

Er blickte sie verwundert an, bog sich zu ihr nieder und flüsterte: „O, ich hab' Euch von ganzem Herzen lieb!"

„Warum mir da Euer Leiden verbergen, so lange Ihr könnt? Warum allein leiden?

Sein Blick verdüsterte sich. Die junge Mutter legte ihr Kind an seine Brust und sprach mit leisem eindringlichem Tone, so bittend, so lieblich wie möglich: „Ich hab' eine Bitte an Euch, Hendrik, Ihr werdet sie mir nicht abschlagen — ich bitte selten um etwas. Welcher Gedanke machte Euch so leiden?"

„Ich hab' nicht gelitten. Es war eine Erschütterung des Glückes."

„Des Glückes?"

„Warum nicht? Wenn ich Euch und meinen Sohn beide so schön, so voll Liebe sehe."

„Ihr habt an uns nicht gedacht."

Er zeigte auf ein Papier, das zwischen den andern lag. Sie griff nach dem Blatt, es war eine Zeichnung von ihm — die Mutter mit ihrem Kinde auf den Armen.

Einen Augenblick lang schimmerte ein Lächeln durch ihre Thränen, plötzlich aber wurde sie todtenbleich und fragte zitternd: „Hendrik, wie nennt Ihr diese Zeichnung?"

„Sie soll Mutterliebe heißen," antwortete er und schlang den Arm um den Leib der Gattin, um sie an sein Herz zu ziehen. Aber mit einer Bewegung der Verzweiflung brachte sie ihm das Papier vor die Augen und wie erstarrt deutete ihr Finger auf einige Schriftzeichen. Der Unglückliche hatte vergessen, daß von ihm geschrieben unter der Zeichnung das Wort „Schmerz" stand.

Schmerz! Sie zu sehen war ihm zur Pein geworden, also gab es ein Geheimniß, welches er in seiner Brust erstickte! O, längst schon hatte sie die Ahnung gehabt, daß ein verborgenes Weh an ihm zehre, aber sie wagte nicht mehr zu ihm von diesem Leiden zu sprechen, weil mit jedem Male, daß sie es that, der Schatten auf seiner Stirn düsterer und düsterer wurde. Warum verbarg er den geheimen Bund, der zwischen ihm und dem Schmerz bestand, als wäre es eine Untreue gegen ihre Liebe gewesen? Das Wort Schmerz, von seiner Hand unter die Zeichnung geschrieben, es traf sie wie ein Todesstoß. Sie hatte den Schrei ihrer Seele nicht zurückhalten können. Doch selbst das war unvorsichtig, denn nun saß er da, die Arme schlaff am Körper herabhängend, das Haupt auf die Brust herabgesunken, bleich und kraftlos wie eine Leiche. Er sprach nicht und schien sie sogar nicht zu sehen, denn sein Blick haftete starr und glanzlos am Boden.

„Hendrik," flehte sie, „ach, Hendrik, hört mich an! Vergebt, daß ich Euch quälte. Ich dachte immer, Mann und Frau dürften keine Geheimnisse vor einander haben, Mann und Frau müßten, wenn sie sich liebten, Freud' und Leid mit einander theilen. Hendrik, sprecht doch!"

Doch er konnte vermuthlich nicht sprechen, denn er drückte die Hände vor das Gesicht und verharrte in Schweigen. Und als er endlich das Haupt aufrichtete, mußte er Gewalt anwenden, um seine brennenden Thränen zurückzuhalten.

„Ich bedarf Ruhe," sagte er, „es wird spät — ich möchte allein sein."

Sie war an Unterwerfung gewöhnt, sie hatte die Liebe und die Aufopferung der Engel. Ihr Kind an die Brust nehmend, beugte sie ihre Stirn vor dem jungen Mann, damit er sie küssen möge.

„Bald, nicht wahr, Hendrik? O, arbeitet doch des Nachts nicht!" sagte sie, und so voll ihr Herz auch von Thränen war, verließ sie doch das Zimmer.

Hendrik war aufgestanden, um ihr mit seinen Blicken zu folgen.

„Ach," seufzte er, „arme Frau, Ihr kennt noch nicht die ganze Tiefe des Strudels, in welchen ich Euch mit hineingerissen habe. Ach, daß Ihr das Geheimniß nie kennen zu lernen brauchtet — denn sein Name macht schaudern — er heißt Elend."

In der That hatte Hendrik sein Vermögen bis zum letzten Groschen in Unternehmungen verloren, welche ihm seiner Berechnung nach Berge von Gold hätten bringen müssen.

„Arm, bettelarm!" wiederholte er. „Ich habe Frau und Kind an den Bettelstab gebracht. Nein, man weiß es nicht, welch Geheimniß mir das Gehirn zermalmt."

Er warf einen Blick von Verachtung, fast von Zorn auf seine Papiere.

„Thor," dachte er, „es gab eine Zeit, wo ich, um ihre Liebe zu verdienen, berühmt werden wollte. Hätte sie nicht mit Freude Lorbeeren um das Haupt des Mannes gesehen, dessen Namen sie trug? Spott! Das Feuer, das unter meiner Stirn lodert und das ich für die Flamme des Geistes zu halten wagte, es war das Geflacker des — Irrsinns.

„Und warum den Namen nicht zu nennen wagen? Der

Irrsinnige träumte, daß er sie, reich und schön, an seinem Arm in die Welt führen würde, daß er, stolz auf ihre Liebe, Schätze zu ihren Füßen niederlegen könnte. Schätze! — die Welt wird spotten und hat das Recht dazu, denn sie ist unerbittlich die Welt gegen den Unterliegenden.

„Gott, warum giebt es Zwischenzeiten, wo mein Geist frei ist, wo ich mein Schicksal begreife? Es ist ein furchtbar Gebet, aber, wenn es doch einmal so sein muß, o, daß es dann mit einem Male völlig dunkel in mir werde, daß ich zugleich mit der Erinnerung auch die Empfindung verliere!

„Feigling, und Euer Kind und Eure Frau? Würdet Ihr nicht wie ein ewiger Fluch an ihnen hängen? Frau und Kind würden für Euch arbeiten, und der Verrückte würde vielleicht mit Gewalt ihnen das letzte Stück Brod aus den Händen reißen.

„Das soll nicht sein! Wohl fühl' ich's, wie das unsichtbare Ungeheuer langsam aber sicher mir das Vermögen zu denken aus dem Haupte saugt, aber noch kann ich flüchten, so weit weg flüchten, daß Niemand mich kennt, daß man hier meiner auf immer los sein soll. Ich bin zu lange vor diesem Gedanken zurückgebebt. Sie wird weinen, vielleicht lange weinen, aber zuletzt wird es doch vorübergehen.

„Vorüber — o der Gedanke peinigt, denn selbst jetzt hab' ich sie noch so innig lieb. Aber mein Leben wäre nur ein Unheil für sie und für das Kind, und daß ich in der Fremde sterben gehe, was ist's darum? Man findet immer einen Stein, auf den man das Haupt niederlegen kann, um den letzten Seufzer auszuhauchen."

Hendrik zwang sich gewaltsam, dieses Vornehmen auszuführen. Der Unglückliche weinte, während er einige Kleinigkeiten zusammenpackte und unter seine Kleider verbarg, um unbemerkt das Haus verlassen zu können. Er that Alles mit Hast, denn er fühlte, er müsse eilen, wenn er nicht jetzt noch zurückweichen sollte.

Endlich waren die Vorbereitungen gemacht — er sah sich zum letzten Male im Zimmer um. Was für Erinnerungen rief in diesem Augenblick jeder Gegenstand in ihm wach! Alles zeigte ihm Bilder von Liebe und häuslichem Glück, und sein Herz blutete.

„Und sie weiß es nicht, daß ich sie verlasse!" schluchzte er. „Was thut sie in diesem Augenblick, wo ihr Schicksal sich entscheidet? Denkt sie an mich?"

Hendrik wollte fort, aber seine Glieder waren wie erlahmt, seine Füße hingen wie Blei am Boden.

„O sie noch einmal sehen! Sie und mein Kleines zum letzten Male sehen, ohne etwas zu sagen, und dann —"

Er konnte diesem Verlangen nicht widerstehen und schlich sich nach dem Gemach seiner Frau. Mehr als ein Mal mußte er stehen bleiben, um sich die Thränen aus den Augen zu wischen.

Die Thür zum Zimmer der Frau stand offen. Er konnte sie unbemerkt betrachten. Sie kniete vor ihrem Bette. Wie schön und rein war sie im weißen Nachtkleide. Das Haar auf die entblößten Schultern fallend, die blauen feuchten Augen gen Himmel gerichtet. Vor ihr auf dem weichen Kissen des Bettes kniete das Kind, die Händchen auch ge=

faltet. Die Mutter und die Frucht ihres Leibes sprachen dieselben Worte, Worte heiligen Gebetes.

An die Thür gelehnt hörte Hendrik von den betenden Geliebten zu wiederholten Malen seinen Namen aussprechen. Sein Herz schlug vor unbeschreiblicher Rührung, als er die beiden Stimmen Gottes Segen über sein Haupt herabrufen hörte.

Es war lange her, daß Hendrik nicht mehr gebetet hatte; das Ringen nach Wissenschaft, Auszeichnung, Reichthum hatte seine Blicke an der Erde festgehalten, jetzt aber sprach er, fast ohne es selbst zu wissen, die Worte seiner Frau und seines Kindes nach, bis endlich das allesumfassende Vaterunser aus ihren Herzen emporbrang.

„Gieb uns unser täglich Brod!" sagten sie, und er, der den Hunger für sie fürchtete, hatte das Knie gebogen. Das Geräusch, welches seine Bewegung verursachte, machte die Frau den Kopf umwenden. Erstaunt, erschrocken sogar, flog sie zu ihm hin, faßte seine Hände mit den ihren und frug: „Hendrik, Hendrik! was ist denn?"

Es giebt Gefühle, die man nicht in Worten ausdrückt; er konnte nur sie an seine Brust drücken. Sie weinte mit ihm, noch ohne zu wissen, warum seine Thränen auf ihre Stirn fielen. Dann frug sie nochmals: „Was ist? Könnt Ihr Euer Weh denn nicht dem Herzen anvertrauen, welches Euch liebt?"

Er verbarg sein Angesicht an ihrer Brust und vermochte nicht zu antworten. Aber plötzlich entdeckte sie das Päckchen, welches er unter seinen Kleidern verborgen hatte und welches während ihrer Umarmung auf den Boden geglitten war.

„Ihr wolltet mich verlassen!" rief sie, voll Angst Hendriks Arm ergreifend.

„Meine Gegenwart kann Euer Unglück nur verdoppeln."

„Ihr seid grausam, Hendrik."

So erschüttert, daß er nicht mehr wußte was er that, bog der junge Mann sich zu ihr nieder und sagte ihr langsam in's Ohr: „Frau, ich hab' Geld, viel Geld verloren."

„Ist dies das Geheimniß, welches Euch quält?"

„Ihr und mein Kind seid arm, ärmer als Bettler."

Und was thut das, wenn man reich an Liebe ist?" rief sie, ihre Arme um seinen Hals schlingend. „Ich hab' einen kleinen Schatz für Euch bewahrt, an dem hättet Ihr, wenn Ihr uns verlassen hättet, mehr verloren, als an allem Uebrigen." Sie führte Hendrik an das Bett und zeigte ihm das liebe Kind, das immer noch kniete und dabei weinte, weil es seine Eltern traurig sah.

Doch als die Mutter den Liebling in die Arme nahm, als sie ihn mit Küssen überschüttete und an ihrem Herzen erwarmen ließ, da kam auf das kleine Gesicht gleich das Lächeln wieder. Hendrik konnte nicht widerstehen; er schloß beide in die Arme und aus dem Tiefsten der Seele betete er: „O Gott, möge das reine Gebet dieser Beiden erhört werden!"

Und Gott erhörte das Gebet der Mutter und des Kindes. Hendrik lebt noch, und sein Name wird zugleich mit einigen der wichtigsten wissenschaftlichen Entdeckungen genannt. Als nur erst das Geheimniß, welches ihm das Herz erdrückte, von seiner Brust genommen war, konnten die Küsse der Frau den Athem des bösen Geistes von seiner Stirn bannen. Tage der Ruhe und des Glückes kehrten wieder.

Hendriks Haar ist nun weiß, doch noch immer wieder=
holt er: „Spottet nie über Liebe und Gebet — beide sind
heiliger Trost."

Wie man aus dieser kleinen Skizze ersehen wird, liebt
Gerrits es, innerliche Zustände auszumalen. Zugleich liebt
er aber auch romantische Verhältnisse und besonders malerisch
geordnete Schlußscenen zu schildern. Ein weiterer Lebenskreis
wäre ihm sehr zu wünschen, seine Erfindungen würden dann
an äußerer Wahrscheinlichkeit gewinnen. Die innerliche Wahr=
heit hat er. Unter seinen Erzählungen ist „Ein verstoßenes
Mädchen" eine der lieblichsten, die ich im Vlämischen kenne.

Bogdowad. Een Belg te Rome. Taelverbond. 1846.
De zorn des volks. Geschiedskundige roman. Antwerpen. 1847
   und 1856.
De liefde eens Ryken. De vlaemsche Rederyker. 1849.
Twee dramas. 1^0. Menschenliefde. 2^0. Tanchelm. Antwerpen.
Aen het vlaemsche Volk. Op last der Rederykkamer: De Olyfstak.
   Antwerpen. 1850.
De Godverzaker. Antwerpen. 1852.
De oude Belgen. Geschiedkundige tafereelen. Antwerpen 1854.
Vertellingen. Antwerpen. 1854.
Een zalig nieuwjaer. Almanack des volks, uitgegeven door het
   vlaemsch gezelschap van Antwerpen. 1855.
Eliza Devries. Tafereelen uit onzen tyd. Antwerpen. 1857.
Levensbeschryving van Van Brée.

Gezelle, (Guido) geboren den 1. Mai 1830 zu Brügge von wenig bemittelten Eltern. Sein Pathe, der Baron G. Van Zuylen Gaesbek, war es, der ihn zuerst am Collegium zu Brügge und dann auf dem kleinen Seminar zu Roulers oder Rousselaere studiren ließ. Den Wunsch seines Beschützers nach sollte Gezelle Arzt werden, doch er hatte die bestimmteste Neigung zum Priesterstande. So kam er denn auf das Seminar der Diöcese und wurde 1854 Priester. In demselben Jahre am kleinen Seminar zu Roulers angestellt, ist er dort seit 1857 Professor der Literatur und Poesie. Einige seiner Dichtungen gehören zu den schönsten, welche ich im Blämischen kenne; man kann von ihnen im besten Sinne sagen: sie sind von einem Priester. So viel es mir der Mangel an Reimen auf „Ried" gestattet, will ich die lieblichste wortgetreu wiederzugegeben versuchen.

O, 's Rauschen von dem schlanken Ried!

O, 's Rauschen von dem schlanken Ried!
Verständ' ich doch dein traurig Lied,
Wenn leis' der Wind vorüberschweift,
Und leise deine Halme streift!
Du biegest dich voll Demuth um,
Stehst auf und beugst Dich wiederum
Und singst dabei das traur'ge Lied,
Das ich so lieb', o schlankes Ried!

O, 's Rauschen von dem schlanken Ried!
Da wo vorbei das Wasser flieht,
Wie saß ich da nicht oft und gern,
Allein, von allen Menschen fern.

Und sah dem Spiel der Wellen nach
Und zählte deine Stämmchen schwach
Und horchte auf das liebe Lied,
Das du mir sangst, o rauschend Ried!

O, 's Rauschen von dem schlanken Ried!
Wie Mancher ist nicht, der dich sieht,
Doch deine Stimmen nicht versteht
Und ungerührt vorübergeht.
Er hört sein Herz und dessen Drang,
Er hört das Gold und dessen Klang,
Doch nicht dein mahnend traurig Lied
Du mein geliebtes rauschendes Ried.

Und doch, du rauschend schlankes Ried,
Nicht so verächtlich ist dein Lied.
Gott schuf den Strom, schuf deinen Stamm,
Gott sagte: weh'! — und 's Lüftchen kam,
Und wehte leis' und schmiegte sich
An deinem Stamm und wiegte dich;
Gott horchte, und dein trauernd Lied
Behagte Gott, o rauschend Ried!

Darum, o schlankes rauschendes Ried,
Dein Lied in meine Seele zieht,
In meine Seele, die Gott schuf,
Daß sie vernehme deinen Ruf.
Wenn flüsternd du im Winde stehst,
Und klagend auf und nieder gehst,
Dann seltsam mächtig, schlankes Ried,
Dein Lied in meine Seele zieht.

O, 's Rauschen von dem schlanken Ried,
Es klinge in mein traurig Lied,
Und steige, eins mit diesem dann
Zu uns'rer Beider Gott hinan.

Und du, der liebevoll dein Ohr
Herabneigst selbst zu einem Rohr,
Vernimm doch auch mein Klagelied,
Ich armes, krankes, klagendes Ried.

Das schönste Gedicht nach diesem ist: „Excelsior". Beide stehen in den 1858 herausgekommenen „Blämischen Dicht=übungen". Die Anmerkungen, welche sich am Ende dieses Bandes befinden, zeigen, daß Gezelle die Sprache gut studirt hat und mit Bewußtsein handhabt. Seine Biographie ver=danke ich Delphin Gaillard aus Brügge.

Aen de eerweerdige heeren Petrus, Vitalis en Victor Carlier, op des laetsten priesterzalving, 21 wintermaend 1850. Rousselaere.
Welkomwensch door het broederschap van het allerheiligste Sakrament, opgedraegen aen den eerweerden heer Lodewyk Boone, vierende zynen plegtigen intrede als pastor te Gheluwe den 4 january 1855. Rousselaere.
Eergedicht ter blyde geheugenis van de vyfjarige jubelveest gevierd te Brugge, den 26 juny 1855, door den weledelen heer Philippus Verhulst. Brugge.
Boodschap van de vogelsen en andere opgezette dieren zich bevindende in 't muzeum in 't klein seminarie te Rousselaere, binst het schooljaer 1854—1855. Rousselaere. 1855.
Kerkhofbloempjes.
Vlaemsche Dichtoefeningen, Brussel en Rousselaere. 1858.

Gontier, (Frau, geborene Maria de Smet,) aus Deynze, jetzt Oberlehrerin an einer der Stadtschulen zu Gent, wo ihr Mann Pedell bei der Universität ist. Sie schrieb im Genter Jahrbüchlein; das folgende Liedchen ist aus der durch Heremans herausgegebenen Blumenlese, welche unter dem Namen „Niederländische Dichterhalle" in Gent erscheint.

Samstagabend.

Frauchen, hier sind achtzehn Franken,
Achtzehn Franken wohlgezählt,
Sicher wirst du heut nicht zanken,
Weil auch nicht ein Cent d'ran fehlt.
Siehst du, deine Augen lachen
Mir vergnügt und liebreich zu,
Feierabend darf ich machen —
Frauchen, schließ' die Thüre zu.

Komm', mein Junge, komm' zu Vater
Trockne mir die Stirne ab,
Und auch Mietje will zu Vater,
Müht sich da mit Langen ab.
Sie will auch ein Küßchen geben —
O wie herrlich schmeckt die Ruh',
Wie glückselig ist mein Leben!
Frauchen, schließ' die Thüre zu.

Mutter, bring' das Abendessen,
Denn es scheint mir gar gekocht;
Schnell nun an den Tisch gesessen —
Doch wer ist es, der da pocht?
Eine Frau — in ihren Armen
Ein verhungert elend Kind,
Wortlos flehend um Erbarmen —
Frauchen, mach' ihr auf geschwind.

Hansen (Constanz J.) geboren in Bließingen 1833 aus einer wunderlichen Familienmischung von Nationalitäten. Sein Ururgroßvater von Seite seiner Großmutter war ein der Religion wegen ausgewanderter Franzose und hieß Du Jardin, ein Name, den in De Gordyn verändert seine Großmutter noch jetzt trägt. Sein Vater, Hans, war der Sohn wohlhabender Bauern zu Barnkob, einem Dorfe auf der dänischen Insel Langeland, seine Mutter, Maria Van Dycke, ist aus Bließingen. Der Vater, der von früh an Lust zu Reisen gehabt hatte, verließ noch jung Elternhaus und Vaterland. 1830 fuhr er bereits als Steuermann von Antwerpen aus. 1855 kam er mit Frau und Kind aus Holland nach Belgien zurück, doch erst bei seiner Volljährigkeit wurde Hansen gesetzlich zum Belgier, bis dahin war er, obgleich er der Geburt nach Holländer ist, immer als Däne eingetragen gewesen.

Was er nicht mehr dem Namen nach ist, das ist er doch noch dem Wesen und der Erscheinung nach. Er unterscheidet sich von seinen lebhaften vlämischen Kunstbrüdern auffallend durch seinen schlanken Wuchs, sein weiches blondes Haar, sein jugendliches Aussehen und sein leises, schüchternes und zögerndes Betragen. Dieses letztere jedoch mag sich auch blos durch sein Schicksal erklären lassen.

„Mein Vater, dem es keinesweges an Anlagen gebrach," sagt Hansen in seinem biographischen Briefe an mich, „war allmählich Schiffführer, Rheder und Händler geworden, und zugleich, ich kann es ohne Großsprecherei sagen, war er der liebevollste und geliebteste Gatte und Vater, den es geben kann. Aber unglücklicher Weise starb er nach einer O.=J.= Reise von neunzehn Monaten, vierzehn Tage bevor sein Schiff hier ankam, auf der Höhe von Bordeaux an einer Herzkrankheit, welche hauptsächlich durch die zahllosen Aerger=

nisse entstanden sein mochte, denen er von Seiten seiner Mannschaft, besonders seines Steuermanns ausgesetzt gewesen war. Dieser letztere hatte selbst das Aufsetzen von mehr Segeln zu verweigern gewagt, damit mein unglücklicher Vater nicht noch etwa lebend ans Land kommen und ihn noch zur Strafe ziehen möge. Das Alles erfuhr ich erst viel später, aus einem Tagebuche meines Vaters, welches ich gefunden hatte. Jede Anklage wäre zu spät gekommen, überdies würde das Erfahren aller dieser Umstände das Leid meiner Mutter auf das Höchste gesteigert haben, und sie war schon hart genug getroffen worden. Stellt es Euch vor: es war die letzte Reise, welche mein Vater unternehmen wollte, nach fast zwanzigmonatlicher Abwesenheit wird das Schiff auf dem Strom gemeldet, noch denselben Tag sollte Er zu Hause sein, das Zimmer, Alles, bis auf die Pantoffeln wird in Bereitschaft gesetzt, wir erwarten ihn mit froher Ungeduld von Minute zu Minute. Da zeigen sich in der Ferne die Masten eines großen Schiffes, ich springe auf, laufe nach dem Lootsenhause: „Kommt der Jason da herauf?" — „Ja." — „Giebt's Neues an Bord?" — „Der Kapitain ist todt." — „Was sagt Ihr, Lootse! Lootse!" — Der Lootse eilte weg, er hatte in mir den Sohn des Kapitains erkannt. Den Tag vergess' ich nie. Ich hielt mich an den Häusern fest, ich strauchelte, faßte mich, lief zu einer Freundin meiner Mutter hinein und sank zusammen. Das Schiff legte an, mein jüngster Bruder war darauf, ich sah ihn, er mich, wir brachen beide in Thränen aus und wagten uns nicht nach Hause. Und doch mußte ich hin und Alles sagen, es war meine Pflicht — ich hatte eine rathlose Frau, eine geliebte Mutter zu trösten.

„Ich theile Euch das Alles mit, damit Ihr begreifen mögt, warum ich so stumm und in mich selbst versunken bin. Auch mein Geist ist seitdem wie erlahmt. Fragt mich nicht, wo das jugendliche Feuer geblieben ist, welches mein „Schloß Helstein" durchglüht, meine Thränen haben es ausgelöscht. Die Zeit allein kann die Nebel zerstreuen, die meine Seele dumpf umhüllen. Ist dann noch Feuer und Phantasie übrig geblieben, so werd' ich Poet sein. —"

Hansen fühlte schon den Poeten in sich, als er mit funfzehn Jahren in der dritten Klasse des Athenäums, wo er seit seinem zwölften Jahre dem Lehrgange des Handels folgte, an die deutschen und besonders an die englischen Dichter gerieth. Er verschlang sie mit solchem Heißhunger, daß der englische Professor ihm öfter zurief: „little Hansen, take care not to become a poet." Seit ich das las, bekam der lange junge Nordländer den Namen „little Hansen", mit welchem auch die meisten seiner in allen möglichen Sprachen verfaßten Briefe an mich unterzeichnet sind. Denn Hansen schreibt gut englisch und deutsch und auch wohl italienisch. Dänisch hatte er für sich allein gelernt, bevor er 1856 eine Reise nach der Heimath des Vaters unternahm, von welcher er in der Kindheit so viel gehört hatte. Die Eindrücke, welche „der frische Norden" in ihm zurückließ, hat er in einem Band Reisebriefe*) niedergelegt, der in Gent erscheinen soll. Es wird dieses Werk eine Menge Uebersetzungen aus dänischen Dichtern enthalten. Proben davon, die sehr viel versprachen, waren im letzten Jahrgang des „Almanach für Jan und Alleman" mitgetheilt, den Hansen seit 1852 gemeinschaftlich mit Frans De Cort herausgiebt.

Hansens vorwaltende Eigenschaft ist die Phantasie, woran sich denn auch wieder der Däne erkennen läßt. In der Form sucht er noch, obwohl er die Sprache gründlich studirt hat und zwar ganz für sich allein. Er ist von der Partei, welche Van den Hove vertrat, Dautzenberg noch vertritt: Erweiterung der vlämischen Sprachgrenzen durch Wiederaufnehmen vergessener, durch Hinzunehmen neuer Formen.

Sein „Schloß Helstein", welches er im Herbst 1849 binnen drei Monaten schrieb, nennt Hansen „eine Jugendsünde". Es ist jedoch nur eine Jugendarbeit, welche zuerst

---

*) Reisbrieven uit Dietschland en Denemark. Gent, 1860.

im „Sprachverband" erschien. Außerdem schrieb er viel in Jahrbücher und Zeitschriften. Die Vlamingen erwarten von ihm künftig Tüchtiges über Sprachkunde zu lesen. Ich erwarte von ihm besonders viel als Uebersetzer, wozu er eine sehr bedeutende Begabung hat. Die äußerliche Stellung Hansens ist die eines noch Suchenden. Den Kaufmannsstand hat er aufgegeben, und noch nichts Anderes dafür gefunden. Sobald ihm das gelungen sein wird, dürfte sein Talent rasch zu vollkommner sicherer Entwickelung gelangen.*)

Aus dem reichen Vorrath der mir handschriftlich mitgetheilten Lieder und Dichtungen wähle ich aus dem Oratorium: „Das Leben der Frau", in welchem der Dichter eine Greisin ihr Leben überschauen läßt, „das Kind" und „die Wittwe".

Das Kind.

Meine schönen Kinderjahre,
Flüchtig seid entschwunden ihr,
Doch noch heute klopft das Herz mir,
Denk' ich euch zurücke mir.

Kinderzeit, ein Eden dünkte
Mir die Welt in deinem Glanz,
Und ihr zugelächelt hab' ich,
Unschuld und Vertrauen ganz.

Damals konnt' ich, ach, noch träumen,
Jauchzen, hoffen, sonder Arg,
Damals waren noch die Stunden
Nicht mit ihren Gaben karg.

Lieblich ist der Kindheit Freude,
Lieblich ist sogar ihr Leid,
Denn des Kindes hellen Thränen
Ist das Lächeln niemals weit.

---

*) 1860 im Frühjahr ward er zum zweiten Archivisten in Antwerpen ernannt.

Seid gesegnet, frohe Tage,
Zogt ihr gleich so schnell dahin,
Seid gesegnet, wenn ich länger
Gleich das frohe Kind nicht bin.

Die Wittwe.

Und jetzt bin Wittwe ich, genommen
Ward Alles mir was einst mein Theil,
Des Lebens Glück, der Mutter Heil,
Es ist die Einsamkeit gekommen,
Ich stehe zwischen Trümmern da,
Ein Denkmal dessen, das vergangen,
Und seufze oftmals mit Verlangen:
O Schicksal, wär' auch meine Stunde nah!

So ist das Frauenloos auf Erden!
Ein Kind mit immer frohem Muth,
Ein Mädchen in der Jugend Glut,
Dann selig an des Gatten Heerde;
— Die Liebe füllt ihr ganzes Herz
Sie liebt das Kind, sie liebt den Gatten,
Da kommt der Tod mit dunklen Schatten,
Und alle ihre Liebe wird zu Schmerz.

Diesen beiden Fragmenten lasse ich, um auch etwas Abgeschlossenes zu geben, ein „Ritornel" folgen, gerichtet

An meinen Busenfreund zu seinem Feste.

Es träumte mir, daß ich das Schicksal wäre
Und auserlesen, alle Herrlichkeiten
Zu opfern auf dem liebsten der Altäre.

Ich wollte dir des Indus Schätze geben
Und Lorbeerkränze, Lob von tausend Zungen,
In Frauenblicken glühend Liebesleben.

Doch Schätze stillen nimmer das Verlangen
Des edlen Sinns, und du, so voll von Demuth,
Du möchtest nicht Vergötterung empfangen.

Was ist auch Gold und Ruhm in trüben Tagen?
Es würde, stieg' es auch gekrönt gen Himmel,
Dein Haupt des Unglücks Last nicht leichter tragen.

Und sollt' ich dir den Rausch der Liebe schenken?
Wie Viele, ach, die tödtend Gift schon trinken,
Indeß sie Nektar noch zu schlürfen denken!

Was wäre dir, nach weisestem Ermessen,
Das Beste da? Ein Freund, nicht wahr, ein treuer?
Ein Freund — und hätt' ich denn mich selbst vergessen?

So sah ich mit dem Traum die Hoffnung weichen,
Dir von den wundervollen Dingen allen
Mehr als die alte treue Hand zu reichen.

Het Slot Helstein, verhael uit de middeleeuwen. Dichtstuck. Antwerpen, 1851.
De vervloekte schuur, ballade. } Almanack voor Jan en Alleman,
Herinnering, ode.   } 1852.
Nachtgroet aen de Natuur. Nederduitsch letterkundig Jaerboekje, 1852.
Liza, dichtverhael. Nederduitsch letterkundig Jaerboekje, 1853.
Want de meisjes, och Heer! Almanack voor Jan en Alleman, 1854.
De Wóndergetuigeniss, ballade. Almanack voor Jan en Alleman, 1855.
De Meerman, ballade. Nederduitsch letterkundig Jaerboekje, 1855.

Lofkrans voor H. Leys. Handelsblad van Antwerpen 25 November 1855.
De visschersbruid. Almanack voor Jan en Alleman, 1856.
Noorwegens volkslied. Nederduitsch letterkundig jaerboekje, 1856.
Volkstelling, pol. referein. Schelde, 21 mey 1856.
Dichteroproep tot de Staatspryskamp. Beurzencourant, 11 july 1856.
Onze vryboom, letterblad van Antwerpen, 23 november 1856.
Levensschets van A. Van Dyck. Almanack voor Jan en Alleman 1857.
Zielenklank. Nederduitsch letterkundig jaerboekje, 1857.
Treurzang op Tielemans, 1857.
Wy zullen eens zien! polit. dicht. Beurzencourant, 11 February 1857.
Het leven der vrouw, oratorium. Nederduitsch letterkundig jaerboekje, 1858.
De Bedelaer. \
Lief! } Almanack voor Jan en Alleman 1858.
Ezelrid. /

Hendrickszone (Emanuel Hiel) geboren den 30. Mai 1834 zu Sint Gielis bei Dendermonde, genoß bis zu seinem zehnten Jahr den Unterricht in der Stadtschule zu Dendermonde und war dann zwei Jahr lang an einem Erziehungsinstitut. Von dieser Zeit an war er sein eigener Lehrer.

Er fing in Dendermonde einen Buchhandel an, welcher hauptsächlich aus vlämischen Werken bestand. Ebenso bestrebte Hendrickszone sich mit Eifer und Erfolg die Muttersprache in die Sängergesellschaften von Dendermonde und der Umgegend einzuführen, und übersetzte zu diesem Zwecke viele Chorgesänge aus dem Deutschen. Mehrere seiner eigenen Lieder wurden von dem Notar Clemens Whytsman zu Dendermonde und von Edward Gortebeeck ebendaselbst in Musik gesetzt. Gedruckt wurden die meisten in der Dendermonder Zeitung; eine Sammlung derselben ist unter dem Titel „Blätterchen" angekündigt, aber noch nicht herausgegeben worden.

Der Buchhandel ging nicht, und Hendrickszone ist jetzt

Zollbeamter in Brüssel. (Glückliche Stadt, wo die Poesie am Thore Wache hält!*)

Das folgende Liedchen ist mir handschriftlich mitgetheilt worden. Ich wählte es, weil wirkliche Liebespoesieen im Blämischen noch selten sind. Heremans sagte mir: „Wir dürfen Lieder an unser Vaterland machen, aber nicht an unsere Schöne."

Triolette.
An meine Geliebte.

Auf deinen Lippen, deinen Wangen
Lacht reine Liebe, reine Lust;
Ach, könnt' ich mit dem Munde hangen
An deinen Lippen, deinen Wangen,
Dann fänd' in seligem Umfangen
Ersehnte Ruh' die heiße Brust!
Auf deinen Lippen, deinen Wangen
Lacht reine Liebe, reine Lust.

Die Augen sanft, wie die der Tauben,
Worin ein ganzer Himmel ruht,
Was mußten sie das Herz mir rauben,
Die Augen sanft, wie die der Tauben,
Die süß Erhörung meinem Glauben,
Erquickung geben meiner Glut,
Die Augen sanft, wie die der Tauben,
Worin ein ganzer Himmel ruht!

Was kümmert mich das irb'sche Leben,
Geht meine Seel' in deiner auf?
Man mag mir tausend Tode geben,
Was kümmert mich das irdsche Leben,

---

*) Oder hielt, denn der Oktroi ist abgeschafft worden.

Es kann mein Geist mit deinem schweben
Vom Stoff befreit zum Licht hinauf.
Was kümmert mich das irb'sche Leben,
Geht meine Seel' in deiner auf?

Hendrickx (Petrus Joseph Norbert) geboren zu Antwerpen den 29. Juni 1822. Sein Vater hatte die gleichen Namen, seine Mutter hieß Maria Susanna Staßs. Er verlor sie, als er achtzehn Jahr alt war, und der Schmerz über diesen Verlust machte ihn zum Dichter. In dem Widmungssonnet zu seinem Don Juan hat er ihr ein Denkmal gesetzt.

Hendrickx studirte auf dem Athenäum von Antwerpen und auf dem kleinen Seminar von Mecheln, wo Van Beers, Peeters u. A. seine Mitschüler waren. Anfänglich war er zum Priester bestimmt, doch fühlte er bald, daß ihm der geistliche Beruf fehlte. So wurde er denn Schriftsteller, d. h. er schrieb französische Poesien in einer kleinen Stube, welche seine Großeltern ihm einräumten, denn auch sein Vater war schon längst gestorben. Obgleich unter Dach und Fach, mußte Hendrickx doch den armen Poeten nach dem Leben spielen, denn einige Stunden im Griechischen und Lateinischen trugen nur gerade das Nöthigste für Kleider ein. Bei Tage wickelte er sich, um schreiben zu können, in seine Bettdecke, und Abends brachten die Freunde, um mit ihm essen zu können, ihre Lebensmittel und ihr Licht mit. Dennoch wird dieser Zusammenkünfte auf „Hendrickx Parnaß" noch immer mit Lust gedacht; sie bezeichnen eine der frühesten und glänzendsten Zeiten in dem vlämischen Antwerpner Leben.

Erst nachdem Hendrickx zwei französische Werke herausgegeben hatte, wandte er sich, durch Van Beers angetrieben, der Muttersprache zu. „Der letzte Tag der ersten Welt" war sein erster Versuch, binnen achtzehn Tagen entworfen und vollendet. Die Regierung bewilligte 625 Franken zum

Drucke dieser Dichtung, welche noch heute von den Lands=
leuten des Dichters seinem spätern und größern Werke „Don
Juan" vorgezogen wird. Ich kann dieser Ansicht nicht bei=
stimmen; „Der letzte Tag" ist in der Auffassung völlig nie=
derländisch, während „Don Juan" aus der Begrenzung der
vlämischen Volksart heraus geht und sich in dem freien Wel=
lenschlag der modern europäischen Poesie bewegt.

Was Hendricx außer seinem anerkannten Dichternamen
seinen Werken noch verdankt, das ist seine Frau, Petronilla
Elsens aus Rotterdam. Sie lernte ihn kennen, als sie einen
Bruder, der durch allzuangreifende Studien geisteskrank ge=
worden war, nach Gheel*) brachte. Eine Familie aus Brüssel,
mit welcher sie während der Fahrt Bekanntschaft gemacht
hatte, bemitleidete ihr Verlassensein, und lud sie auf einige
Tage zu sich ein. Dort lernte sie einen jungen Advocaten
aus Antwerpen kennen, der sich ihr, als sie auf der Rück=
reise durch seine Vaterstadt kam, als Führer anbot, aber leider
für den Augenblick gerade nicht genug bei Kasse war, um
den Artigen zu spielen. In dieser Verlegenheit entdeckte er
Hendricx, der seiner Gewohnheit nach melancholisch vor sich
hinträumend irgendwo auf dem Quai saß. Zu ihm hineilen
und ihn um seine Begleitung und etwas Geld bitten war
eins. Hendricx gab sowohl sich wie seine Börse gutmüthig
und bereitwillig her, und die Freunde brachten beide zusammen
so viel heraus, um die Fahrt nach Vlämisch Hoofd**) bezahlen
zu können. Aber zum Kaffee dort reichte es nicht mehr, und
die junge Holländerin mußte aushelfen. Sie that es mit
einer naiven Unbefangenheit, welche Hendricx sehr gefiel.
Ebenso fühlte er sich von dem Enthusiasmus angesprochen,

---

*) Gheel, ein großes Dorf in der Nordbrabandschen Kempen,
welches seiner reinen Luft wegen als ein vorzüglich heilsamer Aufent=
haltsort für Irrsinnige gilt.

**) An der Schelde, gegenüber Antwerpen, worauf es die schönste
Ansicht gewährt.

welchen sie für Literatur und Schriftsteller äußerte. Er versprach ihr sein erstes Buch, welches er eben vorbereitete. Ein Jahr später sandte er es ihr wirklich, begleitet von einem Briefe, aus welchem mehr hervorging, als eine bloße Erinnerung. Die junge Holländerin hatte das Versprechen des Antwerpner Dichters für „das Geschwätz eines jungen Herrn" gehalten, und als sein Brief kam, war sie verlobt und konnte Nichts thun, als ihm durch eine Freundin, welche zufälliger Weise über Antwerpen reiste, ihren Dank sagen lassen. Und so gingen elf Jahre hin, elf Jahre, während welcher das Mädchen den Verlobten pflegte, der an der Auszehrung krank geworden war. Endlich gab sein Tod ihr die Freiheit wieder und den 13. August 1855 heirathete sie zu Antwerpen den Dichter, den sie vom ersten Augenblick ihrer Bekanntschaft mit ihm still und leidenschaftlich geliebt hatte.

Ich kann natürlich von Hendrickx nur eine kleine Probe geben, und wähle dazu eine Scene aus Don Juan, welche mich durch ihre naive Lieblichkeit besonders angezogen hat. Ein Endurtheil über diese Dichtung ist so lange unmöglich, bis der dritte Theil herausgekommen ist. Da Hendrickx eifrig versichert: dieser dritte Theil werde nie geschrieben werden, dürfen wir ihn mit Gewißheit in kürzester Zeit erwarten. So viel kann ich von der eigenthümlichen Auffassung jetzt schon sagen, daß Don Juan eigentlich ein Faust, viel minder sinnlich als geistig durstig und anstatt eines Verleiters ein Verleiteter ist. Außer dem Schluß Don Juans hat Hendrickx noch ein biblisches Trauerspiel, „Die Mutter der Makkabäer" in der Arbeit und, wie er selbst eingesteht, fast vollendet. Von seinen kleineren Hervorbringungen sagt er in einem der graziösen vlämischen Briefe, welche ich von ihm habe: „Die hundert Gedichte und Arbeiten aller Art, welche ich seit Jahren unachtsam um mich her ausstreue, bleiben was sie sind: vergessen. Wer gedenkt noch der Rosen, welche er als Kind abbrach, entblätterte und zertrat, ohne weder auf ihren Duft noch auf ihre Dornen zu achten?"

Zweiter Act, erster Auftritt aus dem ersten Theil des „Don Juan."

Don Juan
(allein, hat geläutet, um etwas zu verlangen. Ein Page erscheint.)

Der Page.
Sennor, mit Eurer
Erlaubniß, Dona Luïza läßt Euch fragen,
Ob sie nicht etwas zu Euch kommen dürfe?

Don Juan
Sie komme.
(Der Page ab.)
Armes Kind! Das einz'ge Wesen,
Das mich noch bindet an die Welt. Es liebt mich,
Wie's seine Mutter liebte. Wenn sie mich
Verlör', was thäte wohl die arme Waise?

Dona Luïza
(Don Juans Schwesterchen, springt herein und läuft zu ihm.)
Ach, Don Juan!

Don Juan (sitzend.)
Guten Tag, Luïza!

Luïza (an Don Juans Halse.)
Ach, ich bin
So freudig, daß zu Euch ich kommen darf!
Jetzt darf ich auch auf Euerm Schooße sitzen,
Nicht wahr, Sennor?

Don Juan.
  Ja, wenn Ihr artig seid
Wie ein vernünftig Mädchen. So kommt her.
     (Nimmt sie auf die Knie.)
    Luïza.
Und darf ich auch ein Mal aus diesem Becher
Wohl trinken?
    Don Juan.
  Ja, Luïza, aber nicht zu viel;
Ein wenig nur.
    Luïza.
 (nachdem sie getrunken, sich an Don Juans Hals schmiegend.)
    Sennor!
    Don Juan (von Luïza umarmt.)
   Nun was, mein Liebchen?
Sagt mir doch ein Mal, warum sehet Ihr
So gerne mich? Das möcht' ich wohl erfahren.
    Luïza.
Ich seh' Euch gerne, weil Ihr Don Juan seid,
   (Ein Buch erblickend, das auf dem Tisch da liegt)
Was für ein groß und prächtig Buch da liegt!
Sind Bilder d'rinnen? Laßt mich ein Mal seh'n,
Ach, ein Mal seh'n.
    Don Juan.
   Es sind nicht Bilder drinnen,
Mein Engelchen.
    Luïza.
  Oh, das ist Schade, Schade!

Ist's ein Geschichtenbuch, Don Juan? Und wo
Ist denn das schöne Bilderbuch, das gestern
Don Cäsar mir geschickt durch seinen Pagen?
Der Page sagte mir, daß es so schön sei,
Und daß Don Cäsar mir's gegeben habe,
Damit ich lange darin blättern könne,
Und Isabella hat es weggelegt —
Wo ist es nur das schöne Bilderbuch,
Das von Don Cäsar kam?

    Don Juan.

        Es ist bei mir,
Luïza, und Ihr sollt es bald bekommen.

    Luïza.
Das Bilderbuch Don Cäsars? Ach nein, jetzt,
Don Juan, jetzt gleich.

    Don Juan.

       Nicht gleich, mein Liebchen. Erst
Müßt Ihr mit Isabella in die Kirche.

    Luïza.
Ach, gebt mir doch zuerst das Bilderbuch,
Ich will auch dann so artig sein!

    Don Juan.

         Ich sagt'
Euch, bald, mein Liebchen. Wie so ungeduldig!
Da, trinkt noch ein Mal.

    (Reicht ihr den Becher.)

    Luïza (nachdem sie getrunken)

       Soll ich's da bekommen,
Wenn in der Kirche ich gewesen bin?

Don Juan.
Ja, wenn nicht Isabella klagen kommt,
Daß Ihr umhergegafft.
Luïza.
Nein, beten werd' ich
Als artig Fräulein für mein Mütterchen.
Don Juan (sie küssend)
Mein Engel süß — für Mutter bitten! Welch'
Ein Glaube, welch' ein Glück, allein zugleich
Auch welche Unschuld! Meine Luïza!
(drückt sie an das Herz.)
Luïza.
Aber
Ist's wahr, Don Juan, daß ich dies häßlich schwarze
Gewand nicht länger tragen darf und morgen
Gekleidet gehen soll in weißen Flor?
Meine Isabella hat mir das gesagt,
Denn morgen, da ist Fest bei uns, nicht wahr?
Don Juan.
Vielleicht.
Luïza.
Oh, oh, — vielleicht! Und's weiße Kleid denn?
Don Juan.
Ja, das ist richtig; Ihr müßt Mütterchen
Vergessen lernen, und dieß Trauerkleid
Würd' es verhindern. Ja, Luïza soll
Von morgen an in lichter Festpracht prunken,
Bis endlich ihr das liebe Mütterchen
Nur wie ein Traumbild noch erscheinen soll.

Luïza.

In weißen Flor, nicht wahr, Don Juan? Ach das
Wird schön sein, nicht? Doch wer wird morgen mich
Denn anzieh'n? Immer war es meine liebe Mutter, die
Mich anzog, wenn ich weiß erscheinen mußte.
Dann machte sie auch Locken mir, und dann,
Da sagte sie: ich wär' ein liebes Kindchen.
Wer soll das sagen, jetzt? Wollt Ihr es, ja?
Don Juan? Denn Mütterchen, die ist im Himmel —
Wie Schade, nicht? Und kommt denn nimmermehr
Sie wieder? Ach, ich möchte auch wohl gern
Hin nach dem Himmel, denn da wär' ich wieder
Bei Mutter, säße wieder ihr im Schooß.
Ach, dauert es noch lange, bis auch wir
Zur Mutter können in den Himmel geh'n?

Don Juan.

Und wenn Ihr Mutter nun nicht wiederfändet?

Luïza.

Was, nicht mehr wiederfinden sie? Warum?
Ich sah sie ja doch immer gar so gern,
Und wenn ich bei ihr war, da war ich artig,
Und will's auch immer sein, weil ich wohl weiß,
Daß sie mir dafür süße Küßchen gab.
Sie hatte mich doch auch recht herzlich lieb,
Don Juan — sie machte solche schöne Kleider
Für meine Pupp' und nannte immer mich:
Ihr Engelchen, und jetzt, da sollte sie
Mich nicht mehr mögen? Bin ich nicht noch immer
Ihr Kind? Nein, wenn mir Jemand es verbietet,

Daß ich zu meiner Mutter gehen soll,
Das ist ein schlechter Mensch — ein Bösewicht.
(Weint.)
Don Juan (liebkost das Kind.)
Schweigt, meine Liebste! Schweigt, mein Engel! Wieder
Seht Mutter Ihr; sie ist im Himmel dort,
Und wartet auf ihr liebes süßes Kind.
Kommt, laßt mich Eure Thränen trocknen. Morgen
Da helf' ich Euch das weiße Festkleid anzieh'n,
Und heute kommt Ihr gleich nachher und holt Euch
Don Cäsars Bilderbuch — hört Ihr, Luïza?
Nun seid mir brav wie ein erwachs'nes Fräulein,
Und gehet Isabella sagen, daß
Sie Euch zum Ausgeh'n anzukleiden habe.
Noch einen Kuß!
(Läßt sie von seinen Knieen herab.
Und guten Tag, mein Liebchen!
Luïza (geht.)
Guten Tag, Don Juan!

Ich glaube, man wird nach dieser Probe es mit mir bedauern, daß Hendrickx sich dem Naiven und Rührenden in der Poesie nicht mehr hingegeben habe.

De laetste dag der eersten wereld, heldenspel in vyf bedryven. Gent en Amsterdam 1847.
Diogenes de Tonbewooner. Vry naer het Hoogduitsch. De vlaemsche Stem. 1849.
Don Juan, dramatisch gedicht. Antwerpen, 1855.

Heuts (Michel Bernard Frans), geboren zu Antwerpen den 20. August 1827, Sohn von Michel Heuts und von Marie Josephe Therese Monthuie, heirathete 1856 in seiner Vaterstadt Anna Maria Elisabeth Verdickt. Er trat 1850 gemeinschaftlich mit De Cort, Génard, De Geyter und Hansen im „Sprachverband" auf und zwar für sein Theil mit einer Dichtung, welche „der Greis und die Mädchen" überschrieben war. Die, welche ich mittheile, erschien unter dem Pseudonym Leo Safir in dem Almanach „Immer was Neues," 1854.

Clara.

Die Clara war ein Wundermädchen,
Sah lieblich wie der Lenz sich an,
Doch bleich, ja bleicher als das Nachjahr,*)
Und traurig wie die Erde dann.
Denn von dem Morgen bis zum Abend,
Vom Abend bis zum Morgenschein,
Saß sie entmuthigt da und weinte,
Entmuthigt, trostlos und allein.

Was so an ihrem Herzen nagte,
So bleich gemacht ihr Angesicht,
Ob eine Sehnsucht, ob ein Trauern,
Das wußt' auf Erden Niemand nicht,
Umsonst, daß Freunde und Verwandte
Voll Mitgefühl mit ihrem Schmerz
Sie mit bewegter Stimme baten:
„Ach, Clara, öffne uns dein Herz!"

's ist Frühling; seht, die bleiche Clara
Am Fenster wieder weinend sitzt,
Und schaut so traurig wie nur jemals
Hinaus, wo Grün und Blühen blitzt.

---

*) Najaer, der Herbst.

Die Maiensonne schlüpft in's Fenster,
Mit ihrem schönen, warmen Licht,
Sagt: „guten Morgen, liebe Clara,"
Und küßt ihr marmorn Angesicht.

's ist Frühling! seht, der schalk'sche Westwind
Fliegt lieblich flüsternd hin und her,
Er küßt der Bäume junge Blätter,
Den frischen Blumen schmeichelt er.
Die blonde Clara sieht er weinen,
Und flatternd durch ihr blondes Haar,
Hat er ihr süß in's Ohr geflüstert:
„Ach, blonde Clara, sechszehn Jahr!"

Doch träumend blicket sie nach oben;
Da steigt die Lerche froh und schnell,
Beschwingt mit Liebeseil' entgegen
Den Lenzesstrahlen wunderhell.
Und: „Liebe Clara," singt die Lerche,
„Hast du denn keine Grüße mir
Für jenen Himmel aufzutragen,
Der wieder schickt den Frühling dir?"

Doch höher auf das Auge schlägt sie,
Bis es auf jenen Himmel fällt,
Der immer liebreich seine Kinder
Umschließt mit einem Liebeszelt
Und: „Clara," frägt der blaue Himmel,
„Was grüßest du mich heute nicht?
Bin ich nicht länger schön und geb' ich
Nicht länger deinen Augen Licht?"

Doch ob die Sonne gleich sie grüßen,
Der Westwind mit ihr flüstern kam,
Es schien, daß keine von den Stimmen

Ihr trauervolles Herz vernahm.
Die Lerche stieg allein nach oben,
Der blaue Himmel sprach nicht mehr,
Ein allgemeines Schweigen legte
Sich um die bleiche Clara her.

„Ich weiß es," sagte nun ein Kluger,
„Warum das Mädchen sich betrübt,
Es hat ein Traum, ein grauenhafter
An ihr einst seine Macht geübt.
Ist's nicht ein Traum gewesen, Clara,
Der einst bei Nacht und Lampenschein
Ein schaurig Loos dich ließ erblicken?" —
Das Mädchen sagte traurig: „nein!"

„O weine nicht, du liebe Clara,"
So sang ein Minstrel hold sie an,
„Es giebt kein Leid auf Erden, welches
Ich durch mein Lied nicht heilen kann.
Ich tröste wie der Erde Liebe,
Ich tröste wie des Himmels Licht,
Es haben's Viele schon erfahren —"
„Ich nicht," sprach Clara trüb, „ich nicht."

Und so schloß Clara, kranke Blume,
Ihr Ohr der Hoffnung und dem Trost,
Und ließ ihr schmachtend Köpfchen hängen,
So hold ihr auch der Lenz gekos't.
Es floh'n die frohen Frühlingstage,
Und wieder war der Winter da,
Und wieder, traurig, bleich und leidend
Saß Clara ihrem Fenster nah.

Doch als des Frühlings muntrer Sänger
Auf's Neue an zu schmettern fing,

Im Sonnenlicht der Thauestropfen
Auf's Neue an den Blumen hing,
Da frug ein jedes Aug' das Fenster:
„Wo bleibt die Clara denn so lang?"
Und das verlass'ne Fenster blickte
Hinunter nach dem Lindengang.

Denn in des Ganges kühlem Schatten
Da hüpfte Clara leicht und froh,
Und freudig klang das Zauberliedchen,
Das ihren Lippen hell entfloh.
Und blühend waren ihre Wangen,
Und lächelnd war ihr Rosenmund,
Und durch die klaren Augen sah man
Auf ihrer klaren Seele Grund.

O Wunder! rief wer sie erblickte,
O Wunder! klang's im Windesweh'n,
O Wunder! schallt' es in den Bäumen,
Und Alles blieb betroffen steh'n.
Allein das wunderbare Mädchen
Blieb in der Freude ungestört
Und durch die grünen Schatten wurde
Ihr fröhlich Liedchen fort gehört:

„Es ist ein Engel mir erschienen,
Wie Keiner schöner aufwärts flog,
Der fern von seiner Himmelswohnung
Durch diese Gegend einsam zog.
Sobald ich ihn gewahrte, jauchzte
Mein tiefergriffnes Herz: er ist's,
Und mit bewegter Seele hört' ich
Wie seine Seele rief: Du bist's!

„Seit diesem Tage ward das Leben
Zu einem goldnen Traume mir,
Aus einem Thränenthal zum Lustort
Und meines Engels harr' ich hier.
Denn kehret er zurück, dann trägt er
In seinen Himmel mich hinein,
Und dort, so spricht er, sollen ewig
Vereinigt wir und selig sein."

De schoone Rosa. Taelverbond 1850.
Op Van Ryswycks Graf, Album der St. Lucasgilde. 1854.
Clara. Almanack „Altyd wat Nieuws." 1854.
De Maend Meert, de Maend Mei, de Maend Juny, de Maend September. Almanack des Volks 1855.
De Bladerkrans, Ballade. Almanack des Volks 1856.
Vier Gedichten. Almanack des Volks 1856.

Lauwers (Edmond F. D.), geboren zu Brüssel den 31. August 1833. Sehr früh verwaist, hatte er eine freudenlose Kindheit, und sein Vormund verwaltete sein Vermögen nicht eben zum Vortheil des Mündels. Der junge Mann suchte Trost in der Literatur, doch im Anfange nicht in der vaterländischen. Er hatte gegen seine Muttersprache alle Vorurtheile eines französisch erzogenen Belgiers, doch nimmt er dafür jetzt um so eifriger Theil an ihrer Entwickelung. Er schreibt diese Gesinnungsänderung hauptsächlich dem Einfluß der „Ringelblume," vlämisch „Goldblume" zu, welche er gründen half, denn er ist Antwerpner geworden, d. h. auf dem Antwerpner Stadthaus angestellt.

Da mir seine Novellen nicht zugänglich sind, so habe ich zur Uebersetzung die Einleitung zu seinem zweiten Romane,

„Mina Van der Blyt," gewählt, welcher, gleich einigen No=
vellen von Conscience, durch den Verfasser persönlich begonnen
und geschlossen wird. Man sieht in den Büchern des jungen
Schriftstellers, daß er besonders das mit Liebe zu schildern sucht,
was ihm im Leben nicht gegönnt war. Noch nicht gedruckt
sind zwei Novellen: „Der Namenstag einer Mutter" und:
„Johan Scheepers" oder die Folgen einer schlechten Erzie=
hung," und in der Arbeit hat Lauwers einen umfangreichen
Roman: „Vater Pittoors."

„De hautes protections ont daigné m'entourer en dépit
de mes bien faibles moyens," sagt er in seinem Briefe an mich.
Er empfing vom König die Erlaubniß, ihm ein Exemplar von
jeder seiner Arbeiten übersenden zu dürfen, und der Herzog
von Braband ließ ihm im August 1856 durch den Gouver=
neur der Provinz Antwerpen einen sehr schmeichelhaften Brief
zukommen, der von einer kostbaren Brillantnadel mit dem
Namenszuge des Herzogs begleitet war. Seine drei Romane
sind, der erste von Eduard Dujardin, die beiden andern von
Frans Gens illustrirt. Ich wünsche, daß ich durch das Bruch=
stück, welches ich mittheile, Veranlassung zur Uebersetzung von
Lauwer's Romanen geben möge.

Erstes Kapitel aus „Mina Van der Blyt."

Der Lenz, der treue Vorbote des behaglichen Sommers,
hatte mit seiner erfrischenden Kühle die Rauheit des Winters
verdrängt. Die Bäume und Gesträuche prangten stolz in
ihrem lebendigen Sommerschmuck und verbargen unter ihrem
dichten Laube die Nester von tausend Vögeln. Die Sonne
glänzte durch den blauen Himmel und erquickte Alles, was
da athmete, durch ihre liebkosenden Strahlen. Es war, als
ob die ganze Schöpfung, mit neuer Kraft beseelt, dem Schöpfer
neuen Dank zuriefe.

Einsam mit meinen Gedanken wanderte ich durch den weichen Heidesand. Mit steigender Bewunderung betrachtete ich die reichen Saaten, welche der Fleiß des Menschen dem ehemals so unfruchtbaren Boden abgewonnen hat. Gewiß liegt in ihnen eine gesegnete Zukunft für unsere Kempischen Bauern. Mein Herz wurde voll von Dank gegen Gott.

Längere Zeit bereits hatte ich mit vollen Zügen den balsamischen Morgenduft eingesogen, und einige Seitenpfade durchschritten, als ich mich plötzlich vor einer ausgedehnten Fläche befand, die einen ausnehmend schönen und wahrhaft dichterischen Anblick gewährte. In der Ferne erhoben sich stolz und majestätisch einige Gruppen Eichen und hoher Tannen, deren Kronen sich deutlich auf dem Horizont abzeichneten. An einer Seite zeigte der spitze Dorfthurm sich über Bäumen und Häusern und schien als Wahrzeichen des Ausruhens für ermüdete Fußgänger hingestellt. Etwas weiter auf einem Hügel stand eine Mühle, deren breite Flügel von einem leisen Wind in Bewegung gesetzt wurden, und einige Schritte zur Linken ließ der riesige Schornstein einer Fabrik dunkle Rauchwolken in das reine Himmelsblau aufsteigen. Schräge vor mir lagen noch einige Gehöfte, deren einfache, aber reinliche Giebel eine große Sauberkeit andeuteten, und auf denen frische Weinranken sich in hundertfachen Verschlingungen ineinander wanden. Um sie her lagen Gärten, in denen fleißig gearbeitet wurde. Ich wurde von diesem Anblick so eingenommen, daß ich, ohne daran zu denken, viel weiter ging, als mein Weg mich eigentlich führte.

Das Knastern einiger dürrer Zweige im Gehölz weckte mich aus meinen Gedanken. Ich näherte mich dem Rand

des Waldes und horchte, vernahm jedoch Nichts mehr. Nach=
dem ich eine Weile ungeduldig gewartet, ging ich etwas näher
hinan und hörte einige verworrene Töne. Hinter dem Laube
verborgen entdeckte ich fast zugleich in der Mitte des Gehöl=
zes ein Mädchen, mit einem Binsenkorb auf dem Rücken und
einer Sichel in der rechten Hand. Obschon noch jung, war
ihr Gesicht ungemein traurig und auf ihrer Stirn waren
einige Linien gezogen, denen der Gram wohl nicht fremd sein
mochte. Ihr Gang, ihre Haltung, genug, ihre ganze Art
überzeugte mich augenblicklich, daß diese jugendliche Pflanze
nicht auf diesem Heideboden groß gezogen worden sei. Sie
kam, sich an den Saum des Gehölzes niederzusetzen und ließ,
als fürchtete sie belauscht zu werden, ihren Blick rund umher
und selbst bis zu den fernen Tannen schweifen. Plötzlich
sprang sie wieder auf und sah sich noch ein Mal um. Eine
Zeit lang blieb sie so stehen und murmelte einige unverständ=
liche Worte, dann ließ sie sich von dem Saum in den Gra=
ben herab und begann hastig Gras zu mähen. Aber nicht
lange währte es, so unterbrach sie sich in ihrer Arbeit, um
sich mit ihrer Sichel die Mütze vom Haupte zu ziehen und
die Bänder, welche sie verzierten, mit Heftigkeit loszureißen.

„Ach, da kommen sie wieder die Henker, die meinen
Vater, meine Mutter und Piet Narbond umgebracht haben.
Wohl, hier ist meine Mütze, und hier, die schönen Rosabänder
— seid ihr nun zufrieden, unersättlich höllisches Geschmeiß?"

Ihre schönen schwarzen Augen funkelten zornig und ihr
Ton hatte eine höhnische Kraft. Bald jedoch war dieser An=
fall von Wuth gestillt. Wie ein hilfloses Kind ließ sie ihre
Arme an den Seiten niederhängen, und als wäre sie von

einer zu schweren Last gedrückt, starrte sie mit gesenktem Haupt
zu Boden. Dann schien ihr plötzlich ein Gedanke einzufallen,
sie fuhr mit der Hand an die Stirn und begann bitterlich
zu weinen. Nach einer Pause fing sie indessen wieder an
Gras zu mähen, wenn gleich langsamer. Als ihr Korb ge=
füllt war, warf sie mit Verachtung die Sichel hinein und
schlug hüpfend und singend den Weg nach dem Dorfe ein.

Auch ich verließ mein Versteck und begab mich nach dem
Dorfe. Dort ließ ich mir in dem Wirthshaus „Das schwarze
Pferd" ein gutes Glas Faro zapfen und erzählte während
des Trinkens Bazin Verstraeten, was mir so eben begegnet
war. Sie hörte mir aufmerksam zu, bezeigte jedoch weder
Verwunderung noch Neugier. Und als ich geendet hatte, da
war sie es, welche mir die Geschichte des wunderlichen Mäd=
chens erzählte, wie sie im ganzen Dorfe und in der ganzen
Umgegend bekannt war.

Pachter Van Hofstade. Antwerpen 1854.
De boerenknecht. Handelsblad, 1 January 1855. Nachgedruckt von
  der Gazette van Lokeren.
Mina van der Vlyt. Antwerpen, 1855.
Eene dwaze moeder zooals er tegenwoordig nog bestaen. Handels-
  blad. Mert 1856.
Eene perel uit den burgerstand. Antwerpen en Gent, 1856.

Ledeganck (Karl Lodewyck), geboren den 9. November
1805 zu Eecloo, einer kleinen Stadt in Ostflandern, wo

sein Vater, Johannes, Schullehrer war. Seine Mutter, Johanna Judoca Cobbens, war eine jener alten Hausfrauen, welche Pater Poirters und Cats auswendig wußten; den Einfluß, welchen sie dadurch auf den Knaben ausgeübt, hat er später in folgenden Versen geschildert:

> Von ihr hab' ich so früh dich, meine Harf', empfangen,
> Denn während sie das Kind geschaukelt unverdrossen,
> Mit ihrem Athemzug oft fremde Tön' erklangen,
> Und mit der Muttermilch kam Melodie geflossen.

Noch war er kaum in die Jünglingsjahre getreten, als er auch schon für sich selbst sorgen mußte und daher Schreiber am Stadthaus zu Eecloo wurde. Zugleich begann er zu dichten, und daß er sich bald eines heimathlichen Rufes erfreute, beweisen einige Verse, mit denen ein bedeutender Mann in Eecloo ein für den werdenden Dichter sehr kostbares Geschenk, die Gedichte von Tollens, begleitete. Am 15. Juli 1827 gewann er den Ehrenpreis in dem von der Gesellschaft der Rhetorik zu Deynze ausgeschriebenen Wettstreit über „Heil und Unheil der Schauspielkunst." So wenig günstig der Gegenstand war, verrieth die Behandlung doch schon viel Talent; „Die letzte Schwalbe," 1828 gedichtet, ließ errathen, daß der Dichter noch glücklicher sein werde, wenn er selbst sich seine Stoffe wählen dürfe.

Mit dem „Lob der Malerei" gewann er den 17. Juni 1828 einen Preis zu Gent, mit der „Leinweberei", woraus schon etwas von dem Duft des von ihm später so lieb besungenen „Buchwaizens" athmet, einen Preis zu Thielt. Doch war er nicht immer gleich glücklich; einmal wurde er sogar von einem Barbier überwunden. Er rächte sich für seine Niederlage mit Epigrammen, sein „Barbier" war ein Barbar; es durften nur drei Buchstaben verändert werden.

Der letzte Preis, um den er kämpfte, war der, welchen am 21. Juni 1834 die Regierung für den „Triumph von des Landes Unabhängigkeit" aussetzte. Man warf dem Dich=

ter von einer Seite vor, daß er den Umschwung der Dinge überhaupt besungen habe, von der andern tadelte man ihn, daß er es nicht leidenschaftlich genug gethan. Er selbst schlug jetzt einen neuen Weg ein, den Lamartine, Victor Hugo und Schiller ihm gezeigt hatten, vor Allem aber Byron, dessen Gefangenen von Chillon er im ersten Jahrgang des Nord= sterns vlämisch erscheinen ließ. Zugleich studirte er, um sein Examen als Jurist machen zu können, die alten Sprachen. Als er allein so weit gekommen war, um den Collegien fol= gen zu können, kam er wöchentlich mehrere Male zu Fuß von Eecloo nach Gent. Am 10. August 1835 erwarb er mit großer Auszeichnung den Grad eines Doctors der Rechte, aber vielleicht hatte er zugleich den Keim zu der Krankheit gelegt, die ihn so früh wegraffen sollte.

Die Regierung bewies, daß sie die literarischen Ver= dienste Ledegancks anerkenne, indem sie ihn zum Mitglied der Kommission ernannte, welche über die vlämische Rechtschreibung entscheiden sollte. Dann wurde er Friedensrichter in Zomer= gem. Hier unternahm er eine für die Blamingen höchst wich= tige Arbeit: die Uebersetzung der Gesetzbücher in das Nieder= deutsche. Auch nahm er Platz unter den Provinzialständen von Ostvlandern.

Eine glückliche Ehe mit Virginie De Hoon aus Capryk hatte nicht lange gewährt, als die Brustkrankheit ausbrach, welche ihn sieben Jahr lang quälte. Ledeganck war sich der Gefahr bewußt, sah ihr jedoch mit christlicher Ruhe in's Auge.

Im Juni 1837 schrieb er das gefühlvolle Gedicht, „Das Grab meines Vaters," welches jedoch von dem zwei Jahr später gedichteten „Das Grab meiner Mutter" noch übertroffen wird. In demselben Jahre, 1839, war es, als er unter dem Titel „Blumen meines Lenzes" seine Gedichte sammelte. Mit einigen, sehr innigen Strophen begleitete er das Exem= plar an seine Frau, welche ihm überhaupt Muse gewesen zu sein scheint. Das Jahr darauf erschien „Das Burgschloß von Zomergem," eine Erzählung in mehreren Balladen,

1842 „Die Irre," worin Betrachtung sich mit der Erzählung mischt und sie eigentlich überwiegt. Die Dichtung Ledegancks, welche am meisten Wiederklang in den Herzen seiner Lands=leute fand, heißt „Die drei Schwesterstädte." Er feiert darin Gent, Brügge und Antwerpen. In dem Gedicht an Gent finden sich die schönen kraftvollen Verse:

Sei vlämsch an Herz, und vlämsch an Art,
Sei vlämsch in deiner Sprach', und vlämsch in deinen Sitten.

Die Volksthümlichkeit kann nicht einfacher und eindrin=gender anempfohlen werden; eine Mutter, welche ihren Sohn zum Vlaming erziehen will, braucht ihm nur diese beiden Verse Ledegancks einzuprägen. Brügge wird von dem Dichter als schön, aber todt betrauert, Antwerpen als Königin der Schelde begrüßt. Es dankte ihm königlich, als er im August 1846 es besuchte, und ein Antwerpner Künstler, der Bild=hauer Jan Van Arendonk, arbeitete das Denkmal des Dichters auf dem St. Amandsberg bei Gent.

Denn Ledeganck erlag am 19. März 1847 seinem Brust=leiden. Er starb in Gent, wohin er 1842 als Provinzial=inspector der niedern Schulen gekommen und 1845 aggregirter Professor an der Hochschule geworden war. Am 23. März 1847 war sein Begräbniß, 1849 wurde ihm sein Denkmal gesetzt, 1856 gab Heremans seine gesammelten Dichtungen heraus. Nach der Biographie, welche ihnen als Einleitung dient, habe ich diese geschrieben, und auch zum Uebersetzen eine Dichtung gewählt, welche Heremans als eine der vor=züglichsten von Ledeganck bezeichnet.

Der Bettler.

Res sacra miser est.
Sen.

Gott lohne, die mir etwas schenken,
Damit ich schütze mich und kleide,
Und weder Durst noch Hunger leide —
Will ihrer im Gebet gedenken.

Der Schnee, der träuft von meinem Kinn, der zählt an achtzig Jahr,
Seit vielen Wintern nahm mein Aug' kein Tageslicht mehr wahr.
Es legte seine Eisenhand die Zeit auf meine Glieder,
Und machte meine Füße steif, und bog mein Haupt darnieder.
Dem starken Eichbaum bin ich gleich, der mächtig widerstand
Jahrhundertlang dem wilden Sturm, dem Frost, dem Sonnenbrand,
Doch der, das Haupt fast ganz entblößt, den Stamm vom Wurm
                                                           durchwühlet,
Nur ein'ge Zweige tragend noch, sein Ende nahen fühlet.
So lebt nur noch das Herz in mir, was übrig, das fiel ab,
Bis auf der Hoffnung letztes Licht, das flimmert über'm Grab.

        Gott lohne, die mir etwas schenken —
        Will ihrer im Gebet gedenken.

Nicht immer war ich, was ich bin, ich hab' in junger Brust
Des Lebens reines Glück gefühlt, des Lebens Heil und Lust.
Gesund an Geist, gesund an Leib, begann ich mit dem Morgen
Des Landmanns fröhlich Tagewerk, die Arbeit ohne Sorgen.
Ich trieb hinaus des Vaters Vieh zur Weide mit keckem Muthe,
Ich spannte vor den knarrenden Pflug die starkgebaute Stute.
Ich war von Hand und Schenkel stark, es mußte mir gelingen,
Wenn die Gelegenheit sich bot, ein wildes Pferd zu zwingen.
Und jagt' ich die Gehöft' entlang auf meinem muth'gen Braunen,
So fragten Manche wohl: „ist er's?" und sah'n mir nach mit Staunen.

        Gott lohne, die mir etwas schenken —
        Will ihrer im Gebet gedenken.

Und wenn es Sonntag war und wenn der Gottesdienst vorbei,
Dann fühlt' ich's recht, wie süß die Ruh' doch nach der Arbeit sei.
Dann rief herbei das junge Volk ich durch Schalmeienblasen,
Und eine Lust war's es zu seh'n, sich drängend auf dem Rasen.
Dann gab das Zeichen ich zum Spiel, sei's nun mit Pfeil und Bogen,
Sei's, daß man mit dem Bolzen schoß, sei's, daß die Bälle flogen,

Sei's, daß man auf dem Rasenplatz in abgetheilten Kreisen
Mit Springen sich vergnügte, sei's mit alten Liederweisen.
Auch sprach von einem Mädchen man, das roth ward, wenn's mich sah,
Und gern mich zu vermeiden schien — ich dachte dann: „die da."

    Gott lohne, die mir etwas schenken —
    Will ihrer im Gebet gedenken.

Und die als Mädchen schamhaft einst so hoch erröthet war,
Die schenkte später als mein Weib mir eine reiche Schaar.
Mit zwei Paar Töchtern schlank und blond, im Antlitz Jugendfrische,
Und mit drei Söhnen saßen wir an unserm breiten Tische.
Die Töchter schafften drinnen im Haus, die Söhne bauten das Land,
Und Jedes in der Arbeit Lust anstatt Ermüdung fand,
Ich ging mit meinem Weib rings um die Felder, deren Lasten,
Von gold'nen Aehren voll und schwer, die Scheuern nicht mehr faßten.
Und wenn ich mich zur Ruh begab, nachdenkend meinem Loos,
Dann wandt' ich bangend mich zu Gott — mir schien mein Glück
                                                        zu groß.

    Gott lohne, die mir etwas schenken —
    Will ihrer im Gebet gedenken.

Und seht, der Herr ist wunderbar; aus Liebe schlägt er schwer,
Wie man das Gold im Feuer prüft, so prüft die Seinen er.
Nicht dürfen die, so glücklich sind, sich seine Liebsten wähnen,
Die sind es, die gepriesen ihn in Jammer und in Thränen.
Es ist als wär' dem reinen Geist zu schwer der Erde Glück,
Als hielt's ihn von der Läuterung, vom Flug empor zurück.
Gesegnet denn die Vaterhand, gesegnet auch die Strafen,
Womit der Herr mich schlug, wenn gleich sie bis auf's Blut mich trafen.
Er hat von tieferm Falle mich, von Wahn und Stolz befreit —
Ihr Glücklichen der Erde hört, hört wie der Herr kastei't.

    Gott lohne, die mir etwas schenken —
    Will ihrer im Gebet gedenken.

Wer denkt des Jahr's voll Unheil nicht, das kam auf Waterloo?
Ein Regenguß der Sommer war, und auch der Herbst war so.
Wir brachten nichts vom Feld herein als halbverfaulte Garben,
Das nasse Futter war so schlecht, daß Küh' und Pferde starben.
Die Menschen alle wurden krank, das Fieber kam in's Haus,
Die Kinder siechten mir dahin, und eh' der Winter aus,
Trug ich nach einem frühen Grab vier Leichen und mir blieben
Nur noch zwei Töchter und ein Sohn, drei Sprossen von den sieben.
Mein Weib, das weinte fast sich todt, vom Jammer übermannt —
So schwer traf uns der erste Schlag von Gottes Vaterhand.

    Gott segne, die mir etwas schenken —
    Will ihrer im Gebet gedenken.

Doch ich verlor nicht allen Muth; mit früher erspartem Geld
Hatt' ich die Ställe neu gefüllt und neu besä't das Feld,
Und als es wieder Lenz, da war's, als sollten uns die Saaten
Das ausgestand'ne Mißgeschick vergelten mit Gerathen.
Nie trug so wundervollen Schmuck die blühende Erde noch,
Nie schien auf solchen Ueberfluß die Sommersonne noch.
An allen Halmen hoch und stark die vollsten Aehren reiften,
In alle Scheuern fuhren ein die Wagen, die vollgehäuften.
Durch solche Schätze ward bei uns auf's Neu geweckt der Muth,
Doch ach, wie eitel die Hoffnung ist, die nur auf Schätzen ruht.

    Gott lohne, die mir etwas schenken —
    Will ihrer im Gebet gedenken.

Nun kam mit Sturm und Hagelschlag der Herbst in seinem Zorn,
Die Felder lagen kahl und leer, die Böden voll von Korn.
Da saßen eines Abends wir bei Sankt Martini's Nahen
Am Reisigfeuer — dem letzten Licht, das meine Augen sahen.
Vorüber war das Abendmahl, und draußen war Sturmgebraus,
Um's Dach und durch die Esse kam ein wildes Hagelgesaus,
Und plötzlich sah'n und hörten wir durch's brüllende Sturmesgrollen

Die Blitze zucken mit rothem Licht, und schütternd den Donner rollen.
Und alle sanken wir auf die Knie und dann, dann traf mich ein Schlag,
Daß ich betäubt dahingestürzt, bewußtlos am Boden lag.

   Gott lohne, die mir etwas schenken —
   Will ihrer im Gebet gedenken.

Ich hatte weiter nichts gewahrt; als zu mir selbst ich kam,
Da schnappt ich bang nach freier Luft, die mir der Rauch benahm.
Ich hört' entsetzliches Gebröhn, und Töne mein Ohr erfüllten
Von Menschenstimmen, die schrien in Angst, von Thieren in Noth,
            die brüllten.
Und rund um mich und über mir und überall die Glut,
Die durch die Dächer von Scheuer und Haus herausschlug voller Wuth.
Wohl mußte bei so viel trockner Frucht sie unaufhaltsam flammen,
Und ihre Raserei kam noch mit der des Sturms zusammen.
Ein Augenblick gebrach, daß mir die letzte Stunde schlug,
Als Jemand mich mit Kraft ergriff, und in den Garten trug.

   Gott lohne, die mir etwas schenken —
   Will ihrer im Gebet gedenken.

Da saß ich auf dem feuchten Gras, die Seel' erfüllt mit Grau'n,
Und hob das Haupt, mit einem Blick das Unheil zu überschau'n,
Doch vor den Augen dämmert' es mir und wollt' und wollte nicht
            tagen
Ich wandte umsonst mich rund umher, ich war mit Blindheit geschlagen.
Es hatt' es des Himmels Feuer gethan — o wie es furchtbar klang
Zu hören, wie die wogende Glut all' meine Habe verschlang.
Zu hören, wie die Menge schrie und wie mein Rindvieh brüllte,
Und auf der Stelle zu bleiben, wo mich ewige Nacht umhüllte!
Gott Lob, daß ich die Gräuel nicht mit meinen Augen geseh'n,
Leicht hätte da gelegen ich, um nie mehr aufzusteh'n.

   Gott lohne, die mir etwas schenken —
   Will ihrer im Gebet gedenken.

Hier kam Verzweiflung in mein Herz — daß Gott sich mein erbarm'!
Als meine Frau, halb nackt, halb todt aus meiner Tochter Arm
An meiner Seite niederglitt und schluchzend mir erzählte,
Daß unser Sohn gerettet uns, daß eine Schwester fehlte,
Daß er auf's Neu' zurückgestürzt, zu suchen sie im Rauch,
Und mit dem Leben es bezahlt, und sie verloren auch.
Da wußt' ich nicht so recht mehr, was in meinem Busen wühlte,
Und ob ich gegen Gott nicht Zorn in meinem Herzen fühlte.
Es zogen sich krampfhaft die Lippen mir zusammen, und ich brach
Laut in ein wüstes Lachen aus, das schaurig tönte nach.

   Gott lohne, die mir etwas schenken —
   Will ihrer im Gebet gedenken.

Sechs Monden später führte man in eine Wohnung mich,
Die zu bereiten nach Wunsche mir bemüht ein Nachbar sich,
Gebaut von dem, was übrig noch vom schönen Hof geblieben,
Wo ich, jetzt traurig und blind, im Glück gelebt mit meinen Lieben.
Wir sprachen wenig, Tochter und Frau bestellten mit einem Knecht
Das Land, das noch geblieben uns, allein es ging nicht recht;
Sie thaten auch was nur möglich war, um mir mein elend Leben
Erträglich noch zu machen, doch umsonst blieb all' ihr Streben.
Mein Weib, es siechte dahin und starb — das vierte Jahr verlief,
Und mir gehörte Nichts mehr zu — in Schulden steckt' ich tief.

   Gott lohne, die mir etwas schenken —
   Will ihrer im Gebet gedenken.

Nun traf mich noch der letzte Schlag von Allem, was ich erprobt —
So schwer auch Gott geschlagen mich, doch hatt' ich Gott gelobt,
Daß er mir noch die Nothdurft ließ, daß noch ein Dach ich hatte,
Um auszuruh'n das müde Herz, das Haupt, das krank' und matte.
Doch nun da kam mein Nebenmensch, und strenger als Gott war er,
Er sprach von König und Gesetz, vom Recht und von was noch
        mehr —

Er heftet' an das, was mein noch war, das Zeichen von Schmach und Schande,
Er bot es der Menge feil und sprach: es käme zu Gute dem Lande.
Er warf mit meinem einzigen Kind mich auf die Straße hinaus —
Ach, hätte nur sterben können ich in meinem eignen Haus!

   Gott lohne, die mir etwas schenken —
   Will ihrer im Gebet gedenken.

Auf meiner Tochter Arm gestützt durchirrt' ich nun das Land,
Und schmeckte das saure Bettelbrod, und schlief, wo Herberg' ich fand.
Oft war es auf dem harten Grund, doch sollte noch auf Erden
In meiner frommen Tochter Glück ein letztes Heil mir werden.
Ein wack'rer Jüngling warb um sie, und bis zu seinem Tod
Da ward ich liebend unterstützt, da litt ich keine Noth.
Und nun sind's mehr denn achtzig Jahr, daß nach dem Herrn ich verlange,
Und kommt er, will ich segnen ihn, blieb er auch noch so lange.
Es giebt mein jüngstes Enkelkind dem Blinden das Geleit —
Das wird nun endlich geleiten mich an's Ufer der Ewigkeit.

   Gott lohne, die mir etwas schenken,
   Damit ich schütze mich und kleide,
   Und weder Durst noch Hunger leide —
   Will ihrer im Gebet gedenken.

Gedichten van K. L. Ledeganck, met eene Levensschets des Dichters, door J. F. J. Heremans. Gent en Amsterdam, 1856.

Loveling (Rosalie und Virginie.). „Die Lovelings," wie sie von den Vlamingen genannt werden. Ich hörte schon von ihnen, noch ehe ich daran dachte, dieses Buch zu schrei=
ben. „Wenn sie sterben sollten," sagte mir ein glühender Vlaming in Brüssel, „ich bin überzeugt, kein einziger von uns vlämischen Dichtern würde bei ihrem Begräbniß fehlen."

Für den Augenblick leben die Schwestern noch und sind die einzigen jungen Mädchen in der vlämischen Dichterwelt. Als Ausnahmen sollen sie denn auch eine Ausnahme von Biographie haben. Ein Brief von mir an sie war falsch und folglich verloren gegangen. Bevor ich einen zweiten schrieb, wollte ich, durch einige Erfahrungen vorsichtig ge=
macht, erst wissen, ob ich auf eine Antwort rechnen dürfe. Ich beauftragte daher einen jungen Antwerpner Dichter, an einen jungen Genter Dichter zu schreiben und Erkundigungen einzuziehen. Darauf kam folgender (vlämischer) Brief, den ich getreu mittheile, indem ich, um ihm ganz die Farbe zu lassen, „Juffers" anstatt durch Fräulein's, durch Jungfern übersetze.

Bester Freund!

Ihr fragt mich nach den Lovelings?

Fragen ist sehr leicht, aber antworten auf solche Fragen?

Was versteht Ihr unter Mittheilungen?

Wie die lieben Jungfern leben?

Das wissen die lieben Jungfern allein.

Was sie essen?

Ich bin nie ihr Koch gewesen.

Wann sie schlafen gehen und aufstehen?

Passons!

Um es kurz zu machen: Alles, was ich von den anmu=
thigen Dichterinnen weiß, läuft daraus hinaus:

Es sind drei Schwestern:

Maria, Rosalie und Virginie.

Eine, die älteste, schreibt nicht. Die liebenswürdigste, jüngste, die zugleich auch am besten dichtet, heißt Virginie, und ist in den ersten Zwanzigen. Ihr „Mutters Kreuzchen" und einige Stückchen in den Jahrbüchlein, (Mühlenflügel u. a.) sind echte Perlen von Gemüthlichkeit und Naivetät.

Sie wohnen jetzt in Nevele.

Sind wohlhabend.

Haben gutes Bier im Keller.

Tragen wohl auch 'mal Crinolin.

Leben mit ihrer Mutter, einer äußerst wackern Frau.

Erfüllen ihre christlichen Pflichten.

Halten viel vom Spazierengehen.

Sind vollkommen bescheiden und wissen nicht, daß sie so gute Verse machen.

Empfangen die Fremden (Confraters von der Facultät) sehr freundlich.

Und —

Und —

Das Uebrige zu erfragen möge der Frau Baronin selbst belieben."

Nun beliebte es aber „der Frau Baronin" nicht noch nach mehr zu fragen. So wie ich die Schüchternheit der vlämischen Frauen kennen gelernt habe, würde ich weder durch einen Brief, noch durch einen Besuch etwas Näheres über die Lovelings erfahren haben. Auf einen Brief hätte ich im besten Falle eine ablehnende Antwort von der Hand der Mutter erhalten, bei einem Besuch würde ich allerdings gast= freundlich empfangen worden sein, aber auch nicht viel mehr gesehen haben, als was Rosalie und Virginie für Augen hätten. Ich will also annehmen, daß es schöne Augen sind, ebenso schön, wie die Lieder der Schwestern anmuthig sind. Denn die Lovelings haben beide ein liebliches, ächt mädchen= haftes Talent. Man könnte mit gutem Gewissen ihren Namen

in Lovely verändern. Sie sind nicht nur als Mädchen, son=
dern auch als Dichterinnen jugendlich. Sie heften sich keine
Odenschwingen an, um schwerfällig aufzusteigen, sie fliegen
wie Singvögel in den Lenzschatten der Erde umher. Herzlich
wünsche ich, daß es ihnen nie einfallen möge, sogenannt
erhaben zu werden, sondern daß sie bleiben mögen wie sie
sind: lieb und einfach. Von den beiden Liedern, die ich gebe,
ist das erste von Rosalie, das zweite von Virginie.

Der kleine Lautenspieler.

Auf die Schwelle der Kapelle
Hingesunken war das Kind,
War ein zart und schwächlich Bübchen,
Wie es kleine Kinder sind.

Ganz allein mit seiner Laute
Auf dem unbekannten Grund,
Wo es Niemand, Niemand kannte,
Strauchelt' es und irrte rund.

Niemand als den Mond, den stillen,
Der durch fahle Wolken ging,
Spielend mit des Laubes Schatten,
Welches an zu schauern fing.

Aus dem Kirchlein schien das Lämpchen
Trübe auf das traur'ge Kind,
Und das Maigras bebt' und bog sich
In dem kühlen Abendwind.

Vor dem Zittern von den Blättern,
Vor dem klagenden Gesang,
Vor den Grillen in den Sträuchen
Ward dem armen Bübchen bang.

Doch es konnte nicht mehr weiter,
Und so weint' und schluchzt' es blos,
Bis die Nacht zum süßen Schlummer
Ihm die müden Augen schloß.

Von dem hohen Hügelgipfel
Klang das Glöcklein hell in's Ohr,
Und die früherwachten Kinder
Klommen zur Kapell' empor.

Da, gefaltet seine Händchen,
An der Thür das Kind man sah,
Fühlte an sein bleich Gesichtchen,
Doch es lag als Leiche da.

's war ein Kind aus fremder Gegend,
Niemand wußt', woher es kam —
Aus dem feuchten Hügelgrase
Man die kleine Leiche nahm.

Trug ihr Särglein nach dem Kirchhof,
Wo man sie der Erde gab —
Nur ein linder Sommerregen
Weinte auf das Kindergrab.

Das Liedchen meiner Kindheit.

Was in den Kinderjahren
So recht zum' Herzen spricht,
Bleibt ewig im Gedächtniß
Und man vergißt es nicht.

Wenn man das schlichte Liedchen
Aus meiner Kindheit singt,
Dann denk' ich an die Liebe,
Womit ich einst umringt.

Dann denk' ich an die Stimme,
Die mir dies Liebchen sang,
Wenn bei der Sonne Sinken
Der Mond begann den Gang.

Wenn hold die Sterne schienen,
Die Schwalbe nicht mehr rief,
Und draußen Alles, Alles
In süßem Träumen schlief.

Im halben Dunkel tönte
So tröstend dieses Lied,
Wie das Geseufz des Lüftchens
Im blüh'nden Userried.

Es wiegte ein zur Ruhe
Das Herz gleich dem Gesang
Von Glocken in der Ferne
Bei Sonnenuntergang.

O leise, linde Töne,
Ihr habt mich oft gerührt,
Und in vergang'ne Tage
Des Heils zurückgeführt.

O alt' eintönig Liebchen,
Hör' ich dich gleich nicht mehr,
In meinem Herzen klingst du
So deutlich wie vorher.

Mees (Benedictus Joannes), geboren den 10. Mai 1822 zu Antwerpen, seit 1844 verheirathet mit Maria Wouters, früherer Vicepräsident der St. Lukasgilde, in welcher Eigenschaft er viel zu der gelungenen Feier des St. Lukasfestes im Jahre 1854 beitrug, jetzt Drucker bei Buschmann, in der größten Druckerei von Antwerpen, wo ich ihn mit Vergnügen einfach und unbefangen im blauen Arbeiter=Kittel sah, bevor ich am Abend sein neuestes Buch „Wanna" las. Gleich der kleinen Erzählung, welche ich mittheile, spielt es „im Leben der Voreltern," eine Zeit, in welcher Mees gleich vielen Vlamingen sich mit großer Vorliebe zu bewegen scheint.

Eine Heirath bei den alten Belgiern.

I.

Belgien war noch nicht unter der Macht Roms gebeugt; noch lebten seine Stämme frei auf dem vaterländischen Grund und Boden, ohne daran zu denken, daß eine fremde Herrschaft ihrer harre.

Auf einer ausgedehnten Ebene, welche von einem sich schlängelnden Flusse durchschnitten wurde, stand in geringen Entfernungen von einander eine Anzahl Hütten, von denen einige gegen den Stamm alter Eichen, andere auf niedrigen Hügeln erbaut waren.

Diese Häuschen, welche ihrer runden Form wegen etwas von Bienenkörben hatten, waren aus Stroh und Thon aufgeführt.

Obschon alle auf dieselbe Art erbaut waren, unterschied sich dennoch eine von den übrigen. Sie stand abgesondert am Flusse und wenn sie gleich weder größer noch geschmack=

voller war, so deutete doch die grelle Farbe ihres Anstrichs darauf hin, daß ihr Bewohner vornehmer sein mußte, als die übrige Bevölkerung, welche einen Theil der Menapiers ausmachten. In der That wohnte dort Harold, das Oberhaupt des Stammes, mit seiner Tochter, einem Mädchen von siebzehn Jahren.

An einem schönen Sommerabend, welcher das Erdreich mit erquickendem Thau benetzte, hatten sich die Bewohner der Hütten in's Freie begeben, um unter dem heitern Himmel die Kühle der mondhellen Nacht zu genießen.

Es hatten sich verschiedene Gruppen gebildet. Dort ließen Frauen und Kinder sich durch die Gaukeleien einer Wahrsagerin unterhalten, hier erhob eine Reihe junger Mädchen die hellen Stimmen zum Gesang, etwas weiter hin vergnügten die Männer sich mit Biertrinken und Würfelspielen.

Der alte Harold mit seiner Tochter hatte sich in der Nähe seiner Hütte entfernt von den Uebrigen unter der breiten Krone eines Baumes auf den Rasen niedergelassen. In Nachdenken verloren, das Haupt auf die Brust gesunken, stand vor ihnen ein Jüngling, welcher kaum das männliche Alter erreicht hatte. Von Zeit zu Zeit zeigte sich auf seinem Antlitz ein krampfhaftes Zucken, welches einen innerlichen Streit verrieth. Der alte Harold, welcher den Jüngling lange aufmerksam betrachtet hatte, unterbrach zuerst das Schweigen.

„Ihr scheint zu schwanken, Wilfried?" frug er. „Dennoch ist mein Beschluß unwiderruflich: Die Tochter des Oberhauptes der Menapiers wird dem Ueberwinder zu Theil."

Wilfried, welcher Hohn in diesen Worten zu hören

glaubte, erhob das Haupt und zornige Blicke auf den Alten werfend, antwortete er: „Denkt Ihr, Harold, daß es mir an Muth gebricht, um gegen meinen Nebenbuhler zu kämpfen? Wenn Ihr dergleichen glaubtet, warum habt Ihr mir da schon im Voraus die Hand Eurer Ilve zugesagt? Nein, bei allen Göttern schwör ich, daß sie mir und Niemand anders gehören soll."

„Brav so, Jüngling, das heiß' ich sprechen! Nicht wahr Ilve?" sprach Harold, indem er seine Tochter bei der Hand ergriff und einen Augenblick lang fragend ansah. Dann sich wieder an den Jüngling wendend fuhr er fort: „wohlan, Wilfried, seid Ihr morgen Sieger, so schenk' ich Euch mit der Hand meiner Tochter das schönste Pferd, welches ich be= sitze."

Ilve, welche bis dahin geschwiegen hatte, war durch die ersten Worte des Vaters bis in das Herz getroffen worden. Sie kannte Wilfrieds Muth, noch nie hatte man ihn vor einer Gefahr, selbst vor der größten nicht zurückweichen sehen, und nun, wo es seine Erklärung zum Manne galt und er durch einen Zweikampf sich zugleich die Gattin und seinen Platz im Rathe erwerben sollte, konnte er sich als Feigling zeigen? Es schien ihr dies unmöglich, und dennoch war ihr auch wieder die Niedergeschlagenheit ein Räthsel, in welcher er diesen Abend verharrte.

Als Harold sie bei der Hand ergriffen hatte, wurde sie aus ihrer Träumerei geweckt. Sie erhob die Augen und sah Wilfried, welcher durch die letzten Worte ihres Vaters noch immer nicht ganz besänftigt worden war, mit übereinander= geschlagenen Armen finster den Alten in das Antlitz schauen.

Halb erschreckt sprang sie auf und sich an ihren Ver=
lobten wendend, rief sie ihm bittend zu: „Wilfried, Wilfried,
sagt mir doch, warum Ihr diesen Abend mit gebeugtem Haupte
zu uns gekommen seid?"

Ihre Worte brachten in dem Wesen des Jünglings eine
gänzliche Veränderung hervor. Mit einem sanften Lächeln
antwortete er: „es ist Nichts, Liebste, es ist Nichts. Ein
trauriger Gedanke hatte mich niedergeschlagen gemacht, und
darum konnt' ich es nicht ertragen, daß Euer Vater mir solche
Worte in's Gesicht warf."

„Und ich," sprach der alte Harold, „ich konnte nicht
dulden, daß ein junger Mann mit Kraft und Willen so muth=
los in meiner Gegenwart erschien."

„Vater," bat Ilve, „beschuldigt ihn nicht mehr, morgen
wird Wilfried zeigen, daß er Eurer und meiner würdig ist!"

„Ja," seufzte Wilfried, „morgen!" Und sein Haupt
sank wieder auf seine Brust.

„Ihr zweifelt?" rief das Mädchen angstvoll.

„Nein, Ilve, ich zweifle nicht," antwortete Wilfried mit
unterdrücktem Ton, „aber wenn Ihr wüßtet, was mir wider=
fahren ist —"

„Was Euch widerfahren ist?" fragte Ilve und ihr Vater
zugleich.

„Ja, was mir widerfahren ist," wiederholte Wilfried
nochmals. „Als ich heute Abend auf dem Wege zu
Euch war, ist mir ein Rabe krächzend über das Haupt weg=
geflogen."

„Daß die Götter uns gnädig sein mögen!" schluchzte
Ilve, während sie das Haupt in den Händen verbarg.

„Unheil!" seufzte Harold, seine Augen gen Himmel richtend.

„Unheil über mich," sagte Wilfried düster. „Seht, das war's, was mich nachdenklich machte. O Ilve, warum doch mußte dieser Unglücksvogel mir über das Haupt wegfliegen? Wenn ich nun nicht überwände und Ihr einem Andern angehören müßtet?"

Das Mädchen wurde durch diese Worte gleichsam neu beseelt, und sich zu Wilfried kehrend, rief sie mit emporgehobener Hand: „Wilfried, Freund, habt Muth; ich schwör' Euch hier bei allen Göttern, die mich hören, daß, im Fall das Loos Euch nicht günstig ist, ich mich dem Allvater Wodan zum Opfer bringe."

„Kind!" rief Harold, und als fürchtete er bereits den Eid seiner Tochter verwirklicht zu sehen, drückte er sie bewegt an die Brust und preßte einen ängstlichen Vaterkuß auf ihre Stirn.

„Habt Dank, Liebe, habt Dank!" rief Wilfried, der nun sein Herz vor Freude schlagen fühlte. „Eure Worte haben mich getröstet und ermuthigt; in den Willen der Götter ergeben, werde ich morgen in den Schranken Arnulf gegenüber treten." Und nachdem er Harold und dessen Tochter den Nachtgruß geboten, eilte er wohlgemuth über das Feld hin nach seiner Wohnung.

„Ilve, Ilve," sprach Harold, als der Jüngling verschwunden war, „warum habt Ihr das gelobt? Habt Ihr keinen Vater mehr?"

„Meine Liebe zu Wilfried riß mich fort," antwortete das Mädchen; „verzeiht mir, aber ich konnte nicht anders."

„Wohlan, so sei es," mit diesen Worten geleitete Harold seine Tochter nach der Hütte.

II.

Es galt selbst in späteren Zeiten als die waren, in denen unsere Erzählung spielt, bei den Germanen für die größte Ehre, wenn man eine Jungfrau durch Heldenthaten oder durch das Schwert gewinnen konnte. Darum setzten die Tapfersten mit Freuden ihr Leben ein, um die Gunst irgend einer berühmten Schönheit zu verdienen, und geschah es, daß zwei Jünglinge sich zugleich um ein Mädchen bewarben, so war es ein Zweikampf, welcher den Ausschlag gab.

Dieses war denn auch bei Harolds Tochter der Fall. Arnulf, der Sohn eines heldenhaften Geschlechtes, hatte um ihre Hand angehalten. Nun liebte Ilve allerdings seit einiger Zeit schon den jungen Wilfried, aber da dieser weder an Rang noch an Vermögen Arnulf gleich kam, so hatte Harold die Entscheidung durch die Waffen beschlossen.

Der dritte Tag vor dem Lenzabend, dem heutigen Osterfeste, war dazu bestimmt worden. Die Sonne hatte fast die Hälfte ihres Laufes vollendet, als man auf dem geweihten Platz, welcher sich innitten eines weiten Waldes befand, die Vorbereitungen zu den bevorstehenden Feierlichkeiten zu treffen begann.

Eine zahlreiche Menge hatte sich bereits mit dem frühesten Morgen versammelt, und schon längst spähte man mit Ungeduld in die Ferne, als endlich das Erschallen eines Hornes das Heranziehen des Zuges verkündigte.

Stattlich trat die Reihe der Priester, an deren Spitze

der Oberpriester ging, in das Heiligthum ein. Ihnen folgten die Hochzeitsjungfern, welche Ilve geleiteten, darauf kam Harold mit seinen sämmtlichen Blutsverwandten, und endlich erschienen Arnulf und Wilfried, denen die Schwerter durch Sklaven nachgetragen wurden. Die Verwandten der beiden Jünglinge schlossen den Zug.

Kaum hatte er den Altar erreicht, so stieg der Oberpriester zum Altar hinauf, welcher in der Mitte aufgerichtet war. Ein schöner weißer Hengst, welcher als das würdigste Thier den Göttern dargebracht werden mußte, wurde von zwei Priestern herbeigeführt und auf den Stein des Altars festgebunden. Nachdem der Oberpriester ihn geschlachtet, hing man den abgeschlagenen Kopf an den Baum über den Altar, während man das Blut in steinernen Krügen auffing.

Als diese Feierlichkeit vorüber war, gebot man Stille, und der Oberpriester sprach:

„Heldenhafte Menapier, das Thier, welches ich den Göttern geschlachtet habe, hat mir verkündet, daß der Kampf zwischen Arnulf und Wilfried ein gerechter ist. Wodan, Thor, Frei, allen Göttern wird dieser Streit wohlgefallen, und der da fällt, wird in Walhalla wohnen. Tretet näher denn, Kinder unsres Stammes, und empfanget, damit Keinem Unrecht geschehe, Eure Waffen aus meinen Händen."

Arnulf und Wilfried traten vor den Altar; der Oberpriester reichte ihnen die Schwerter.

„Und nun," begann er von Neuem, „muthig voran und zeigt, daß Einer von Euch würdig sei, die schöne Ilve als Braut zu besitzen."

Ein Freudengeschrei erhob sich aus der Menge. Von

allen Seiten hörte man Zujauchzungen*) und Ermuthigungen.
Die Priester ihrerseits stimmten einen Harfensang an, und
bald war die Verwirrung und das Geräusch dermaßen groß
geworden, daß man nichts mehr von Allem verstehen konnte,
was gerufen wurde.

Ilve und Harold, welchen man einen erhöhten Platz
gegeben hatte, saßen regungslos und verfolgten mit angstvoller
Spannung den Kampf. Plötzlich stieß Ilve einen gellenden
Schrei aus, der Geliebte stürzte vor Arnulfs Füßen zu Boden.
Doch nur für einen Augenblick, im nächsten war er wieder
aufgesprungen und fiel seinen Gegner mit solcher Gewalt an,
daß er ihm das Haupt entzweischlug.

Unter schallenden Siegesrufen wurde der Ueberwinder
auf einen Schild gesetzt und, von vier Männern in die Höhe
gehoben, dem Volke gezeigt. Dann ward wiederum Stille
geboten und der Oberpriester sprach: „Heil dem Manne, der
seinen Gegner überwunden hat; er empfange das Schwert
zur Vertheidigung des Vaterlandes und werde als Mitglied
von der Landesversammlung anerkannt. Wilfried, Ihr seid
zu Euerm Schilde gelangt und sollt streitbar sein."

Kaum hatte der Oberpriester diese Worte ausgesprochen,
so trat einer von Wilfrieds Nächsten hervor und schenkte ihm
Schild und Wehr, indem er nunmehr zum Mitglied der Ver=
sammlung erklärt war.

Darauf trat, seine Tochter an der Hand, Harold vor
den Altar, wo Wilfried gewaffnet auf dem Schild zu des
Priesters Füßen niedergelassen worden war.

---

*) toejuichingen, beibehalten, weil es besser ausdrückt, bis zu welchem Grade die Vlamingen zujauchzen.

„Priester der Götter," sprach der alte Mann, „es ist mir eine wahre Befriedigung, den Helden zu belohnen, der sich so mannhaft gezeigt hat. Ich halte mein Wort: Der Ueberwinder empfängt meine Tochter als Braut und als Hochzeitsgabe mein bestes Pferd. Daß Euch dieses Geschenk behagen möge," fuhr er, zu dem Jüngling gewendet, fort, „und wenn Ihr es zum Kampf oder zur Jagd besteigt, erinnert Euch, daß Ihr es von Ilves Vater als Lohn der Tapferkeit empfangen habt."

Ilve wurde durch die Brautjungfern zu Wilfried geleitet. „Glücklich ist für mich der Tag, an welchem ich Euch aus Eures Vaters Händen als Braut empfange," sagte der Jüngling, „und da Ihr von nun an die Hüterin meines Hauses und meiner Heerde seid, so schenke ich Euch als Unterpfand meiner Treue ein Joch Vieh, welches durch Eure Vorsorge vermehrt werden möge."

„Das schwör' ich Euch," antwortete das Mädchen, und die Trauringe wurden gewechselt.

„Der Segen der Götter sei über Euch und Eurer Nachkommenschaft," sprach der Oberpriester, während er sie mit einigen Tropfen Blut des geschlachteten Thieres auf dem Altar besprißte.

Auf ein gegebenes Zeichen wurde nun unter dem Altar das Feuer angezündet, welches das Opferthier verzehren sollte. Dann füllte man die Becher mit Meth und Blut von dem Pferde und leerte sie zu Ehren der Götter und des jungen Paares, worauf das Festmahl seinen Anfang nahm. Die Leiche Arnulfs war auf einer Tragbahre neben den Altar gesetzt worden; sie sollte ebenso wie das Pferd während des Festes verbrannt werden.

Bisweilen wurde von dem gebratenen Thiere ein Stück Fleisch geschnitten und den Tischgenossen von einem Priester als eine geheiligte Speise vorgelegt. Aber als das Fest immer wüster wurde und die Erhitzung durch den Trunk Streit befürchten ließ, wurde das Hochzeitsmahl beendigt und die Heimführung der Braut für drei Tage später auf den Lenzabend festgesetzt.

Vyf Novellen. (Goedkoope Lezingen voor alle Standen. Eerste jaer. Nr. 3.) Antwerpen 1856.
Wanna. Eene schets uit het leven onzer voorouders. Antwerpen 1858.
De laatste troost. Almanack des Volks 1855.

Mertens (Florentius), geboren den 12. Oktober 1830 zu Aerschot. Er war Mitredacteur der „Blämischen Schule," deren Feuilleton ich diese Notiz über ihn entnehme. Im Mai 1856 verheirathete er sich mit Maria Catharina Van Opstal, am 8. Januar 1857 starb er 26 Jahr alt zu Antwerpen. Außer mehreren Gedichten, die hier und dort erschienen sind, schrieb er für den zweiten Jahrgang der „Blämischen Schule" die kleine Skizze

Im Postwagen.

Es war ein herrlicher Morgen im August.

Die Sonne stieg am heitern Himmel empor und sandte ihre Strahlen über die kaum erwachte Natur.

Von dem grauen Kirchthurm des Dörfchens . . . läutete es zur Frühmesse, und die Dorfbewohner eilten nach der Kirche.

Und einen Augenblick später war der Platz des Dorfes leer und todt.

Ich hatte eben meinen letzten Schluck Kaffee genommen, mir eine Cigarre angesteckt und stand vor dem Fenster, um in die emporsteigende Sonne zu blicken, als der Postwagen, der von Brüssel nach Nyvel führt, mit großem Gerassel angefahren kam und vor meinem Ausspann, der goldnen Krone, stillhielt.

Nachdem einige Packete abgeladen, andere dagegen aufgeladen worden waren, ersuchte man uns, unsere Plätze einzunehmen, und bald erklangen die hellen Töne des Posthorns durch das Dorf und wir rollten auf dem holperigen Steinweg dahin.

Das Dörfchen mit seinem grauen Thurme lag bald hinter uns.

Ich öffnete das Wagenfenster und ließ meine Blicke über die ausgedehnten, mit goldener Frucht bedeckten Felder schweifen.

Der Anblick war lieb. Die Lerche stieg über die Felder empor und brachte Gott ihr Lob dar. Und mir war es, als ob all' die Schätze, die Reichthümer, die ich gewahrte, und alle die Schönheit, welche die Natur enthüllte, mir zugehörten.

So glücklich, so selig war mein jugendlich Herz, so schöne Zukunftsbilder zauberte mein Geist sich vor!

Bald jedoch wurde ich meinen Träumereien entrückt, denn wir hielten an dem Zollhaus Nr. 11 still.

Ein dickes, wie aus Holz gehauenes Mädchen öffnete

den Wagen und frug uns mit dem freundlichsten Lächeln, ob wir aussteigen wollten.

Wir behielten unsere Plätze.

"Komm gleich zu Mama zurück, unartig Kind," sagte eine Dame, die neben mir saß, zu einem lieben Mädchen von ungefähr vier Jahren, welches mir freundlich in die Augen guckte und jetzt mir ein eben erblühtes Röschen zum Riechen hinreichte, und dann, als ich es zu fassen meinte, dasselbe mit lautem Lachen auf den Rücken verbarg.

Was war das Kind doch herzig! Ein blau Atlaskleidchen, ein weiß Hütchen von demselben Stoff, ein breites rosa Band, welches das schöne Geschlecht Echarpe nennt, um den blendenden Hals, weiße Atlasschuhe und bunte Strümpfe machten das Kind bezaubernd schön.

Ich küßte und streichelte das liebe Ding und bat Gott, er möchte es zu einer edlen Jungfrau werden lassen, die einst einen wackern Jüngling glücklich machen könne.

Das Horn des Postillons klang wieder über die Felder hin, die Mutter nahm ihr Kind an sich, und wir fuhren weiter.

Sie überschüttete es mit Küssen, drückte es an ihre Brust, und in ihren blauen Augen war so viel Liebe, so viel Seligkeit zu lesen, daß, wenn die Augen wirklich der Spiegel der Seele sind, diese Frau die glücklichste aller Mütter sein mußte.

Ihr gegenüber saß ein Herr, der etwa dreißig Jahr alt war und ein Zeitungsblatt in den Händen hielt. Gewiß war er in politische oder commercielle Interessen vertieft, denn er sprach kein Wort und machte nicht die mindeste Bewegung.

Endlich jedoch legte er das Blatt auf die Knie, lächelte der Dame liebreich zu, nahm ihr das kleine Mädchen vom Schooß und überschüttete es nun seinerseits mit Liebkosungen und Küssen.

Er gab seiner lieben Kleinen auch allerhand Näschereien und empfing für jedes Stückchen ein Küßchen von dem Kinde und einen liebevollen Blick von der Mutter. Es war schön, dieses unbefangene häusliche Glück zu sehen.

In der äußersten Ecke des Wagens saß eine Dame, die ebenso wie ich, doch wahrscheinlich mit andern Empfindungen dieses Schauspiel aufmerksam beobachtete.

Die Dame bildete einen traurigen Gegensatz zu der glücklichen Gattin und Mutter. Diese war reich, doch einfach gekleidet, ihre Wangen blühten von Gesundheit, und aus ihren Augen glänzte die höchste Reinheit. Die Andere hatte eine unnatürliche Röthe auf dem eingefallenen Antlitz, und ihre schwarzen zurückgekämmten Locken wurden von einem kaum sichtbaren Hütchen bedeckt, welches so, wie es an ihrem Haupte hing, nicht übel mit einem Schwalbennest verglichen werden konnte. Ein schwarzer, leichter Schleier hing ihr den Rücken herab, ein weißes Tuch war nachlässig um ihren Hals geknüpft und ihre Gestalt fast gänzlich in einen grauen Shawl gehüllt. Ihre Augen, die tief in ihren Höhlen lagen, waren matt und verwildert, die Züge ihres Gesichtes, obgleich von früherer Schönheit zeugend, waren verwelkt und zerstört.

Und die Frau konnte höchstens dreißig Jahr zählen!

Aus einem zierlichen Körbchen, das sie bei sich führte, nahm sie von Zeit zu Zeit ein Riechfläschchen, während ihre Blicke unaufhörlich an dem glücklichen Paar und an dem

lieblichen Kinde hingen. Dabei spielten krampfhafte Zuckungen über ihr verwüstetes Antlitz, und wurden, je weiter wir kamen, immer häufiger und heftiger. Sie schien einem schmerzlichen innern Sturm zum Raube. Zuerst hatte ich nur einen acht=
losen Blick auf sie geworfen, doch bald beobachtete ich sie mit Aufmerksamkeit, und keine ihrer Bewegungen entging meinem forschenden Blick. Ich suchte in ihren Blicken zu lesen, was in ihrer Seele vorging.

Plötzlich machte sie eine schnelle Bewegung, richtete sich etwas auf, versuchte zu sprechen, aber sank wie zerbrochen in ihre Ecke zurück, während zwei Thränen aus ihren Augen drangen und an ihren Wangen hängen blieben.

Wir kamen eben an den Gasthof „das Haus zur Hälfte," wo die Post frische Pferde bekommt. Man öffnete den Wagen und sagte uns, daß hier einige Minuten angehalten würde. Der Mann meiner Nachbarin stieg mit seinem Töchter=
chen aus, und ich folgte ihm. Die beiden Damen blieben sitzen.

Ich stand bei dem Wagen und sah der lieben Kleinen nach, die jauchzend und mit erhobenen Händchen hinter den Tauben und dem andern Geflügel herlief, welches vor dem Gasthof die ausgefallenen Körner aufpickte. Da klang aus dem Wagen eine hohle Stimme, welche sagte: „Ihr fahrt auf die Kirmeß, Bertha?"

Die Mutter der Kleinen, denn an sie war die Frage gerichtet, antwortete bejahend, sah jedoch die Dame, welche sie so gut zu kennen schien, verwundert an.

Diese fing wieder an: „ich kehre in Euer und mein Dorf, in unsern Geburtsort zurück, doch nicht, wie Ihr,

glücklich und von Liebe umgeben, sondern allein und ver=
lassen, das Herz zermalmt und mit Verzweiflung erfüllt."

Sie schwieg einen Augenblick, denn ihre Brust wogte
vor Angst und Leid. Die Mutter des kleinen Mädchens
starrte sie mit steigender Verwunderung an.

Die früh abgelebte Frau begann wiederum: „Ihr kehrt
zurück, um Eure Verwandten und Eure Freundinnen zu um=
armen, Ihr werdet mit ihnen die Kirmeß fröhlich zubringen
und die Freude genießen, die man nach langer Abwesenheit
im Wiedersehen findet. Und ich, ich komme, um meine alte
Mutter, die ich vor sechs Jahren verließ und seitdem nicht
mehr sah, sterben zu sehen."

Und bitter weinend sank sie in die Wagenecke zurück,
und als wir wieder in den Wagen stiegen, fand der Mann
seine Frau auch weinend. Sie hatte in der Frau ihre Spiel=
und Schulgefährtin, die Freundin ihrer Kindheit, erkannt, und
sie weinte Thränen des Mitleids.

Alles im Wagen war verändert. Das liebe Kind, wel=
ches noch eben so fröhlich war, fing, als es die Mutter weinen
sah, ebenfalls an zu weinen und schluchzte unaufhörlich:
„Mama lieb, ich will niemals wieder unartig sein — wein't
nicht!" und mit seinen kleinen Händchen wischte es die Thrä=
nen von ihren Wangen.

Der Mann sah seine Bertha noch liebreicher als vorher
an und hielt ihre Hand in die seine geschlossen. Er wußte,
warum sie weinte; denn gleich mir hatte er gehört, was die
Fremde ihr gesagt hatte.

Bertha betete für die Freundin ihrer Kindheit, ich ließ
meinen Geist in die Vergangenheit dieser beiden Frauen schweifen.

Sie waren einst zwei liebe Kinder.

Sie wurden dann zwei liebe Mädchen.

Aber sie schlugen verschiedene Wege ein.

Die Eine schwelgte in Luxus und Genuß, aber dieser Genuß war kurz und vergänglich, und die Gesellschaft drückte ihr das Brandmal der Verachtung auf die Stirn.

Die andere folgte dem Pfade der Tugend und wurde geliebt und geehrt.

Ihr Glück war beständig, denn es war auf gegenseitige Liebe und auf die Liebe zu Gott gegründet.

Und ich übersah das Unglück der Ersteren in seinem ganzen Umfang, und ebenso das Glück der Letzteren, und wünschte, es möchten alle liebe Mädchen Bertha's Beispiel folgen.

Es war nun fast eine Stunde verlaufen, seit wir „das Haus zur Hälfte" verlassen hatten, und wir näherten uns dem ersten Häuschen des Dorfes, welches der Geburtsort der beiden Frauen war.

Mit Freude begrüßte Bertha Menschen, Häuser und Bäume, lauter alte Bekannte, und das Wiedersehen dieser alten Bekannten trocknete die Thränen, die sie eben noch weinte.

Sie machte ihren Mann, der ihr Dörfchen noch nie besucht hatte, denn sie bewohnten die Hauptstadt, auf die kleinsten Einzelheiten aufmerksam, und sich aus dem Wagen biegend, spähte sie umher, ob sie keine Verwandte oder Freundinnen gewahr werde.

Und sie lachte ihnen zu und grüßte sie mit der Hand, und Verwandte und Freundinnen eilten dahin, wo die Post anhielt, um ihre Bertha zu begrüßen, ihren Mann zu sehen und Beide willkommen zu heißen.

Die andere Frau drückte sich tiefer und tiefer in ihre Ecke, ihre Augen rollten umher, sie wickelte sich dichter in ihren Shawl und sprach nicht ein einzig Wort mehr.

Der Wagen hielt. Hastig stieg sie aus, eilte durch die Menge dahin und verschwand wie ein Schatten in einer kleinen Gasse des Dorfes.

In einem Häuschen dieser kleinen Gasse lag eine alte Frau mit dem Tode kämpfend.

Der Dorfgeistliche, ein achtzigjähriger Greis mit schnee= weißem Haare las die Sterbegebete.

Die Kranke murmelte einige unzusammenhängende Worte. Der Greis antwortete mit tröstendem Tone: „Ich werd' es ihr sagen, daß Euer letztes Gebet für sie war, daß Ihr sie dort oben erwartet."

Er hatte diese Worte kaum geendet, da ward die Thür gewaltsam aufgerissen und eine Frau flog wild herein, warf sich auf das Bett der Sterbenden und schluchzte: „Vergebung, Mutter; liebe Mutter, Vergebung!"

Und es war, als ob das Hören dieser Stimme der Sterbenden neue Kräfte gäbe, denn sie richtete sich auf und stammelte: „Charlotte, liebes Kind, Vergebung!"

Sie segnete ihre Tochter; durch die letzte Anstrengung erschöpft, sank ihr Haupt zurück — sie war eine Leiche.

Die ganze Nachbarschaft widerhallte von dem Geschrei und den Klagen der Tochter.

Und als ich im nächsten Frühjahr das Dörfchen wieder

besuchte, erzählte man mir, sie sei vor wenigen Wochen an einem Brustleiden gestorben.

Sie hatte das Häuschen, in welchem ihre Mutter gestorben war, nicht wieder verlassen wollen.

Sie benetzte seinen Boden täglich mit ihren Thränen, Thränen der Trauer und der Reue.

Mildthätige Personen, die früher für die Mutter gesorgt hatten, thaten es nun auch für die unglückliche Tochter.

Und so verließ sie die Erde nicht als eine elende Sünderin, sondern durch Buße und Leid von ihrem Makel gereinigt.

Michels, (Eduard) geboren 1823 zu Beveren im Lande Waes, wo sein Vater Arzt ist. Als Kind schon las er Zschokke und Auerbach und glaubt, daß seine Novellen an Beide erinnern. Das ist jedoch nicht der Fall, er ist idyllischer als Beide; eher habe ich Aehnlichkeiten zwischen ihm und Friederike Bremer gefunden. Im „Kunst= und Literaturblatt" theilte er die Sagen seiner Heimath mit, in dem „Nordstern" gab er Gedichte und kleine Novellen, ebenso schrieb er in „Vlämisch Belgien", im „Genter Jahrbüchlein" und im „Redertyker", alles während er in Gent seine Studien machte. 1846 arbeitete er an dem ersten Jahrgang der „Eintracht" mit, weiter am „Sprachverband". Ziemlich lange Zeit redigirte er den „Telegraphen" und mit Van Paene und Paul Van Loo gründete er 1848 eine antifranzösische Wochenschrift „Der Drache".

Selbstständig herausgegeben hat Michels nur einen Band Novellen, „Hagerosen". Aus der ersten Erzählung gebe ich die erste rein idyllische Abtheilung, für welche die „Blämische Gesellschaft" zu Gent den 21. März 1847 dem Dichter einen außerordentlichen Preis zuerkannte. Den wirklichen Preis konnte er nicht erhalten, weil seine Erzählung nicht vollendet war.

Eduard Michels ist in Dixmüde als Steuereinnehmer (Receveur de l'Enregistrement) angestellt. Leider hatte er das Unglück, seine Frau, geborene De Ribber, den 29. Mai 1858, einundzwanzig Jahr alt, durch den Tod zu verlieren.

Zu Haus bei den Bauern.

I.

Als die Verbündeten das französische Heer überwältigt hatten, der Grund satt vom Blute war, das er getrunken, da kamen von dem blutigen Waterloo zwei Männer heim, welche die Friedenssonne mit seliger Freude begrüßten.

Beim Scheiden ließen sie ihre Frauen daheim, ganz Deutschland durchzogen sie, und nun sie nach Jahr und Tag zurückkamen, fanden sie Jeder ein Kind.

Geert Van Dael hatte einen Sohn und Jan Somers eine Tochter. Zwölf Jahre hatten die Kinder vorübergehen sehen, ohne ihre Väter gekannt zu haben. Wohl hatten die weinenden Mütter täglich mit den Kindern von ihnen gesprochen, doch keine hatte die Hoffnung gehegt, den Gatten wieder zu erblicken.

Nach der glücklichen Heimkunft hörte das Weinen auf und machte der Freude Platz. Mit Freuden begannen die Männer wieder ihr stilles arbeitsames Leben, die Felder, auf denen während des Krieges Disteln und Dornen gewachsen waren, trugen nun schönes Getreide, der Flachs wurde noch ein Mal so lang, die Kühe gaben noch ein Mal so viel Milch, noch nie hatte der Buchweizen so gut gerochen, noch nie waren so viel Bienen darauf gewesen, der Mangel war vorüber, der Ueberfluß fing an.

II.

Waren die beiden Familien nachbarlich befreundet, die Kinder liebten sich zärtlich, so daß, wäre eines gestorben, das andere ihm nachgestorben wäre. Weinte das eine, weinte das andere aus Mitleiden mit, ebenso war die Freude des einen die des andern. Früh Morgens, wenn Fransken die Kuh auf die Weide führte, bat Cilia ihre Mutter, daß sie mitgehen dürfe. Mußte sie, was selten geschah, zu Hause bleiben, dann waren die Kinder traurig wie ein getrenntes Vögelpaar. Die Sonne mochte sich im Wasser spiegeln, die Lerche in der Luft singen, das Hauslamm mochte vor dem Knaben herumspringen, er spielte nicht, sein Herz war schwer, er setzte sich muthlos in das Gras und hing den Kopf.

Von Zeit zu Zeit stand er auf und warf über die Fläche einen Blick in der Richtung von Cilia's Wohnung, und sah er bei dem Gehöfte sich etwas bewegen, so rief er durch die Hand: „Kommt, Schwesterchen lieb! ich warte schon so lange."

Und hörte das Kind die Stimme, dann hob es so bitter an zu weinen, daß die Mutter sich erbarmte und es „in Gottesnamen" nur gehen ließ.

Fransken kam der Kleinen entgegengelaufen, und legte sein Aermchen um ihre Schulter und seine Hand in die ihre. So kamen die Kinder zurück zur Kuh, setzten sich nieder, sangen, spielten und sprachen von den Blumen, den Vögeln und dem schönen Sonnenlichte.

Wenn die Sonne sich neigte und das Dunkel auf die Ebene fiel, dann geleitete Fransken das kleine Mädchen an das elterliche Haus zurück, und bevor sie schieden, umhalsten sie einander, und das kleine Mädchen versprach heilig, daß es morgen die Mutter wieder bitten werde, mitgehen zu dürfen.

Bald jedoch fühlten sie, daß bei aller Liebe ihnen etwas mangelte, daß sie etwas verlangten, wovon sie noch kein klares Bewußtsein hatten. Wenn sie zusammen auf der Weide saßen, und Fransken das liebe, zarte Kind ansah, dann fühlte er, wie eine brennende Glut ihn verzehrte, und nahm er Cilia auf seine Knie, so fühlte er, daß die Glut noch heftiger wurde. Seine Stimme wurde dumpf, er stieß das Mädchen leise von sich und sagte: „geh', Cilleken, geh' — mein Herz brennt."

Und Cilia setzte sich traurig neben ihn, denn sie empfand dasselbe.

III.

Darüber war Fransken groß und Cilia achtzehn Jahr geworden, als eines Tages Geert den Nachbar und dessen Frau zu Mittag einlud.

„Trui," sagte er dann zu seiner Frau, „scheuert das Kupfer gut zu morgen. Jan und Line kommen essen. Es muß Alles funkeln."

„Laßt mich nur machen," antwortete die Frau, „Ihr sollt nicht roth zu werden brauchen, es soll hier mindestens ebenso schmuck aussehen, wie in den „Drei Schwänen", wenn Ihr auch Trientje für das flinkste Mädchen des ganzen Polders*) haltet.

„Ihr müßt das nicht übelnehmen, Frau," entgegnete der Mann, „es ist nur, daß Ihr als eine so gute Hausfrau bekannt seid, und daß ich es gerne sähe, wenn Ihr Euerm Rufe rechte Ehre machtet."

Trui war geschmeichelt und scheuerte den ganzen Tag.

Der nächste Morgen brach an. Leuchtend spiegelte die Sonntagssonne sich im Wasser, mit goldnem Feuer erfüllte sie den Himmel.

Die Schwalben, welche an Geerts Fenster ihr Nest hatten, sangen sich wechselseitig munter. Trui setzte sich auf, rieb sich die Augen hell und überdachte, den Kopf voll Sorgen, Alles, was noch vor ihr lag. Dann stieg sie leise vom Bette herab, kleidete sich an, während sie ihr Morgengebet sprach, machte die Laden auf und ging noch einmal an die Arbeit.

Als die Hausuhr elf schlug, war Alles fertig, und die Frau ging hinauf in ihr Schlafkämmerchen, holte den Sonntagsstaat aus dem Schranke, strich sich das Haar glatt, welches bereits zu ergrauen begann, setzte die weiße

---

*) Als ich zum ersten Male in Antwerpen war, wollte Conscience mir durchaus einen Polder zeigen. Ich sah mir die Augen müde und konnte mit aller Anstrengung Nichts entdecken, als eine unabsehbare Wiese. Man lachte sehr, und sagte mir, das sei eben ein Polder. Der, von dem hier die Rede ist, liegt im nördlichen Theil des Landes Waes.

Haube*) auf, kleidete sich an und kam dann wieder in die Küche zurück. Ihren schwarzen Rock mit dem Sammtbesatz vorsichtig in die Höhe hebend, setzte sie sich auf einen Stuhl nieder, um auszuruhen und sich selbstzufrieden umzusehen. Alles, was am Küchenschranke hing, funkelte zum Blenden, der Fußboden war roth wie Blut, der Sand, welchen sie rund um den Tisch und am Heerde gestreut hatte, glänzte so weiß wie Hagel, die blauen, weißeingefaßten Kacheln des Kamins stachen prächtig gegen die schneeweißen Wände ab.

Die Arme gekreuzt musterte Trui mit Wonne ihren Palast. „Und das ist Alles mein Werk," dachte sie, und das Herz schwoll ihr vor Selbstgenügsamkeit.

Jan und seine Frau ließen nicht lange auf sich warten. Es war gerade zwölf, als Geert sie hereinbrachte. Frans und Cilia kamen hinterdrein.

„Der Segen, Frau Trui," sprach Jan.

„Seid willkommen geheißen, Nachbar und Nachbarsfrau," antwortete Trui mit der ihr eigenen Herzlichkeit. „Ich dachte so eben an Euch, denn seht, wenn man gearbeitet hat, und ruht dann von der Arbeit aus, so fliegen die Gedanken zu denen, die man gern bei sich sähe, und da Alles fertig war und wir uns zu dieser Stunde verabredet hatten, so dachte ich mir wohl, daß Ihr nicht lange mehr verziehen würdet. Kommt, Nachbar, kommt, Nachbarsfrau, hier ist Euer Platz." Und die Frau schob zwei Stühle vor. „Ich und mein Mann wir setzen uns hierher, und die Kinder kommen dorthin."

---

*) Treckmuts, Zugmütze.

Die Gäste nahmen Platz und Frau Trui trug das Essen auf.

„Es riecht hier gut," sagte Jan, der den Braten stehen sah.

„Ja, ja," antwortete Geert, „laßt mein Truiken nur machen, und wenn auch der König zum Essen käme."

Frans und Cilia lachten sehr über Geerts Spaß, aber Keines von Beiden hätte gewünscht, daß der König essen kommen möchte.

Jetzt sagte Geert: „Kinder, betet!" Er faltete die Hände, und Alle beteten. In diesem Gebet, welches durch eine brave Familie vor dem Essen dem Vater aller Menschen dargebracht wird, liegt etwas Großes und Erhebendes. Als Kind schon, in Einfalt und Stille aufgewachsen, hab' ich die Poesie des häuslichen Lebens immer über Alles geliebt. Die Poesie liegt in den Einzelnheiten, in den kleinen Dingen, aber um sie fühlen zu können, muß man sie in der Ruhe des Landes genießen — im Gewühl des städtischen Lebens verschwinden sie.

Es war ein Vergnügen zu sehen, mit welcher Behendigkeit Geerts Frau vorlegte. Sie war stolz auf ihre Kunst und mit Recht, denn Jeder gab ihr Lob, selbst Line. Ihre Augen glänzten und man sah in ihrem heitern Lachen, wie wohl es ihr um's Herz war.

Frans und Cilia hatten die Zeit nicht, auf die Speisen zu achten, sie drückten sich unter dem Tische verstohlen die Hände. Die Eltern merkten das wohl, thaten aber, als merkten sie es nicht, denn wie Frau Trui bemerkte, „dieses Feuer würde in der Ehe ausgehen, ohne daß man es zu löschen brauchte."

Nach dem Essen sagte Line zu den Kindern: „Geht und seht ein Mal, wie es mit der Kuh steht und wie die Gänse fliegen, denn was wir zu verhandeln haben, das können wir unter uns abmachen." Die Kinder ließen sich das nicht zweimal sagen und waren Hand in Hand wie der Wind zur Thür hinaus. Jan und Geert aber holten die Pfeifen hervor und legten die Beine übereinander.

Was Jan und Line nun sagten und was Geert und seine Frau darauf antworteten, das wollen wir nicht weiter wiederholen. Am nächsten Tage machten sich die beiden Männer eifrig an das Ausdreschen ihres Getreides, und als der Winter vorüber war, da wurde unter der Linde am Abhange des Dammes eine kleine, aber so heimliche Wohnung gebaut, daß die Einwohner von D. darüber den Kopf verloren, und Jeder hätte hineinziehen mögen.

IV.

Der Lenz hatte seinen goldenen Ton über die Ebene ausgebreitet und die Vögel aus dem Walde gelocket, um auf den herrlichen Weiden und am Damme zu singen, und der Himmel war so blau wie der Strom. Der Südwind blies, und die Wasser wallten. Die Iris öffnete den Kelch und neigte sich nach Osten, als grüßte sie die Königin des Lichtes. Die Maßlieben entfalteten zu Tausenden ihre Krönchen im weichen Grase. Hoch in der Luft schlugen die Gänse mit den Flügeln, und während der Kiebitz bei seinen Eiern im Rohre saß, stieg die Lerche aus der Tiefe der Weide empor und hob in der Luft das Lied des Lenzes an.

Von Zeit zu Zeit kam eine Bäuerin mit einem Eimer

auf die Weide, rief eine Kuh, welche ausruhte, melkte sie, streichelte ihr den Hals, nahm sie zwischen die Arme und ging dann wieder nach dem Gehöfte zurück.

Von Zeit zu Zeit sah man auf dem Damme auch ein Kuhhüterchen, welches hinter seinem Vieh hersang, daß es schallte.

Arm Kuhhüterchen, barhäuptig, barfuß, ohne Halstuch, arm, bettelarm mit Eurer Kruste Roggenbrod, die Ihr ver= zehren werdet, wenn die Sonne am höchsten steht! ich hab' Euch so oft über die Deiche meines Landes ziehen sehen, Euch so oft singen, so oft Euer Horn blasen hören! Und nun ich meines Landes frischen Morgen nicht mehr sehe, denk' ich an Euch in Augenblicken, wo mein Herz schwach ist und weine, daß ich nicht so glücklich bin, wie ihr, armes, glück= liches Kind!

Frans und Cilia waren im Festtagsstaat, und vor Jan's Thür harrte ein Wagen mit weißer Leinwand überspannt. Pferd, Wagen und Fuhrmann, Alles war mit Blumen ge= schmückt, und die Braut — wie lieb sah sie aus in ihrem schwarzen mit Sammet besetzten Rock, in ihrem rosenfarbigen Jäckchen, in dem weißen Mützchen, welches ihr blondes Haar bedeckte, Frans konnte die Augen nicht von ihr abwenden.

„Geert, Trui, Line, Kinder, steigt ein, 's ist Zeit!" rief Jan, der bereits im Wagen saß und den Kopf unter dem Linnenverdeck hervorstreckte. „Wir dürfen den Bürger= meister nicht warten lassen und noch minder den Pastor — herein mit Euch, der ganze Polder ist schon nach der Kirche."

Line, die mit Geert und Trui im Oberzimmer noch

beim Schwatzen war, brach das Gespräch ab, und Alle eilten nach dem Wagen. Frans kletterte zuerst herein und gab Cilia die Hand, dann half er seiner Mutter einsteigen. Geert und Line kamen hinterdrein.

„Gut so," sagte Jan, „laßt Braut und Bräutigam hinten sitzen, wir bleiben hier, und nun vorwärts!"

Der Wagen rollte fort, hielt jedoch am Dorfe, um den Spielmann, den greisen Karl, mitzunehmen. Die Frauen, welche das Haus hüten mußten, benutzten den Augenblick, um die Kinder zu begrüßen. Alles, was jung war, befand sich bereits in der Kirche.

Frans trug seinen runden Hut mit dem langen Bande unter dem linken Arm, in der rechten Hand hielt er die linke Cilia's. Dann folgten Geert und Line, Jan und Trui.

Die Mädchen hatten nicht Augen genug, um Frans und Cilia zu bewundern. Frans hatte ein so schönes weißes Hemd, Cilia's Jäckchen saß so gut! Sie waren Beide zum Stehlen!

Als die heilige Handlung vorüber war, wurde das junge Paar an der Kirchthür mit freudigem Zuruf empfangen. „Heil und Segen, Braut und Bräutigam!" klang es, und der alte Musikant spielte Gretry's: „Wo kann es besser sein?" Cilia und Frans drückten Freunden und Verwandten die Hände, dann stiegen sie mit ihren Eltern wieder ein und fuhren nach dem Wirthshaus, wohin die Dorfleute paarweise ihnen nachzogen. Der Minstrel blieb an der Thür stehen spielen, bis auch das letzte Paar brinnen war.

Sechs Tafeln waren gedeckt, auf jeder stand in der Mitte eine Schüssel mit Buttergebackenem und Biscuit. Es wurde bei Essen und Trinken viel gescherzt, viel gelacht und viel geliebelt, wie es denn nun ein Mal die Hochzeiten im Waeslande mit sich bringen. Cilia saß mit Frans andächtig auf ihre Mutter horchen, und mit einem Lächeln auf den Lippen sah Geert ihr zu.

Als Jan nichts mehr weder zu essen noch zu trinken fand, holte er seine Pfeife hervor, steckte sie an und rief, ohne auf die ernste Unterhaltung seiner Frau Achtung zu geben: „Kinder meines Dorfes, horcht!" Jeder horchte. „Wollt Ihr mich einmal tanzen sehen? Kommt unter die Linde! Karl, hol' die Fiedel!"

„Unter die Linde!" riefen Alle. Man drängte sich im Kreise um den Grasplatz, der Musikant, der auf einem Tische stand, hob die Hirtenquadrille von Beelders an zu spielen, und Jan tanzte mit solcher Zierlichkeit und solcher Sicherheit, daß man ihn seinen Beinen nach für nur zwanzig Jahr gehalten hätte.

Dann spielte der Minstrel einen Walzer auf, und bald war Alles, was Beine hatte, selbst die Wirthin, in voller Bewegung auf dem Rasen. So währte es bis zum Abend. Die Sonne verschwand glühend hinter den Dämmen, das Dunkel sank langsam herab. Die Iris hatte ihren Kelch geschlossen, die Maßlieben hatten sich unter das Gras gebuckt, kein Lüftchen wehte mehr über die Fläche, die Gänse waren fort, Kiebitz und Lerche schwiegen, das arme Kuhwächterchen führte sein Vieh, müde vom Grasen, nach dem Stall. Die Tänzer riefen einander gute Nacht zu und eilten heimwärts, und der Musikant, der vorn im Wagen saß, geleitete die Neugetrauten und dann die Eltern in ihre Wohnungen.

V.

Schon lange bevor die Sonne aufging, konnte Line nicht mehr schlafen, und dachte mit inniger Freude an den guten Frans. Was für Luftschlösser baute sie für ihre beiden Kinder! Sie waren nicht reich, nein, sie mußten gleich ihren Eltern für ihr tägliches Brod arbeiten. Die Kuh, welche Geert und Jan für sie gekauft hatten, sollte kalben und Line das Kalb aufziehen helfen. Frans mußte das Feld, welches seine Eltern ihm abgetreten hatten, mit Gerste, Buchweizen und Flachs bestellen. Winters mußte er dreschen und Cilia Flachs brechen. Dienstag fuhr Frans Cilia und die beiden Mütter, jede mit ihrer Waare, auf den Markt nach Beveren. Bekamen sie Kinder — die Mutter wünschte es sehr — so wollte sie Cilia das Kleine wickeln lehren; sie selbst wollte ihm das Sprechen und das Laufen beibringen.

„Und wenn es größer wird und mit der Kuh auf die Weide muß," fuhr sie in ihren Gedanken fort, „dann geh' ich mit ihm und sage ihm, wie die Polderblumen und die Vögel heißen. Dann wird es mich lieb haben. Vielleicht hält es so viel von der Großmutter wie von seinen eigenen Eltern." Und sie murmelte so recht aus dem übervollen Herzen: „ach, die lieben Kinder!"

„Auh!" gähnte Jan, der in diesem Augenblick erwachte und die Arme unter der Decke hervorstreckte, „was schwatzt Ihr da von den lieben Kindern? Ist die Sonne schon auf, Frau?"

„Jan, Ihr träumt noch," sprach die Frau halb lachend.

„Gestern noch nicht, als ich tanzte? Wart Ihr nicht stolz auf Euern Alten, der noch so springen kann? Ich sah Euch wohl mit Trui lachen stehen, aber ich scher mich nicht d'rum. In diesen Beinen ist noch Federkraft, Line, so alt, wie ich auch schon bin." Und er streckte seine Beine über sie aus.

„Laßt das nur gut sein, Mann," sagte Line, jetzt wirklich lachend, indem sie sein Bein zurückstieß, „ich bin für solche Federkraft nicht."

„S'ist gleich," sagte Jan, „bei dem ersten besten Wettkampf laß' ich mich einschreiben, und komm' ich nicht mit dem ersten Kampfpreis nach Hause, dann sag' ich, daß die Richter Dummköpfe sind."

Unterdessen war es Tag geworden, Line und Jan standen auf und sprachen von den Kindern. Um sechs Uhr kam Trui, und die beiden Frauen gingen das junge Paar besuchen.

Sie waren noch nicht auf. Geerts Frau wollte wiederkommen, aber Line faßte sich ein Herz und klopfte.

Frans machte auf. „Es muß nicht schlecht mit Euch stehen, Frans," sprach Trui, „denn Ihr lacht." Und sie sah den Jungen so forschend an, daß er roth wurde.

„Und wie steht es mit Cilia?" fragte Line.

„Gut, Mutter."

„Ist sie schon —?"

„Sie ist noch im Bette, aber sie wollte jetzt aufstehen. Sie war gestern Abend so müde!"

„Kommt, Trui," fuhr Line fort, „wir dürfen sie wohl im Bette besuchen gehen, nicht wahr, guter Junge?"

Frans antwortete nicht und machte Feuer an. Die Mütter schlüpften in das Oberstübchen hinauf.

Jeden Morgen kamen die Mütter so zu den Kindern und tranken Thee oder Milch, oder aßen frische Butterkuchen, welche das Kuhhüterchen Abends aus D. holen ging. Nie war eine Liebe feuriger, als die von Frans und Cilia. Frans war immer zuerst auf, um das Feuer anzumachen und die Kuh in den Baumgarten zu jagen. Das Wenige, was Cilia in der Wirthschaft zu thun hatte, schien ihm noch zu viel, er hätte es selbst verrichten mögen. Die Steine, über die sie ging, schienen ihm zu kalt, dagegen arbeitete er so unermüdlich, als wollte er sein Feld in einem Tage bestellen. Solch ein Liebhaben mußte belohnt werden, Cilia gebar ein Kind; die Eltern kamen, um das glückselige Ereigniß bei den Kindern zu feiern. Während man aß und trank, wurde über den Namen gerathschlagt, welchen das kleine Mädchen bekommen sollte. Geert war für Siska, Frans wollte gern Gottliebe. Jan, der seinen Kalender hervorgeholt hatte, beharrte auf Apollonia, weil die Heilige dieses Namens gegen Zahnweh schützt. Und da, wie Jan sagte, er den Zahnarzt schon zwei Mal an seinen Kinnbacken gehabt hatte, und daher wußte, was Zahnschmerz hieß, so glaubte er, das Kleine unter keinen bessern Schutz stellen zu können.

Sein Vorschlag fand jedoch kein Gehör, denn Line bemerkte, es wäre doch schlimm, wenn das kleine Ding so schlechte Zähne kriegen sollte, wie Jan. Und Jan, tüchtig ausgelacht, sagte kein Wort über den Schutz gegen das Zahnweh mehr.

Endlich vereinigten die Frauen sich, die Kleine Helene

zu nennen, und gegen Abend brachten Geert und Line, welche die Pathen waren, es mit Frans und der Hebamme nach der Kirche, wo das Kind diesen Namen empfing. Frans war bewegt und voll hohen Glückes. Ihm dünkte, daß die Welt für ihn allein da sei, daß jede Blume nur für ihn blühe, daß die Vögel nur für ihn sängen, und daß die Sonne, welche in diesem Augenblick unterging, um ihn zu grüßen über der Heide stille stehe.

De Wrack van Alfried. Noordstar.
Johan Overdael. Noordstar.
Zwalpeïers. Taelverbond.
Hageroozen. Verhalen. Gent, 1847.
Arme Leonora. Taelverbond.
Redevertelling. Taelverbond.

Nolet de Brauwere van Steeland (Johann Karl Hubert) geboren zu Rotterdam den 23. Februar 1815. Seit 1825 ist er in Belgien, wo er einen bedeutenden Rang unter den vlämischen Dichtern einnimmt. Ich betrachte ihn als ein vermittelndes Glied zwischen der nord= und südniederdeutschen Literatur und zugleich als einen von denen, welchen man in Vlämisch=Belgien den Titel des wirklichen Schriftstellers geben kann. Seine ersten poetischen Versuche datiren vom Jahre 1834. Das biblische Gedicht „Noemi" war sein erster großer Erfolg. Es eröffnet den 1847 herausgekommenen Band von Dichtungen: „Ernst und Scherz"; zum ersten Male erschien es 1840. „Ambiorix" folgte das Jahr darauf und trug dem Dichter von der Universität zu Löwen, deren Zögling er gewesen war, das Ehrendiplom als Docteur-en-lettres ein. 1842 machte Nolat gemeinschaftlich mit seinem „gelehrten Freunde", dem Professor David aus Löwen, eine Reise nach

Dänemark, Schweden und Rußland. Die Beschreibung derselben erschien 1843 zu Löwen. Sie ist mit der sarkastischen Laune geschrieben, für welche Nolet unter den vlämischen Schriftstellern bis jetzt noch das Privilegium zu haben scheint. Daß er sich selbst ebenso wenig schont, wie seinen Nebenmenschen, läßt sich von einem Manne von Geist erwarten. So theilt er z. B. während des Aufenthaltes in Petersburg aus dem (sogenannten) Tagebuche des Professors sein Portrait mit, natürlich nicht ohne es mit Randglossen zu begleiten.

„Den folgenden Tag (wahrscheinlich Freitag den 2. September) hatte der Doktor nicht viel Lust irgend etwas zu sehen; sein Sinn ging einzig auf Besuche bei Gesandten und politischen Personagen. Diese Grillen meines Reisegefährten sind mir mehr als ein Mal in die Quere gekommen. (Das ist so streng wie eine Beurtheilung im Kunst= und Literaturblatt.) Unterweges ist er funfzig Procent mehr werth als in den großen Städten; (das scheint besser kommen zu wollen) er ist immer guten Humors, immer lustig und aufgeräumt — wenn er nicht seekrank ist. (Wo zum Henker bin ich das gewesen?) Er weiß sich in Alles zu schicken, er kann im Stehen schlafen und Schwarzbrod essen, ist mit Jedermann Gutfreund, und fährt nie aus der Haut. (Zu schön, zu schön, zu schmeichelhaft; auf so viel Sonnenschein muß ein Donnerwetter folgen.) Aber (da ist schon das Aber) sobald wir in einer Stadt einkehren, sollte man denken, daß es ein anderer Mensch wäre. (Da haben wir's.) Nicht, daß er knurrig oder grämlich würde, o nein, er verliert kein Titelchen von seiner Liebenswürdigkeit. (Das Wetter hellt sich etwas auf.) Aber (o weh! o weh!) er will immer gerade das Gegentheil von dem was ich will (es wird wieder dunkel) und will durchaus nicht länger thun, was ich verlange. Ich steh' mit dem Hahnenschrei auf, und habe doch die größte Mühe ihn vor neun aus dem Bette zu bringen. (Das haben wir Seite 154 bereits gesehen, es ist also nichts Neues mehr.)

Gleich nach dem Frühstück will er Besuche abstatten und zwar immer im Wagen; um zwei Häuser weiter eine Karte abzugeben, muß angespannt werden. (Versteht sich, keinen Schritt thue ich) — soll unsere Droschke zur Parade dastehen?) Will ich da oder dort hin, muß er der Etikette gemäß zu Dem oder Jenem. (Das nennt man nur höflich sein.) Vom Tische muß er geradewegs in's Theater, lieber läßt er den Nachtisch stehen, als daß er zu spät käme, und wenn er eine Oper auch schon zwanzig Mal gehört hätte, so entdeckt er beim einundzwanzigsten Male doch noch neue Schönheiten drinnen. (Das spricht für mein musikalisches Gefühl.) Uebrigens ist er höchst unterhaltend, gesellig, ein Vorbild aller Tugenden, von gesegnetem Appetit und mir der allerangenehmste Gesellschafter. (Dieser letzte Satz steht nicht gerade wörtlich in des Professors Tagebuch, ich hab' ihn nur so stillchen hinzugefügt, um einen gehörigen Schluß zu machen.)"

Mit gleicher Lebendigkeit ist die Audienz geschildert, welche die Reisenden beim damaligen König von Schweden hatten. Der König sprach von Freiheit, Nolet wurde „innerlich ärgerlich", faßte den König am Arm und sagte hitzig: „Sire, die Freiheit ist gut auf dem Papier." In diesen Worten drückt sich Nolets politische Gesinnung aus, welcher er bis heute getreu geblieben ist. Er hat dieselbe ohne alle Umstände und zu jeder Zeit in mehr als einem Gedichte ausgesprochen, am schärfsten und ernstesten in der Triologie: „Freiheit, Gleichheit, Brüderlichkeit," welche durch P. Lebrocquy, Professor der Rhetorik am Gemeindecollegium zu Nivelles, 1853 mit Glück in's Französische übertragen wurde. Der Uebersetzer gab vorher das spottende „Hübsch zurück!", wie man „Achteruit" am besten verdeutschen könnte. Was Nolet damals den Vorwärtsdrängern zurief:

„Alte Lieder, gute Lieder,
„Liebe Freunde, hübsch zurück!

Das hat er ihnen am 7. Mai 1859 im „Fortschritt" wiederholt, der ersten vlämischen Dichtung, welche in der Akademie

zu Brüssel bisher vorgelesen worden war. Es ist das ein un=
läugbarer „Fortschritt", doch machte Nolet sich darum in sei=
ner Dichtung nicht minder über die Siebenmeilenstiefeln des
armen Fortschrittes lustig, wie es gleich aus dem von ihm
gewählten Motto hervorgeht:

„Le progrès vous a dit: „Je marche," et le monstre marche en effet,"
sagt Nodier; Nolet dagegen sagt:

Ich bin von denen nicht, die ewig was vermissen,
Wo nicht das Alte ist, die Alles besser wissen,
Am besten doch das Nein; die stets mit Grämlichkeit
Zurückschau'n mit dem Ruf: Die gute alte Zeit!
Sie, die vor unsrer Zeit, so glücklich im Erfinden,
Die Ohren stopfen sich und zu die Augen binden,
Damit beileibe nicht sie hören oder seh'n,
Wie Alles vorwärts strebt, indeß sie stille steh'n.
Sie nehmen, wenn sie sich aus ihrem Winkel wagen,
Anstatt der Eisenbahn, den schlechtgeschmierten Wagen,
Die träge Treckschuit zieh'n sie weit dem Dampfschiff vor,
Das Gas, es brennt zu hell, viel besser war's zuvor,
Als noch das Oel gebrannt mit ungewissem Licht,
Sie preisen selbst das Talg — von ihnen bin ich nicht.
Allein ich bin auch nicht von jenen Vorwärtsbringern,
Von jenen über alle Gräben Springern,
Die, stets das große Maul voll von Kritikspektakel,
Dem lieben Publikum vorlügen wie Orakel.
Verächtlich weisen sie auf das, was sonst geehrt,
Und: „alter Plunder!" heißt's, und: „keinen Heller werth!"
Doch sind sie unbemerkt, dann stehlen sie, o Wunder!
Das oder jenes Stück von diesem alten „Plunder",
Und schreiten dann so stolz in der entlehnten Pracht,
Als hätten sie allein den Genius in Pacht,
So zum Privatgebrauch, und das Geschlecht, das war,
Es wäre besser nicht als eine Eulenschaar,
Wie man sie ausgestopft in Cabinete setzt.

„Was weiß ich?" sprach Montaigne. „Weiß Alles!" heißt
es jetzt.
Mir dünkt, es könnte wohl so zwischen Ja und Nein
Und Sonst und Jetzt ein Pfad, der Pfad der Mitte sein.
Nicht unter ihrem Werth will ich die Alten schätzen,
In ihrem Selbstgefühl die Jugend nicht verletzen,
Ich will als Krebs nicht geh'n und nicht als Hase springen,
Den goldnen Mittelweg wähl' ich in allen Dingen,
Und nehmet hier sogleich ein Beispiel, daß man's muß:
Gott schuf das Menschenpaar in Naturalibus,
Ganz splitterfabennackt, um es auf deutsch zu sagen;
So lange dieses Kleid in Unschuld ward getragen,
So lange war es gut, doch als der Apfelbiß —
Der böse Apfelbiß! das Unschuldskleid zerriß,
Und statt der Tugend Scham erglühte auf den Wangen,
Da ward das Feigenblatt als Schürze vorgehangen.
Und mit dem Feigenblatt da fing der Fortschritt an,
Und in die Länge wuchs und in die Breit' es an,
Und reckt' und dehnte sich so bis zu dreißig Ellen,
Von Sammt mit Spitzen d'rum. Schwer ist's, sich vorzustellen,
An welchen Gränzen einst sein Wachsthum enden soll,
Ihr findet es zu groß, ihr findet es zu toll,
Zu theuer obenein, und doch wird Niemand wagen
Das Ursprungskleidungsstück, das Feigenblatt, zu tragen.
Für's Erste wär's zu kalt und dann wär's ein Skandal,
Ich schmäle nicht — ich sag' es ein für alle Mal —
Auf uns're Eva's, die so große Aepfel essen,
Daß dann ihr Feigenblatt muß dreißig Ellen messen,
Ich sag' nur: besser wär's den Mittelweg zu geh'n,
Und zwischen Feigenblatt und Tonne still zu steh'n.

In diesem Tone geht es weiter. Ich muß es den liberalen vlämischen Blättern nachrühmen, daß sie bei dieser Gelegenheit ein Mal den Liberalismus über das Vlämische vergaßen. Obgleich ihnen, welche den Fortschritt bis „an die

Grenzen der Unendlichkeit" heischen und hoffen, der gewählte Gegenstand so unangenehm wie möglich sein mußte, so brachten sie doch einstimmig dem „geehrten Verfasser" ihren Dank für den Muth dar, mit welchem er zuerst die vlämische Zunge innerhalb der Akademie hatte laut werden lassen. Nolet, den ich einige Tage später zu Brüssel sah, wo er im Kreise seiner Familie seine Muße der Literatur widmet, sagte mir, es habe durchaus keines Muthes dazu bedurft, nur des einfachen Willens zu wollen.

Professor Bormans rieth Nolet, sich ausschließlich auf das humoristische Genre zu beschränken, und setzte hinzu: er sei gewissermaßen Franzose und Vlaming zugleich. Das ist nicht meine Meinung. Nolet's Humor ist ganz und gar der ächte eigentliche niederdeutsche, etwas scharf, etwas derb, und boshaft con amore. Mit diesem Humor läßt Nolet St. Peter an der Himmelsthür zur Krankenschwester Perpetua: „dag,*) ma soeur," sagen, und den modernen Philantropen, einen „dicken Meinherr, der unserm lieben Herrn eine Nase angedreht hat," um „die Ecke" schicken, damit er — wohl was er „bei Joostje" thun soll, das kann ich nicht gut auf Hochdeutsch sagen, obwohl Nolet es auf Niederdeutsch sagt und auch sagen darf. Mit demselben niederdeutschen Humor läßt er „Sir John" auseinandersetzen, „wie er wünsche, daß ganz Europa nach seiner Pfeife tanze," oder den gerührten Vater zu dem „Sohn seines Herzens," der auf die Universität soll, als Einleitung zu einer „Väterlichen Lection" feierlich sagen: „setz' dich, hör' zu, halt' dich g'rade und schneutz' dir die Nase." Und wenn er in seinem „Offenen Briefe an Dr. Snellaert" lieblich und zärtlich anhebt:

Ich grüß Euch, Snellaert — lieb! Mein Alter, guten Tag!
Ihr möget mich präcis so gern, wie ich Euch mag,

---

*) Dag, Tag, der eigentliche vlämische Gruß beim Kommen und Gehen. „Guten Tag" ist höflicher, aber nicht so volksthümlich.

so wird es denn eben wohl wieder gesunder niederdeutscher Humor sein.

Doch ist Nolet nicht blos Humorist. Mit feinem Gefühl weiß er die Legende zu fassen und zu formen, mit einfacher Grazie hat er mehrere Märchen von Andersen in das Blämische hinübergedichtet. Sein „Ambiorix," den ich gelesen habe, was mir mit einer heroischen Dichtung selten begegnet, enthält neben schönen Schilderungen einen kräftigen Kampfgesang, der für alle Zeiten paßt, so lange nämlich die Freiheit eines Volkes noch bedroht wird.

„Muth'ges Germanien, zum Streite, zum Streite!
Hülle die Glieder in's Panzerhemb dir,
Schnalle das riesige Schwert an die Seite,
Muth'ges Germanien, die Feinde sind hier.
Auf denn, ihr Helden dem Norden entsprossen,
Auf, und die Glieder gewaltig geschlossen,
Greise und Knaben, die Feinde sind hier.

Tief in das innerste Herz der Germanen
Hat sich das Siegel der Freiheit gedrückt,
Heilige Freiheit, wir werden es ahnen,
Daß man mit frevelnder Hand an dir rückt.
Wer darf begehren Germanien's Lande?
Nie trug der Norden noch Ketten und Bande,
Niemals noch hat er in Knechtschaft geklagt;
Die, so jetzt schimpflich zu fesseln uns wähnen,
Haben geseh'n wie mit eisernen Zähnen
Ehmals wir knirschend die Stricke zernagt.

Stillen in Haß wir des Durstes Gelüsten,
Welches die Adern durchlodert mit Glut;
Säuglinge, ihr an den schwellenden Brüsten,
Saugt mit der Milch diesen Haß euch in's Blut.

Greise, für welche die Grüfte schon offen,
Eh' ihr dahinsinkt vom Tode getroffen,
Laßt selbst beim Sterben vom Hasse nicht ab;
Nehmt ihn hinunter mit Euch in die Erde —
Wer unsre Felder entheiligt, dem werde
Hassen im Leben und Hassen im Grab.

Muth'ges Germanien, zum Streite, zum Streite!
Hülle die Glieder in's Panzerhemd dir."

Diesen germanischen Klang haben auch zwei spätere Dichtungen Nolet's, „An die Germanen" und „Das große deutsche Vaterland." Aus diesem theilte ich bereits einige Strophen in Dautzenberg's Uebersetzung mit, das erstere wurde vom „Rheinischen Beobachter" gebracht, aber nur in Prosa, weil bei dem Luxus von Reimen, den Nolet darinnen angewandt hat, eine „treue" Uebersetzung in Versen unmöglich gewesen wäre.

Ein einziges Mal lehnte Nolet sich gegen das deutsche Element, wenigstens gegen das Hochdeutsche auf. J. W. Wolf wollte in der „Bruderhand," die er damals herausgab, das Z in der niederdeutschen Rechtschreibung durch das S ersetzt haben, und das fuhr Nolet „als zu sehr gepfeffert in die Nase." In seinen beiden Briefen an den vlämischen Deutschen sparte er jedoch auch den Pfeffer nicht. Als er mir seine Werke zusandte, bemerkte er, daß er mir „Z oder S" nur der historischen Vollständigkeit wegen mitsende, und ich habe dieses Ausfalls Nolet's gegen „das große deutsche Vaterland" eben auch nur der Vollständigkeit wegen erwähnt.

Nolet ist Mitglied der Königlichen Akademie zu Brüssel, der „Gesellschaft für niederländische Literatur" zu Leyden, des „Comité der Vlamingen in Frankreich" zu Dünkirchen, der „Berliner Gesellschaft für deutsche Sprache." Er war Mitstifter der „Gesellschaft belgischer Literaten," 1846 Präsident des „deutsch-vlämischen Sängerbundes," 1851 erster Präsident des holländisch-belgischen literarischen Congresses zu

Brüssel, drei Jahr später beim Congreß zu Utrecht Vicepräsident. Ebenso wurde er einstimmig zum Präsidenten der vereinigten vlämischen Gesellschaften ernannt, die sich unter dem Namen „Sprachverband" 1848, 1851 und 1854 versammelten. Nolet ist Ritter des Leopoldordens, des Ordens des Niederländischen Löwen, der Eichenkrone, des Danebrog, des Polarsternes von Schweden, des Christusordens in Portugal, des Ordens Heinrich des Löwen in Braunschweig u. s. w.

Eine Prachtausgabe seiner gesammelten Dichtungen mit seinem Bilde erscheint*) 1860 in Amsterdam.

*) Ist erschienen.

Noami, dichtstuck. Leuven 1840.
Ambiorix, Brussel 1841.
Dichtluimen. Leuven 1842.
Het graf der twee gelieven. Eene legende. Leuven 1842.
Een reisje in het Noorden. Leuven 1843.
Ambiorix. Tweede uitgaef.
Ambiorix, poëme, traduit du flamand, par P. Lebrocquy. Brussel 1846. (De vlaemsche en fransche tekst tegenover elkander gedrukt; met houtsneden.)
Godsdienstige oefeningen, aen de beste nederduitsche schryvers ontleend. Antwerpen 1846.
Aen de Germanen in 1847. Brussel 1847.
Z. of S., twee brieven aen D. J. W. Wolf. Brussel 1846.
Ernst en boert, Dichtbundel. Brussel 1847.
Zwart of wit. Dichtverscheidenheden. Amsterdam 1853.
Vrede. Dichtstuck. Rotterdam 1854.
Het groote dietsche Vaderland. Brussel 1857. Met eene hoogduitsche vertaeling door J. M. Dautzenberg.

Palmers (Willem), geboren 1810 zu Heinsberg, wo sein Vater, der von einer ansehnlichen Familie aus Hasselt abstammte, eine Fabrik besaß, welche durch die Kriegszeiten zu Grunde gerichtet wurde. Nach Napoleon's Fall kam Vater Palmers, ein alter Primus von Löwen und ein guter Lateiner, als Schullehrer nach Heerlen. Willem war das älteste von vier Kindern. Durch den Vater erzogen, in Mastricht, Lüttich und Brügge zum Lehrer gebildet, folgte er seinem Vater in dessen Stelle nach. Doch nur auf einige Jahre, denn des Landlebens überdrüssig, ging er nach Brüssel, wo er als Schreiber in eine Steinkohlengesellschaft trat und sich zum zweiten Mal verheirathete. Jetzt ist er Commis in der Société des Verreries nationales.

Palmers hat außer einigen kleinen Gedichten im Genter Jahrbüchlein mehrere Uebersetzungen veröffentlicht, unter andern „die Künstler," ein Schauspiel aus dem Schwedischen und Hackländers „Soldatenleben im Frieden." Am 21. Juli 1856 gab er zur fünfundzwanzigjährigen Jubelfeier der Thronbesteigung des Königs eine Dichtung heraus, welche den Preis nicht erhielt. Wie Palmers in seinem kurzen Vorworte sagt, hatte ihm nur eine Stimme gefehlt. Der Grund, warum diese ihm ungünstig war, lag in der Form, welche er gewählt; es wurde als ein „offenbares Unheil" angesehen, Hexameter zu krönen. Ich theile einige dieser verpönten Verse mit:

So wie ehmals die Maid von fürstlichem Stamme, verzaubert,
Hundert Jahre verschlafen im dornenumgebnen Palaste,
Schlief Jahrhunderte lang bei uns die erhabene Dichtkunst,
Bis in das Leben zurück ein wackerer Fürst sie gerufen.

Dornenröschen, so nennt Euch der Deutsche, ich nenn' Euch die
Dichtkunst,
Kommt und erzählt mir getreulich die herrlichen Thaten der Vorzeit,

Ihre Gedanken und Sitten gepaart mit der frommen Gesinnung,
Welche inmitten des Fortschritts allzuhäufig uns mangelt.

Dornenröschen, Ihr, Schwester von Flandern, vergeßt nicht, ich
bitt' Euch,
Jeden Bewund'rer von Allem, was rein und was wahr und was
schön ist,
Hören zu lassen die Sprache, die klang an der Wiege der Ahnen,
Und die noch heutigen Tag's hinsäuselt am Ufer der Nordsee.

Die Notiz über Palmers verdanke ich seinem Freunde Dautzenberg.

De kunstenaers, blyspel in een bedryf, naer het zweedsch vry
gevolgd met byvoeging van zang. Taelverbond. Brussel.
De landverhuizers, uit het hoogduitsch. Brussel 1852.
Het soldatenleven in vredestyd, uit het hoogduitsch van Hackländer.
Gent 1844.
De vyf-en-twintigste verjaerdag der inhulding van Zyne Majesteit
Léopold I., Koning der Belgen. Brussel 1856.

Peeters (Hendrik Bartholomäus), geboren zu Antwerpen den 26. Februar 1825. Seine Eltern, Adrian und Anna Maria Broddin, waren holländischer Abkunft. Der Vater war Tuchfabrikant. Vom Schlage gerührt, war er zwei Jahre bettlägerig, bevor er starb, und man brachte die ältesten Kinder aus dem Hause, damit dieses ruhiger sein möchte. Hendrik kam nach Mecheln zu einer guten Bürgerfamilie, wo er zwei Jahr zubrachte. Noch jetzt denkt er mit Vergnügen dieser Zeit, während welcher er das große Glück der Kindheit, ein völliges Nichtsthun, genoß. Erst mit acht Jahren fing er an zu lernen. 1838 kam er nach Mecheln zurück, und zwar auf das kleine Seminar, wo er mit Hendricky, Heremans und Van Beers zusammen war. Der Vollendung seiner Studien 1844 folgte ein Jahr der Krankheit. Dann kam Peeters an Heremans Stelle als Professor der vlämischen Literatur an die vierte Klasse des städtischen Collegiums zu Mecheln, wo es ihm abermals sehr gut ging. Als sich eine Commission wegen des Standbildes von Margaretha von Oesterreich bildete, welches, von Tuerlincky gearbeitet, jetzt auf dem großen Markt steht, wurde Peeters zum Sekretär ernannt.

Das Collegium der Pitzenburg ging in geistliche Hände über. Peeters, der enthusiastische Anhänger des liberalen Armand von Perceval, konnte seinen Platz nicht behaupten. Wir finden nun seinen Namen unter den Verlegern, ebenso gut wie bei der Redaction des „Sprachverbandes." Aber er fand bald, daß die Verlegerschaft im vlämischen Belgien vorläufig noch ebenso wenig einträglich sei, wie die Autorschaft. So betheiligte er sich denn bei dem Hause Spitaels zu Antwerpen, welches einen merkwürdig ausgebreiteten Handel mit Gebetbüchern treibt. Peeters hat den sogenannten literarischen Theil des Geschäftes zu betreiben. Er macht die Gebete zurecht, corrigirt den Druck und besorgt die Correspondenz mit dem Ausland, d. h. mit Holland, Deutschland, Valparaiso. Bisweilen macht er auch Reisen; auf einer derselben war es, daß er mich besuchte und mir sein Leben erzählte. Er schilderte mit so viel Frische, daß man sich für den wunderlichen Handelszweig, den er betreibt, interessiren konnte. Nicht ohne Genugthuung sagte er: „wir beschäftigen dreiundneunzig Buchbinder, verkaufen hunderttausend Bücher und bereiten unser Gas für die Fabrik selbst." Ich warf ihm scherzend ein, daß es mindestens sonderbar sei, einen Liberalen ausschließlich mit der Fabrikation von Gebetbüchern beschäftigt zu sehen, aber er konnte mir erwiedern, daß der Absatz in den liberalen Provinzen drei Mal stärker sei, als in den sogenannten katholischen, wo der Rosenkranz die Stelle des Gebetbuches verträte, weil ein großer Theil der Bevölkerung noch immer nicht lesen könne.

Bei diesem Leben nun, welches sich zwischen Antwerpen und Mecheln, zwischen Literatur und Handel getheilt hat, machte Peeters Romanzen wie die folgenden:

   Ging mein Hemdelein zu waschen
   An den Rand des Baches dort,
   Blau kristallen floß das Wasser
   Dicht vor meinen Füßen fort.
    Doch sein liebes Auge war
    Noch ein Mal so blau und klar.

   Ging in's Feld und fand ein Rös̈chen
   Ueberflammt von Purpurhauch,
   Und es lachte mir entgegen,
   Und ich brach es ab vom Strauch;
    Doch die Ros' auf grünem Grund
    War so roth nicht, wie sein Mund.

   Wenn ich längs des Baches einsam
   An den grünen Ufern geh',
   Weiß ich nicht, warum ich immer
   Auf des Baches Wellchen seh';
    Aber aus der bangen Brust
    Seufzer steigen unbewußt.

   Und wenn träumerisch ich streife,
   Sinnend irre durch das Feld,
   Weiß ich nicht, warum ich zitt're,
   Weiß nicht, was mich überfällt,
    Doch bewegt ein Aestchen sich,
    Ist es mir, als rief' er mich.

Vergangnes Jahr und dieses Jahr.

Der Frühling schließt die Knospen auf,
 So wie vergang'nes Jahr,
Des Thaues Tropfen blinken d'rauf
Und sind wie Diamanten klar,
Die Ros' entfaltet sich am Strauch
Und athmet aus balsam'schen Hauch,
 So wie vergang'nes Jahr.

Und in den Lüften und im Wald,
 So wie vergang'nes Jahr,
In süßen Tönen wieder schallt
Das frohe Lied der Vogelschaar.
Und wo ich geh' in Feld und Thal,
Sind Blumen, Lieder ohne Zahl,
 So wie vergang'nes Jahr.

Und ich ging durch die Felder fort,
 So wie vergang'nes Jahr,
Doch war ich nicht mehr einsam dort —
Der junge Müller mit mir war.
Der Rosenstrauß, den er mir gab,
Nie pflückt' ich einen solchen ab
 Im Mai vergang'nes Jahr.

Ich träume stets, und in der Brust
 Da hab' ich dieses Jahr
Ein fremd' Gefühl, nicht Schmerz noch Lust,
Ich zitt're, werd' ich was gewahr.
Bei Rosen werd' ich selber roth —
Was ist's? Ich hatte solche Noth
 Doch nicht vergang'nes Jahr.

Am Brunnen.

Komm' ich Abends heim vom Felde,
Durch die Sonne roth gebrannt,
Schickt mich Mutter an den Brunnen
Mit dem Kruge in der Hand.
Einsam schienen mir die Wege
Und geschwinde lief ich fort,
Sprach mit keinem andern Mädchen
Und kam flugs zurück von dort.

Gestern — o was war ich müde!
Und nach Wasser mußt' ich doch;
Murrend ging ich, und am Brunnen
Saß ein blonder Hirte noch.
Ich erschrak, doch er, er flehte,
Sprach mich sanft und freundlich an,
Meine Furcht verschwand allmählich
Und ich hört' ihn schüchtern an.

Diesen Abend — niemals hatte
Mutter mich so müb' gesch'n,
Und sie sagte: Laß die Schwester
Heut' ein Mal nach Wasser geh'n.
Doch ich nahm geschwind das Krüglein,
That, als hätt' ich Nichts gehört —
Denn von meiner Schwester würde
Leicht der blonde Hirt gestört.

Gestern und Heute.

Was war ich gestern traurig!
Den stillen Feldweg, den ich nahm,
Den ging ich immer, immer weiter,
Bis ich an einen Kirchhof kam.

Im Himmelsraum war Alles düster,
Was nur sich meinen Blicken bot,
Und wo ich auf die Erde blickte,
Sprach Alles von Vergeh'n und Tod —
　Was war ich gestern traurig!

Was bin ich heute fröhlich!
Noch während ich im Bette lag,
Kam schmeichlerisch die Sonn' und küßte
Mir auf die Augen für den Tag —
Und aus dem dichtverwachs'nen Laube
Erklingen Lieder süß und klar —
Ich hab' es gänzlich schon vergessen,
Warum ich gestern traurig war —
　Was bin ich heute fröhlich!

Lieb Knäbelein.

Lieb Knäbelein, lieb Knäbelein,
Du brichst die Blümchen roth und weiß,
　Im Gärtchen klein.
Laß doch die armen Blumen steh'n,
Die alle so freundlich an dich seh'n,
　Laß sie in Ruh!
Lieb Knäbelein, lieb Knäbelein,
　Nicht gut thust du.

Lieb Knäbelein, lieb Knäbelein,
Erst athmest allen ihren Duft
　Du gierig ein,
Und trauern sie in deiner Hand,
Ach, dann zertrittst du sie im Sand
　Mit Uebermuth!
Lieb Knäbelein, lieb Knäbelein,
　Du thust nicht gut.

Sollte man beim Lesen dieser Lieder nicht glauben, die „Maiblüthen," aus denen sie genommen sind, müßten in einem Garten gepflückt sein, wo der Dichter sich gänzlich nur der Poesie und ebenfalls der Blumenpflege hingäbe? Auch bringt Peeters den Sommer wirklich auf dem Lande zu, weil sein Geschäft ihn nur im Winter fesselt. Aber was zieht er da mit Vorliebe? Kartoffeln und Rüben. Es ist auf einem kleinen Gütchen seiner Schwiegereltern — Peeters ist seit dem 22. April 1852 mit Johanna Francifka Van den Bemden verheirathet — daß er sich dieser prosaischen Kultur befleißigt.

Peeters ist auch einer von denen, welche so und so oft pseudonym zu finden sind. Van den Sterne, Vermeulen, Lamprechts, Ulrick Van Sint Bartel, Hendrick Pee, das Alles heißt: Hendrick Peeters. Ich kenne nur die Sachen, welche mit seinem gesetzlichen Namen unterzeichnet sind. Sie bestehen aus Kritiken, Dramen und Novellen, diese letzteren sämmtlich mittelalterlich farbig, romantisch begebenheitlich. In einem Drama „die Waise von Mecheln" und in einer größern Novelle „Wilhelm der Hofnarr," hat Peeters sich die alte bischöfliche Stadt, wo er so viele Jahre zubrachte, als Lokal gewählt. Die Novelle erschien deutsch in der Didaskalia und zwar mit einer kurzen biographischen Notiz. „Wo der Uebersetzer die hergenommen hat," sagt Peeters, noch heute höchlichst verwundert, „das kann ich ganz und gar nicht begreifen." Mit seinem Drama „Maria von Braband", welches er, kaum achtzehn Jahr alt, geschrieben hatte und zuerst in den „Sprachverband" gab, ging es ihm sonderbar genug. Ein Schauspieler verwandelte die reimlosen Jamben, in denen es geschrieben ist, in Prosa, schmolz den vierten und fünften Akt zusammen, und führte es als eigene Arbeit auf, Peeters saß sowohl in Antwerpen, wie in Gent still, belustigt im Parterre und hütete sich wohl, etwas zu sagen. Aber in Gent erkannte man das geraubte Kind und gab es dem rechten Vater zurück.

Maria van Braband. Treurspel. Taelverbond 1846.
Ludwig Uhland. Taelverbond 1846.
De Plegedochter des Kanoniks. Taelverbond 1846.
Meibloesem, dichtbundel. Antwerpen 1847.
De Bevelhebber van Vlissingen, geschiedkundig verhael. Taelverbond 1847.
Koenrad van Opperbeek, drama. Taelverbond 1847.
Theresia. Nederduitsch letterkundig Jaerboekje 1848.
Willem de Gek. Taelverbond 1848. Einzeln Antwerpen.
Historische dramata: 1) de Wees van Mechelen. 2) De Bevelhebber van Vlissingen. Antwerpen 1849.

Renier (Petrus Joannes), geboren 1795*) zu Deerlyk bei Kortryk, Kantonal=Schulinspektor im Ressort von Kortryk, Schöppe von Deerlyk, Mitglied der literarischen Genossenschaft „Durch Zeit und Fleiß" an der Hochschule zu Löwen, so wie der literarischen Gesellschaften von Gent, Brügge, Kortryk und Rousselaere. Früher war er Direktor einer Kostschule, welche in seiner Vaterstadt volle fünfundvierzig Jahr bestanden hat. Seine „Blämische Sprachkunst" erlebte zehn Auflagen, von seinen Fabeln ist ebenfalls jetzt die zehnte im Druck. In den verschiedenen dichterischen Preiskämpfen zu Ypern, Kortryk, Ostende, Brügge, Audenaerde u. s. w. hat er nicht weniger als dreiunddreißig Mal den Ehrenpfennig davongetragen.

Hier, eine von den Fabeln, welche er selbst mir als ursprünglich von ihm herrührend bezeichnet hat.

Hans, der Sperling und der Maikäfer.

Es kam der Lenz im Blüthenkranze,
Und angethan mit grünem Kleid,

---

*) Starb den 29. August 1859 zu Deerlyk.

Man rühmt ihn froh in seinem Glanze,
Man feiert seine Festeszeit.
Es ist der erste Maitag wieder,
Die schönste Sonne ihn erhellt.
Die wärmsten Strahlen schießt sie nieder
Auf Garten, Weide, Wald und Feld,
Die honigdurst'gen Bienen summen,
Und flötend gab die Nachtigall,
Vor der die Vögel all' verstummen,
Ihr süßes Lied dem Wiederhall.

Im Garten lief der kleine Hans
Mit bloßem Kopf und rothen Wangen,
Vergessen war die Schule ganz,
Ein Maienkäfer war gefangen;
Und einen Sperling hatt' er auch,
Und beide pflegt' er nach Türkenbrauch,
Das heißt, sie mußten, ohne zu ruh'n,
Was unserm Hans gefällig, thun.
Der Sperling mußt' auf seinem Kopf
Aus rothem Tuch ein Kämmchen tragen,
Der Maienkäfer, armer Tropf! —
Zog einen löschpapiernen Wagen,
Und wollt' er ihn nicht grade zieh'n,
Kniff Hänschen in die Pfötchen ihn.
Das Thierchen seufzte: „Sapperlot!
Was ist doch das für eine Noth!
Ich saß seit Monden in der Erde,
Wo ich nicht Mond, noch Sonne sah,
Und kaum, daß ich beschienen werde
Vom Tag, ist auch der Junge da.
Ich hatte kaum erst angefangen
Zu speisen von dem jungen Laub
Am Zaun, da muß er schon mich fangen,
Da werd' ich seinem Spiel zum Raub!

Im dunkeln Lindengange bin
Ich einen Abend nur geflogen,
Ich wollte heute wieder hin,
Doch ach, was hab' ich mich betrogen!
Anstatt im duft'gen Schatten dort
Zu fliegen in den Abendstunden,
Muß ich mit diesem Wagen fort,
An einem Faden festgebunden."

Der Sperling sprach mit trübem Ton:
„Ich hab' noch mehr das Recht zur Klage,
Ich lebte kaum zehn kurze Tage,
Da nahm man mir die Eltern schon.
Wir wohnten in der Höhe dort,
Es saß so heimlich sich im Nest,
Es war so weich, es hing so fest,
Und gestern räumte man es fort.
Ich weiß nicht, wo die Meinen sind,
Nicht was mit ihnen ist geschehen,
Ich werde nie sie wiedersehen,
Ich armes kleines Sperlingskind.
Die Flügel wurden mir gestutzt,
Ich ward mit einem Kamm geputzt,
Der keineswegs mir will behagen —
Für einen Hahn da schickt er sich,
Allein wozu, ich frage dich,
Wozu soll ihn ein Sperling tragen?"

Hans hörte sie und lachte sehr,
Da kam sein Vater in den Garten:
„Wie, Hans, du lässest auf dich warten!
Willst du nicht in die Schule mehr?
Und dann — was thust du? Thierchen plagen,
Die wehrlos und unschädlich sind?
Empfindest du, laß mich dich fragen,

Denn ihre Qualen nicht, mein Kind?
Vergnügen sich an Anb'rer Schmerzen,
Zeigt ein Gemüth, das haffenswerth —
Sprich, steht es so mit deinem Herzen,
Mein Sohn, hab' ich dir das gelehrt?
Und sprich, was würdest du wohl sagen,
Wenn man gerissen dich von mir,
Und einen Sclaven macht' aus dir,
Um dich zu martern und zu schlagen?
Du wärest ohne Vaterhaus,
Allein, getrennt von all' den Deinen,
Und sähe man vor Schmerz dich weinen,
So lachte man dich auch noch aus."

Der Junge schämte sich gar sehr
Und quälte keine Thiere mehr.

Beginselen der vlaemsche spraekkunst. 2. druck. Kortryk 1831.
Uytgekozen verdichtselen, vry gevolgd naer het fransch van den
   heer Lafontaine. Kortryk 1832, 1833, 1836.
Nut der Volksbeschaving. Kortryk 1837.
Vlaemsche Fabelen, opgedragen aen hunne Koninglyke Hoogheden
   den hertog van Braband en den graef van Vlaenderen.
Beginselen der vlaemsche spraekkunst, heringerigt naer het spelling-
   stelsel van het Taelcongres, 4. druck. Kortryk 1840.
De kat van Beversluys. 1842.
Fabelen. Kortryk 1843.
Vlaemsche Mengeldichten. Kortryk 1843.
Fabelen. Negenste Druck, vermeerderd met verscheide nieuwe
   Fabelen. Kortryk 1853.

Rens (Frans), geboren den 2. Februar 1805 zu Gerards=
bergen in Ostflandern. Von 1823 bis 1843 war er Beam=
ter im Steuerfach, von 1843 bis jetzt Controleur der Wäh=
rung von Gold= und Siberarbeiten zu Gent. Außerdem hat
er kürzlich noch den Posten eines Kantonalinspektors des nie=
dern Unterrichtes im Ressort Lokeren übernommen. 1851
verheirathete er sich mit Charlotte, Tochter von Josef Cesar
Renoz, Landsteuereinnehmer und Inspektor des niederen Un=
terrichtes zu Beveren im Lande Waes.

Literarisch war Rens von seiner Jugend an bis jetzt
unausgesetzt thätig. Bereits 1827 wurde er zu Deynze be=
krönt, weiter 1828 zu Eecloo, und 1835 zu Brügge. 1834
und 1835 gab er gemeinschaftlich mit Frans De Vos das
„Niederdeutsche literarische Jahrbüchlein" heraus, von 1835
bis jetzt war er der alleinige Herausgeber dieser Chronik der
vlämischen Literatur, in welcher keiner der bedeutendsten Namen,
sowie auch kein noch so bescheidener fehlen dürfte. 1836
stiftete er gemeinschaftlich mit Snellaert und Anderen die
literarische Gesellschaft „die Sprache ist ganz das Volk," deren
Präsident er von Anfang an war; von der Zeitschrift „die
Eintracht," welche alle vierzehn Tage erscheint, und 1846
durch ihn, Snellaert, Heremans, Van Duyse und Degerich
gestiftet wurde, ist Rens der Hauptredacteur. 1839 gab er
eine Sammlung seiner Gedichte, 1835 unter dem Titel
„Blätter aus der Fremde" eine Auswahl von Uebersetzungen
aus dem Deutschen, Englischen und Französischen heraus.
Die spanischen und nordischen Stoffe, welche sich darinnen
finden, sind aus französischen Quellen genommen. Zerstreut
sind außerdem Dichtungen und Aufsätze von Rens im „Bel=
gischen Museum", im Sprachverband," im Rederyker" u. a. m.
Das Gedicht, welches ich mittheile, ist aus dem Jahrbüchlein
für 1858. Die großen Verdienste, welche Rens sich um

die vaterländische Literatur erworben hat, sind 1856 durch die Verleihung des Leopoldordens anerkannt worden. Seinen Wohnsitz hat er zu Gent, wo ich den freundlichen Mann persönlich kennen lernte. Seine Dichtungsweise stimmt mit seinem Auftreten überein.

Das Kinderopfer.

„Die Stunde rufet zum Altar!"
So sprach die grimme Priesterschaar;
 „Ein Opfer von zwei Kindern,
Das sei den Göttern dargebracht,
Uns zu versöhnen ihre Macht
 Und ihren Zorn zu mindern.

Der Friesenkönig sprach: „es sei!"
Und jauchzend strömt das Volk herbei,
 Doch lauter als sein Brüllen
Die Klagen aus der Mütter Mund
Gen Himmel schrei'n und jammernd rund
 Umher die Luft erfüllen.

„Ach, wie verdienten wir das Loos?
Die Kinder reißt man von uns los,
 Die wir mit Schmerz geboren!
Sie, unser eigen Fleisch und Blut,
Sie, unsre Hoffnung, unser Gut,
 Sie geh'n für uns verloren.

Wir steh'n so treu, wir steh'n so fest,
Es sei beim Streit, es sei beim Fest,
 An unsrer Männer Seite.
Gebt unsern Kindern nicht den Tod,
Es will kein Gott, daß solche Noth
 Den Müttern man bereite."

Umsonst! Es spricht die Priesterschaar:
„Die Sandbank sei der Hochaltar,
　Dort sollen die Opfer beben,
Bis die gemach gestieg'ne Fluth
Das sühnende, das reine Blut
　Den Wellen zum Raub gegeben."

Und lauter sich die Klag' erhebt
Und banger jede Mutter bebt —
　Das Meer schleicht immer dichter,
Und droht mit wachsender Gefahr,
Bis endlich es das Kinderpaar
　Erfasset als Vernichter.

Und stille wird es, schauerlich
In Nebel hüllt der Himmel sich,
　Als wollt' er sich verschleiern.
Allein der wilden Priester Wahn
Erblicket darin nur das Nah'n
　Der Gottheit, die sie feiern.

Da plötzlich durch die dichte Schaar
Tönt eine Stimme fest und klar:
　„Ich will den König sprechen."
Und langsam sieht man einen Greis
Voll Würde und voll Ruh' den Kreis
　Der Staunenden durchbrechen.

Den König Rabboud spricht er an
Und frägt ihn sanft: „o König, kann
　Wohl Euer Herz erlauben,
Daß Kinderunschuld, schwach und rein,
Dem Tode soll verfallen sein
　Für einen falschen Glauben?

„Vernehmt durch mich des Herren Ruf,
Des Einigen, der Alles schuf,
   Im Himmel und auf Erden:
Die Menschenopfer will er nicht,
Erhoben Hand und Angesicht
   Soll ihm gehuldigt werden.

„Darum gebiete unverweilt,
O König, daß in's Meer man eilt,
   Zu retten jene Kleinen.
Und sind entrissen sie der Fluth,
Gieb sie zurück als höchstes Gut
   Den Müttern, welche weinen."

Der König siehet grimmig aus,
Und ziehet halb das Schwert heraus,
   Empört durch solch' Erfrechen.
Doch hält er inne noch und fragt:
„Wer seid denn Ihr, der Solches wagt?
   Wer hieß Euch also sprechen?"

„„Bin Bischof Wulfram, Diener Gott's,
Nach Jesus' Wort, dem Tod zum Trotz —"
   Der König steht und sinnet.
Die Priester stacheln wild ihn an,
Er aber winkt den Greis heran,
   Zeigt nieder und beginnet:

„Ist Euer Gott so mächtig groß,
So rett' er aus der Wogen Schooß
   Die Opfer unsrer Götter.
Und Beide seien Euch gegönnt,
Wenn ihr mit seiner Hilf' es könnt —
   Wohlan, wer wird nun Retter?"

Der Bischof legt den Mantel ab
Und stürzt sich in das Meer hinab;
　　Er will es gläubig wagen.
Schon kämpft er mit der Fluthen Macht,
Das Volk es spottet, das Volk es lacht —
　　Die Mütter beten und klagen.

Und seht, es siegt hier Glaub' und Muth!
Ein Arm erhebt sich aus der Fluth
　　Und hält ein Kind umfangen.
Das zweite faßt die and're Hand,
Und sicher siehet man an's Land
　　Den Mann des Herrn gelangen.

Er kniet und spricht sein Dankgebet,
In stummer Ehrfurcht Alles steht,
　　Nichts unterbricht das Schweigen;
Nur aus der Mütter befreiter Brust
Die Töne des Dankes und der Lust
　　Empor zum Himmel steigen.

Der Greis erhebt sich, kommt und legt
Die Kinder, die er liebend trägt,
　　In die Arme der Mütter nieder;
Ihr Dankgestammel ist sein Lohn,
Dann, ohne Hochmuth, ohne Hohn
　　Tritt vor den König er wieder.

Der sieht ihn gütig an und spricht:
„Genüge geschah der Opferpflicht,
　　Man lass' ihn in Frieden gehen."
In jener Stunde ward vielleicht
Die Seele der Friesen schon erweicht
　　Vom ersten Glaubenswehen.

Het heil en onheil der tooneeloefening. (Verzameling der voornaemste Dichtstukken die naer den prys gedrongen hebben in den drievoudigen letterstryd van dicht-, tooneel-en schryfkunst, uitgeschreven door de Maetschappy van Rhetorika te Deynze op den 15. July 1827.) Thielt 1827.
De strengheid van Lyderick de Buck. (Bundels van dichtstukken bekroond door de Maetschappy van Rhetorika te Eecloo, den 2 september 1828. Gent 1829.)
De Belgen beminnaers van Kunsten en wetenschappen. (Pryskamp gegeven in 1835 door de Maetschappy van tooneel-en letterkunde, voor kenspreuk hebbende: „Yver en Broedermin" te Brugge. Brugge 1835.)
Gedichten. Gent 1839.
Bladeren uit den vreemde. Gent 1855.

Roelants (Johan Frans), geboren 1819 zu Brüssel. Geheimschreiber des Prinzen von Chimay, außerdem Direktor der Eisenbahngesellschaft (Compagnie du Centre) von welcher der Prinz nicht nur der vornehmste Aktionär, sondern auch Präsident des Direktoriums ist. Die Notizen über Roelants verdanke ich seinem Freunde Seraphinus Willems. Sie sind rein literarisch. Roelants hatte sich bereits einen Namen mit französischen Stücken gemacht, als die vlämische Bewegung auch ihn ergriff. Er übersetzte nun gemeinschaftlich mit Cornelius Verbruggen sein Drama „Johann der Erste." Es erhielt sogleich den Preis, welchen die Gesellschaft „Bruderliebe und Spracheifer" zu Gent 1845 ausgeschrieben hatte. Der Erfolg muthigte Roelants an, er schrieb fortan vlämisch und wurde bald populair. Und das in allen Schichten der Gesellschaft. Als am 30. März 1857 sämmtliche vlämische Schauspielergesellschaften sich zu der Vorstellung seines großen Drama's „Wilhelm der Schweiger" vereinigt hatten, war nicht nur das Theater des Parkes so gedrängt voll wie noch nie, sondern es wohnten der Vorstellung außer der königlichen Familie auch die Minister, so wie mehrere Mitglieder des diplomatischen Corps bei. Unter ihnen befand sich auch der Niederländische Gesandte, welcher in Person dem Verfasser zu seinem Erfolge Glück wünschte und ihm den Orden der Eichenkrone einhändigte, welchen der König von Holland ihm verliehen hatte. Schon früher hatte Roelants vom Herzog von Coburg den Verdienstorden des Ernestinischen Hauses empfangen und 1856 vom König der Belgier einen kostbaren Ring mit dem königlichen Namenszug in Diamanten erhalten.

Ich schwankte in meiner Wahl zwischen dem glücklich patriotischen Stücke: „Der 21 Juli" und dem heitern Scherz „Ibrahim Pascha." Dann jedoch schien es mir angemessener, einige Scenen aus „Wilhelm der Schweiger" zu übersetzen. Der Verfasser nennt dieses Drama eine „Chronik in sieben Theilen," wovon die vier ersten zu Brüssel, der fünfte in Mecheln, der sechste im Hafen von Antwerpen und der siebente auf dem Stein zu Vlissingen spielen. Die Zeit der Handlung ist 1575, fünf Jahre nach Egmonts Tod, den Schluß bildet Alba's Abzug aus den Niederlanden. Hier zuerst der vierte Auftritt des zweiten Theiles. Die Scene ist im Palast zu Brüssel, der Herzog von Medina Coeli soll Alva in der Statthalterschaft ersetzen, die Staats-Rathsherren sind versammelt und sprechen ihre Verwunderung darüber aus, daß Alva durchaus Nichts zum Empfange seines Nachfolgers bereitet habe. Alva tritt auf, begleitet von seinen Wachen und seinem Lieutenant Vitelli.

Alva (zu den Rathsherrn, die sich vor ihm neigen)

Ich grüß' Euch, meine Herren. Ich sehe mit Genugthuung, daß unsere Rathsherrn sämmtlich gegenwärtig sind. Gott sei gedankt, daß er Einigen von ihnen so rasch die Gesundheit wieder geschenkt hat.

Van Walbeghem (ein Rathsherr, leise zu Van
        Brussel, einem andern.)

Mir dünkt, er spottet?

Los Rios (spanischer Oberster, Mitglied des Rathes.)

Wollt Ihr mir vergönnen zu fragen, Herzog, ob es wahr ist, daß die Rebellen den Kampf von Neuem angefangen haben? Man sagte hier diesen Morgen, Ludwig von Nassau habe Bergen überrumpelt.

Alva.

Es ist Nichts. Mein Sohn Friedrich wird bald wieder unser Banner auf die Wälle von Bergen gepflanzt haben.

Van Brussel (halblaut)

Vielleicht.

Alva (sich zu Van Brussel wendend)

Ihr sagtet, Herr van Brussel?

Van Brussel.

Ich sagte, oder lieber ich wollte sagen: vielleicht dürfte das nicht so leicht sein, wie Eure Hoheit es zu glauben scheint.

Alva.

Nicht so leicht! Wann sah man Eure elenden vlämischen Soldaten gegen unsere frommen Spanier Stand halten?

Van Brussel.

Aber sehr oft schon haben —

Alva (herrisch.)

Genug! Vertheidigt solche Unmöglichkeiten nicht.

Los Rios.

Dennoch darf man sich die Größe der Gefahr nicht verhehlen. Der Aufruhr gewinnt Grund, er verbreitet sich über das ganze Land, bald werden wir hier von ihm umringt sein; zog nicht, während Ludwig von Nassau Bergen einnahm, Wilhelm von Oranien siegreich in Mecheln's Thore?

Alva.

Und das erschreckt Euch? Morgen belagern wir Mecheln, und bevor acht Tage verlaufen sind, werde ich dieses Ameisennest unter meinen Füßen zertreten haben.

Van Waldeghem (leise zu Van Brussel)

Vergißt er seinen Nachfolger? (Laut) Sagt man nicht auch, gnädiger Herr, daß der Herzog von Medina Coeli vorgestern zu Sluis angelangt ist?

Alva (gleichgültig)

Medina Coeli? In der That; ich glaube sogar, daß der arme Herzog dort ein wenig mißhandelt worden ist. (Plötzlich den Ton verändernd) Aber ich muß Euch mittheilen, meine Herren, warum ich Euch heute vereinigt habe. Wie Ihr so eben von dem Herrn Los Rios vernahmt, erhebt der Aufruhr wiederum sein Haupt und droht das Land in neue Verwirrungen zu stürzen. Ich hege, was mich persönlich anbetrifft, die größte Verachtung gegen diese thörichten und ohnmächtigen Bestrebungen, aber meine Pflicht heischt, daß ich ihnen zuvorkomme. Der Adel ist die Veranlassung aller dieser Aufstände. Er leiht den Meuterern Geld und Soldaten. Stürzt den Adel, und der Feind flieht, er verschwindet. Die Edlen also will ich treffen —!

Van Waldeghem.

Wie!

Alva.

Lassen wir den Adel in seiner heutigen Verfassung bestehen, so wird in diesen Provinzen niemals Friede sein; die Unruhe wird sich von Geschlecht auf Geschlecht vererben, denn die störrigen Blamingen saugen die Neigung zum Aufruhr mit der Muttermilch ein. Wir dürfen die alten Häuser nicht vernichten, aber wir müssen trachten, sie umzuschaffen. Lassen wir das schwere und gemeine Blut der Niederländer mit dem edlen und milden von Castilien sich vermischen, und ehe zwanzig Jahre vergangen sind, werden wir, an der Stelle von Aufrührern, einen getreuen Adel haben, auf welchen zu jeder Zeit Fürst und Kirche sich stützen können. Vernehmt nun die Mittel, welche ich anwenden will, um dieses Ziel zu erreichen. Vitelli soll Euch dieselben vortragen.

Vitelli (steht auf und liest)

Im Namen von Philipp, König von Spanien u. s. w. kund und zu wissen dem Staatsrath:

In Anbetracht, daß die Edelleute allein Schuld an allen Aufständen sind, und es deshalb gerecht ist, sie auch die Lasten davon tragen zu lassen, ist beschlossen:

Die Abgaben des Zehnten und des Zwanzigsten, für das Volk abgeschafft, sollen für die Edlen fortbestehen.

Alle Lehngüter, welche wegen Verrath oder um welcher Ursache willen es sei, an die Krone zurückfallen, sollen vorzugsweise an spanische Edelleute verliehen werden.

Jede mannbare Jungfrau soll, ungeachtet des Rechts ihres Vaters oder Vormundes, vom Fürsten oder seinem Stellvertreter verlobt werden können —

Van Brussel.

Ist es möglich!

Vitelli (fortfahrend.)

Die Uebertretung dieses letzten Artikels durch Vater oder Vormund soll mit dem Tode bestraft werden.

Van Waldeghem (bei Seite)
Des Frevels!

Alva.
Ihr kennt nun meine Beschlüsse — seid so gütig, meine Herren, mir Eure Meinung darüber zu sagen.
(Stillschweigen.)

Van Waldeghem.
Man schweigt.

Van Brussel.
Mit aller der Ehrerbietung, welche ich Euch schuldig bin, muß ich Euch sagen, Herzog, daß dieser Beschluß wider die Gerechtigkeit streitet. Er kränkt das heilige Recht, welches von Gott jedem Vater verliehen ward, das Recht, frei über seine Kinder zu verfügen.

Van Waldeghem.
Ich theile die Ansicht des Herrn Van Brussel. Wenn der Beschluß nur den Schuldigen beträfe, dann würde ich ihn vielleicht gut heißen, aber er trifft blindlings einen Jeden, darum muß ich ihn verwerfen. Ihr wollt unsere Provinzen wie ein erobertes Land behandeln und sie wie eine Beute unter Euch theilen. Bringt Ihr diesen Beschluß zur Ausführung, dann, Herzog, wird man Euch mit Recht beschuldigen, die Pflichten eines Statthalters vergessen und Euch wie ein Ueberwinder betragen zu haben.

Alva (sich zurückhaltend)
Die Sprache ist kühn, Herr Van Waldeghem.

Van Waldeghem.
Ich spreche nach meinem Gewissen, Herr.

Alva.

Wäre es nicht eher, daß der Herr Van Waldeghem die Maske der Treue abwerfen zu können meint, um uns das Angesicht eines Rebellen zu zeigen?

Van Waldeghem.

Meine Treue ist bekannt. Kaiser Karl und Philipp II. haben nie an ihr gezweifelt.

Alva (ausbrechend)

So beweist sie mir denn durch Gehorsam.

Van Waldeghem (aufstehend, mit Stolz.)

Gott und dem König bin ich Gehorsam schuldig, zu Euch, Herr, kann ich frei reden.

Alva (herrisch)

Genug. Alle Blamingen sind sicherlich einer Ansicht mit Van Waldeghem?

Van Meteren (Rathsherr)

Verzeiht! Was mich betrifft, Herzog, so wißt Ihr, daß ich stets der Mann der Regierung gewesen bin.

Die Spanischen Rathsherren.

Angenommen, angenommen!

Van Waldeghem.

Nicht so rasch, meine Herren. Warten wir wenigstens ab, daß der neue Statthalter seinen Willen zu erkennen gegeben habe. In einer Angelegenheit von solchem Belang kann ohne seine Zustimmung Nichts beschlossen werden.

Alva (wüthend)

Hier ist kein anderer Statthalter als ich

Van Waldeghem (kühl.)

Aber bevor die Sonne verschwunden ist, wird die Macht Eurer Hoheit ein Ende genommen haben. Ich rathe den Herren, sich dessen zu erinnern.

Alva (mit Nachdruck.)

Bevor die Sonne eine Stunde weiter ist, kann ich den Rumpf eines ehrlosen Rathsherrn zur Schau am Galgen aufhängen lassen. Nun, meine Herren, erklärt Euch, aber bedenkt, daß Niemand sich je ungestraft dem Willen Alva's widersetzte. — Es werden keine Bemerkungen weiter gemacht, die Sache ist also beschlossen.

Van Waldeghem (leise zu Van Brussel.)

Welche Schande!

Van Brussel (leise.)

Die Hoffnung nicht verloren! Medina Coeli wird diese Ungerechtigkeit wieder gut machen.

Alva (sich erhebend.)

Das ist es, was ich heute dem Rathe vorzulegen hatte. (Alle stehen auf.) Aber bleibt noch meine Herren — Ihr sollt Zeugen sein von dem, was hier bald geschehen wird. Tretet näher, Vitelli. (Zu Van Waldeghem) Herr Van Waldeghem, man hat mir gesagt, daß Ihr eine heirathsfähige Tochter besitzt?

Van Waldeghem.

Beatrix?

Alva.

Recht, Beatrix ist ihr Name. Ich thue Euch kund, daß ich für gut befunden habe, die Hand von Jungfrau Beatrix

Van Waldeghem meinem Freunde und getreuen Diener, dem hier gegenwärtigen Herrn Vitelli, anzubieten.

Van Waldeghem.

Aber das kann nicht sein. Beatrix ist schon lange mit ihrem Vetter, Ferdinand Van Waldeghem, verlobt. Die Kinder lieben einander.

Alva.

Jede Jungfrau kann vom König oder seinem Stellvertreter vermählt werden, so lautet fortan das Gesetz. Bereitet Euch deshalb zu gehorchen, und daß der Herzog von Alva Euch nicht minder getreu finde als Kaiser Karl und Philipp II.

Van Waldeghem (schmerzlich.)

O meine armen Kinder!

Vitelli.

Vergönnt mir, Herr Van Waldeghem, daß ich das Loos segne, welches mich mit Eurer Familie vereinigt.

Van Waldeghem (bitter.)

Erlaubt mir, Herr, daß ich die neuen Bande anders als Ihr betrachte. (Man hört draußen Lärm.)

Alva.

Was für ein Lärm ist das? Sollte der Aufruhr bis unter diesen Fenstern laut zu werden wagen? Bringt die Schreier zur Ordnung, Vitelli.

Ein Spanischer Oberster (eintretend.)

Der Herzog von Medina Coeli tritt in den Palast.

Van Brüssel (zu Van Waldeghem.)

Muth, Freund! nun ändern sich die Zeiten.

Alva.

Medina Coeli hat die Güte, mich besuchen zu kommen? Wohlan, meine Herren, macht Platz und huldigt dem Helden von Sluis.

Alba weigert sich, die Statthalterschaft an Medina Coeli abzutreten. Er hat seinen Sohn zum Nachfolger gewollt. Ein bestimmter zorniger Befehl des Königs ruft ihn endlich doch nach Spanien zurück. Sein Schiff strandet bei Vlissingen, wo Oranien ist. Die Beiden stehen sich in dem achten Auftritt des letzten Theiles zum letzten Male gegenüber.

Alva.

Ich hoffe, Prinz, daß Ihr das Fahrzeug, auf welchem ich mich befand, nicht als Kriegsschiff ansehen werdet. Es segelte unter kaiserlicher Flagge und hatte keineswegs feindliche Absichten. Ich selbst habe die Herrschaft abgegeben und bin Nichts als eine Privatperson, die das Schicksal Euch in die Hände geliefert hat. Mich festzuhalten wäre gegen alle menschlichen Rechte, gegen alle Gesetze der Ehre.

Oranien.

Ihr beruft Euch auf meine Ehre, und wenn nun ich in Eure Hände gefallen wäre, hättet Ihr mir das Leben geschenkt?

Alva.

Sicherlich nicht.

Oranien.

Wie könnt Ihr da von mir heischen, was Ihr mir nicht gewährt haben würdet?

Alva.

Macht einen Unterschied, wenn es Euch beliebt. Ihr seid ein Rebell, Ihr habt die Waffen gegen Euern Fürsten ergriffen und Euch dadurch außerhalb des Gesetzes gestellt. Ich war stets ein getreuer Diener meines Herrn. Folglich habt Ihr durchaus kein Recht auf mich, während ich, wenn Ihr in meine Hände gefallen wäret, die Verpflichtung gehabt hätte, Euch wegen Eurer Verbrechen zur Rechenschaft zu ziehen.

Oranien.

Das will sagen, daß Ihr, hätte ich mich in Eurer Macht befunden, mich Euern Henkern überliefert hättet.

Alva.

Ich gesteh' es.

Oranien.

Wohlan, und ich schenke Euch Gnade.

Alle (verwundert.)

Wie?

Lamark (Befehlshaber der Wassergeusen.)

Diesem Tyrannen Gnade schenken! Nun wir endlich Egmont rächen könnten!

Oranien (mit würdevollem Tone.)

Wir werden Egmont in der Schlacht rächen, welche sogleich stattfinden wird. Man überwindet seinen Feind, man mordet ihn nicht. Ja, Freunde, ich schenke diesem Manne Gnade, weil ich es edler finde, im Namen einer Nation zu vergeben, als zu bestrafen. Ueberlassen wir die niedrige Rache den Tyrannen, ein freies Volk muß großmüthig sein wie Gott. Stimmt Ihr mit in die Mäßigung ein, welche Gott mir verleiht, so wird sich keine einzige Stimme gegen die Abreise des Herzogs erheben.

Alle (außer Lamark.)

Ja, ja, er möge abreisen!

Oranien.

Setzt denn Eure Reise fort, Herzog. Geht in Madrid von der Grausamkeit der Geusen zeugen, gegen welche Ihr so unmenschlich gehandelt habt. Möge die Erinnerung an ihre Mäßigung und die traurige Berühmtheit, welche sich an Euern Namen heftet, Euch einst Reue einflößen über alle Eure unbarmherzigen Verfolgungen, über all das nutzlos vergossene Blut.

Alva (stolz.)

Ich werde zu Madrid bezeugen, daß der aufrührerische Geist noch nicht alles Gefühl von Recht und Ehre in Euch erstickt hat. Aber frägt man mich um Rath, wie man Euch behandeln solle, hofft nicht, daß ich einen andern Weg andeute, als den, welchen ich selbst stets verfolgt habe.

Oranien.

Gott vergebe Euch Euern blinden Glaubenseifer.

Alva.

Gott lasse Euch Eure Verirrung erkennen!

Oranien.

Geleitet den Herzog, Heremberg, und beschützt seine Abfahrt.

So kurz diese Proben auch sind, so werden sie doch genügen, um die große historische Auffassung der beiden Hauptcharaktere so wie die kräftige Art anzudeuten, auf welche das Ganze behandelt ist.

Jan de Eerste, drama in vyf bedryven. Antwerpen 1845. (Gemein=
schaftlich mit Cornelius Verbruggen.)

Kapitein Trullemans, of de wederwaerdigheden van eenen Garde-civique
in 1844, blyspel met zang, in een bedryf. Antwerpen 1845.
Brussel 1853.

Het Drymanschap, of de letterkundige kwakzalvery, tooneelspel in
een bedryf. Brussel 1847. 1853.

Lando de Bohemer. Fragment. Vlaemsche Stem 1846.

Margaretha de Zwarte, historisch drama in vyf bedryven. Brussel 1849.

De Spiegel voor Oproermakers, drama in dry bedryven. Brussel
1851.

Ibrahim-Pacha, kluchtspel met zang, in een bedryf. Brussel 1851.

Leicester, drama in vyf bedryven. Brussel 1852.

t'Spookt in huis, blyspel met zang, in een bedryf. Brussel 1852.

De Belgen in 1848, volksdrama met zang in een bedryf, muziek
van Ed. Gregoir. Brussel 1852. (Gemeinschaftlich mit E. Stroobant.)

List tegen list, tooneelspel met zang in een bedryf. Brussel 1852.
(Gemeinschaftlich mit S. Willems.)

'sKnechten wil is 'sMeesters wil, spreekwoord in een bedryf
Brussel 1853. (Gemeinschaftlich mit S. Willems.)

Willem de Zwyger, kronyk in zeven deelen. Brussel 1853.

Tegenspoed van een ouden jongman, zedenschets in een bedryf.
Brussel 1854.

Een man met munizennesten in het hoofd, iets van voor en achter
de gordyn, in een bedryf en twee tusschenbedryven. Brussel 1856.

Den 21. July, of de gezegende verjaerdag, volkstafereel met zang
Brussel 1856. (Zur fünfundzwanzigjährigen Feier der Huldigung
ben 21. Juli 1856 durch die königliche Gesellschaft „der Weingarten"
aufgeführt zu Brüssel auf dem Theater des Nouveautés.)

Rogghé (Willem) geboren ben 2. August 1824 zu Aelst,
von wo er in dem Alter von zehn Jahren als Bruchbrucker=
lehrling nach Gent kam. Er ist einer mehr von den Blam=
ingen, benen ihre Eltern keine Erziehung geben konnten
und die daher sich selbst ausbilden mußten. Rogghé that es
mit Frucht, seine ersten dichterischen Versuche wurden in Preis=
kämpfen bekrönt. Seine kleineren Lieder, von benen sehr viele
in Musik gesetzt sind, stehen verstreut im „Jahrbüchlein", im

„Sprachverband", in der „Eintracht", in niederdeutschen Blumenlesen. Er arbeitete auch für die Bühne und übersetzte aus dem Deutschen. „Der letzte Dichter" von Anastasius Grün ward durch ihn vortrefflich wiedergegeben. Nachdem er funfzehn Jahre in der Druckerei der „Genter Zeitung" gearbeitet hatte, wurde ihm die Hauptredaction dieses Blattes anvertraut. Als er sich 1856 mit Flora de Meyer verheirathete, legte er eine Buchhandlung an, welche hauptsächlich auf die Verbreitung niederdeutscher Werke berechnet ist. Seitdem haben die Geschäfte dem Dichter etwas Eintrag gethan. Aus dem vierten Jahrgang des „Sprachverbands" genommen sind:

Meine Rosen.

Auf meinem Fenster die Rosen,
Die blühen Jahr aus, Jahr ein,
Ich steckte sie so gerne
An die Brust der Liebsten mein.

O wenn Ihr wissen könntet,
Mit welcher süßen Gewalt
Vermischt mit dem Rosenathem
Ihr Hauch mir entgegenwallt!

Auf meinem Fenster die Rosen,
Die blühen Jahr aus, Jahr ein,
Und freit' ich je, sie müßten
Im Brautkranz der Liebsten sein.

Was würde sie lieblich blühen
Im purpurnen Rosenkranz —
Ja, führt' ich sie so zum Altar,
Ein Engel schiene sie ganz.

Auf meinem Fenster die Rosen,
Die blühen Jahr aus, Jahr ein,
Und würd' ich Vater, sie sollten
Als Spielwerk der Kleinen sein.

Ach, säh' ich einst ein Kindchen
In seiner Mutter Schooß
Mit meinen Rosen tänbeln,
Wie selig wär' mein Loos.

Auf meinem Fenster die Rosen,
Die blüh'n so frisch und hold,
Auf meinem Fenster die Rosen,
Ich gäbe sie nicht für Gold.

De eik, dichtstuk. Antwerpen 1848.

Rosseels (Emmanuel) geboren zu Antwerpen 1818, seit 1858 Mitglied der Gesellschaft der niederländischen Literatur zu Leyden. Er ist Mäkler an der Börse seiner Vaterstadt und betreibt die Literatur nur als Erholung. Von Jugend auf hatte er die Lust, für das Theater zu schreiben. Er war der Erste, welcher nach 1830 in Belgien dramatisch thätig war. Bereits 1833 wurde von ihm unter dem Titel: „Julia oder die Wirkung der Musik" ein Stück aufgeführt, welches Beifall fand, doch zu wenig literarischen Werth hatte, um gedruckt zu werden. Mehrere Uebersetzungen von deutschen und französischen Stücken blieben gleichfalls ungedruckt, nicht so eine Menge dramatischer Originalwerke, unter denen „Richilde", geschichtliches Drama in fünf Aufzügen, gemeinschaftlich mit Van Kerchoven geschrieben, 1846 zu Brügge den ersten Preis erhielt. Novellen ließ Rosseels im „Vlämischen Rederyker" und im „Vlämischen Literaturboten" erscheinen. Von dem letzten Blatte war er der Hauptredakteur, von der Antwerpner Sanggenossenschaft „die Scheldesöhne" und vom „Niederländischen Kunstverband" einer der Stifter. Er gab die Werke von Jakobus Bellamy mit einer Biographie und einer Einleitung heraus und übersetzte mit besonderer Rück=

sicht auf die vlämischen Landleute aus dem Englischen von James Johnston dessen „Handbuch für Scheid= und Erdkunde mit Anwendung auf den Landbau", welches 1847 erschien. Eine ziemlich große Anzahl von Dichtungen findet man im „Nordstern" und in andern Zeitschriften.

Die Gefälligkeit des Dichters ließ mir die Wahl zwi= schen dreien seiner Stücke: „Zwei Brüder", welches, im No= vember 1857 zu Antwerpen aufgeführt, großen Beifall er= halten hatte, „Theodor Van Ryswyck" und „der Tauben= melker"*), ein Drama, welches die nationale Manie der Tau= benzüchterei bis zu einem tragischen Conflikt hinauftreibt. Dieses wurde mir als volkseigenartig sehr anempfohlen, ist jedoch, leider, zu lang, während „Zwei Brüder" durch eine Spiel= scene in der Uebersetzung leicht unverständlich werden dürften. So wählte ich denn das dritte Stück, in welchem mir mit Geschick die schwierige Aufgabe gelöst scheint, eine populaire Persönlichkeit bald nach ihrem Tode auf die Bühne zu brin= gen. Es ist dem „Busenfreunde des verewigten Volksdichters", dem Bildhauer Leonard de Cuyper gewidmet, und Hendrik Cartol hat die Musik zu den Liedern gemacht.

Theodor Van Ryswyck.
Lustspiel mit Gesang in einem Aufzug.

Personen.
Theodor Van Ryswyck, Soldat, genannt „der Door."
Peer Blasers, Pachtersohn.
Der Kapitain.
Der Sergeant.
Lientje, Wirthstochter.
Soldaten.
Bauern.

---

*) Duivenmelker, ironische Bezeichnung des Taubenzüchters, der aus den Tauben Nutzen zu ziehen meint.

Das Stück spielt in der Umgegend von Löwen, um die Zeit, als die Holländer gegen diese Stadt zogen.

Das Theater stellt eine Dorfansicht vor. Rechts Lientje's Wirthshaus, auf derselben Seite weiter zurück ein Gefängniß, welches etwas vortritt. Links die Wohnung von Peer Blasers.

Erster Auftritt.

Lientje, der Kapitain, der Sergeant, Peer Blasers, Bauern und Soldaten. Bei dem Aufziehen des Vorhangs stehen die Soldaten im Hintergrund in Reihe und Glied.

Lientje sitzt vor ihrer Wohnung und spinnt. Peer Blasers lehnt an einem Baumstamm, umgeben von einigen Bauern, die nach den Soldaten sehen, der Kapitain und der Sergeant in der Mitte der Bühne. Es wird Abend.

Chor.

Es wird uns nicht an Stärke fehlen,
Naht sich der Feind mit Ungestüm,
Wir sind noch nie gewichen ihm —
Es muß und wird uns Muth beseelen.

Der Kapitain.

Nun, das ist gut, Leute; ich bin mit Euch zufrieden. Wenn das ganze Lager ebenso denkt, dann haben wir die Holländer nicht zu fürchten (Zum Sergeanten). Sergeant, fehlen keine Leute?

Der Sergeant.

Niemand fehlt, Kapitain, außer Van Ryswyck, der sich seit gestern um keinen Dienst mehr gekümmert hat.

Der Kapitain.

Immer derselbe! der Kerl wird nie anders, so oft er auch in Strafe kommt.

Der Sergeant.

Wenn ich allein zu befehlen hätte, da wollte ich ihn schon nach meiner Pfeife tanzen lehren, aber, Ihr, Kapitain, seid gar zu nachgiebig gegen ihn, und was wird daraus? Anstatt zu thun was er soll, sitzt er bald in diesem, bald in jenem Krug am Heerde, macht Liedchen, liest den Bauern Verse vor und spricht mit ihnen über Cats, Helmers und Vondel, als ob er Gelehrte vor sich hätte. Und obgleich die Esel, die Bauern, davon grade so viel verstehen, wie Pastors Hund vom Latein, so hören sie dem Door doch mit offnen Mäulern zu und bilden ihm ein, er sei zu gelehrt, um Soldat zu sein.

Peer Blasers (bei Seite.)

Und s'ist doch nur'n armer Schlucker!

Der Sergeant.

Selten geht er in Uniform, sein Ranzen ist eine Bibliothek, seine Waffen sind Federn und Pfeifen, sein Dienstthun besteht darin, daß er die Mädchen scheert, die Bauern in's Loch bringt, und seine Kameraden aufhetzt, es eben so zu machen wie er. Mit einem Wort, Kapitain, Van Ryswyck ist der schlechteste Soldat, den es geben kann, und wollen wir was mit ihm anfangen, müssen wir ihm den Daumen auf's Auge drücken.

Lientje (bei Seite.)

Der Sergeant mag den Door nicht, das hört man.

Der Kapitain.

Ihr habt Recht, Sergeant, ich muß den Kerl mehr herannehmen. Ist er jetzt im Dorfe?

Der Sergeant.

Wie soll ich's wissen, Kapitain?

Der Kapitain.

So sucht ihn, und habt Ihr ihn, augenblicklich mit ihm hinter Schloß und Riegel. Morgen wollen wir dann weiter sehen.

(Van Ryswyck singt hinter den Coulissen.)
Und geht es uns schlecht und entsinkt uns der Muth,
Wir trinken 'nen Schluck, und es geht wieder gut!

Der Sergeant.

Da kommt er eben, Kapitain.

Einige Soldaten.

Der Door! Der Door!

Zweiter Auftritt.

Die Vorigen. Van Ryswyck in einem langen Bauerrock, einer Zipfelmütze, Holzschuhen mit Stroh darinnen und einer Rolle Papier unter dem Arm.

Van Ryswyck.

Ist der Appell schon vorbei? komm' ich zu spät?

Der Kapitain.

Ihr kommt gerade recht, Van Ryswyck.

Peer Blasers (bei Seite.)

Um es zu kriegen.

Van Ryswyck.

Ich triefe, so bin ich gelaufen. Aber ich hab' wieder

was für's Vaterland gethan, es sind zwar nur sechzehn Cou=
pletten, aber schön — na! kommt, ich will sie Euch sogleich
vorlesen, Kapitain, und Ihr, Leute, hört auch zu.

(Er will seine Papierrolle nehmen.)

Der Kapitain.

Es handelt sich hier nicht um's Lesen. Antwortet mir
zuerst auf das, was ich Euch fragen werde.

Van Ryswyck.

Ei! Ei! Es scheint, daß der Kapitain nicht gut bei Laune ist.

Der Kapitain.

Seit wann machen ein Bauernrock, eine Zipfelmütze und
Holzschuhe die Uniform eines Soldaten aus?

Lientje (bei Seite.)

Ach, der arme Door!

Van Ryswyck.

Mein bester Kapitain — es ist — ich bin — (bei Seite)
Sackerloot! was soll ich sagen? (Laut.) Hört, Kapitain lieb,
das ist 'ne ganze Historie — der Pachter Van der Sypen,
Ihr wißt wohl, bei dem ich im Quartier liege, der hat einen
Hund, das ist ein Schwein', und das Beest ist wie verhext
— ich zieh' meinen Rock kaum aus, so liegt's auch schon
d'rauf, und gestern Abend, da hat der Schurke von einem
Hund das wieder gethan — und —

Der Kapitain.

Und ich will keine Geschichten, ich hab' sie satt. — Ant=
wortet.

Van Ryswyck.

Das thu' ich ja, Kapitain, aber der Hund, der hat

was anders gethan, und — was hättet Ihr in solchem Falle gethan, Kapitain?

Der Kapitain.

Das sollt Ihr gleich hören.

Van Ryswyck.

Ja, aber, Kapitain, ich konnte doch nichts Anders thun, als die Uniform ins Waschschaff stecken lassen, und ohne was auf dem Leibe zu haben konnt' ich doch auch nicht zum Appell kommen. Wären wir noch zu den Zeiten Adam's und Eva's, ich hätt' ein paar frische Feigenblätter umgebunden, aber so konnte ich nichts Anders thun als Van der Sypens Hochzeitsrock anziehen.

Der Kapitain.

Und wißt Ihr, was Ihr jetzt thun werdet? Dem Sergeanten in's Loch folgen.

Van Ryswyck (betrübt.)

Schon wieder in's Loch — Kapitain, ich muß es Euch sagen, daß Ihr mich wegen einer solchen Kleinigkeit so behandelt, das schmerzt mich tief. Und gerade heute, wo Van der Sypen mir und dem ersten Maiabend zu Ehren ein Faß des besten Petermanns anzapfen will!

Lientje (bei Seite).

Der Kapitain soll mir noch 'mal ankommen!

Van Ryswyck.

Was wird der gute Van der Sypen jammern, wenn sein Freund Door nicht kommt, und was noch mehr ist, wenn sein schöner Hochzeitsrock eine ganze Nacht in's Loch muß! Kapitain, ist's wirklich Ernst?

Der Kapitain.

Nicht mehr raisonnirt und mir aus den Augen. (Er winkt dem Sergeanten, dieser holt einen großen Schlüssel hervor und schickt sich an, Van Ryswyck in's Gefängniß zu führen. Unterdessen ist Lientje herbeigekommen.)

Lientje (heimlich zu Van Ryswyck.)

Door, Ihr wißt, ich kann in's Gefängniß — wenn sie fort sind, bring' ich Euch Petermann und Ihr les't mir Verse vor.

Der Kapitain (horchend, bei Seite.)

Aha, Jungfer Lientje!

Van Ryswyck (leise.)

Schön, Lientje. (Zum Sergeanten) Wohlan, Sergeant, da's sein muß, steckt mich nur wieder ein. Wer weiß, wozu es gut ist. (Er wird eingeschlossen.)

Der Kapitain (bei Seite.)

Ich hab' einen prächtigen Einfall. Jungfer Lientje, ich hab' Euch mehr als eine Falle gelegt — dieses Mal ent= schlüpft Ihr mir nicht.

Peer Blasers (bei Seite.)

Endlich sitzt er. Nun, Door, steh' Euer Patron Euch bei; nun sollt Ihr's erfahren, was es heißt, mir Lientje abspenstig zu machen! (Ab.)

Dritter Auftritt.

Die Vorigen, ohne Van Ryswyck und Peer Blasers.

Der Sergeant.

Kapitain, hier ist der Schlüssel. Was habt Ihr sonst noch zu befehlen?

Der Kapitain.

Laßt, wie gewöhnlich, die Wache die Nachtrunde machen, und holt in den drei Linden den Rapport ab, den der Lieutenant von der Feldwache hinschicken wird.

Der Sergeant.

Und soll ich Euch den noch bringen, Kapitain?

Der Kapitain.

Nein, behaltet ihn bis morgen früh. Sollte wider Erwarten in der Nacht etwas vorfallen, so laßt Allarm schlagen, damit ich es höre. (Leise) Ich werde diese Nacht nicht in meinem Quartier sein.

Der Sergeant.

Sehr wohl, Kapitain. (Bei Seite) Aha, der Kapitain geht wieder bei irgend einer Bauerdirne beichten.

Der Kapitain (zu den Soldaten.)

Geht bald in die Quartiere und seid auf Eurer Hut. Dem Feind ist nicht zu trauen.

(Unter Wiederholen des Chors marschiren die Soldaten ab. Die Bauern folgen ihnen.)

Vierter Auftritt.

Lientje, der Kapitain.

Lientje (während der Kapitain seinen Leuten nachsieht.)
Er geht nicht mit!

Der Kapitain (zu ihr kommend.)

Nun zu Euch, Lientje. Nach dem Vaterland die Mädchen — das ist erlaubt, nicht wahr?

Lientje.

Das Vaterland und die Mädchen sind zwei verschiedene

Dinge, Herr Kapitain, die jedes ihren eigenen Geschmack haben. Das Vaterland giebt Graubärten, wie Ihr seid, den Vorzug, die Mädchen haben lieber schmucke frische Jungen.

Der Kapitain.

Eure lieben Augen sehen also immer Nichts als meinen grauen Bart? Die Liebe zählt doch nicht die Jahre?

Lientje.

Das mag sein, nur müßte ich, um das zu erproben, erst verliebt in Euch sein.

Der Kapitain.

Immer gleich kühl!

Lientje.

Und der Herr Kapitain immer gleich verliebt!

Der Kapitain.

Das ist das rechte Wort.

Lientje.

Wenn es Euch nur zu etwas hülfe!

Der Kapitain.

Mich würde Eure Kälte schmerzen,
Doch, Kind, ein tüchtiger Soldat
Hat immer Muth in seinem Herzen,
Ist theuer auch der gute Rath.

Wer aushält, wird auch überwinden,
Das hab' ich stets als wahr erkannt.
Bei Mädchen kann heut' Gnade finden,
Der gestern nur Verschmähen fand.

Nicht, Lientje? Ihr könnt auch gegen mich einst anders sein?

Lientje.

Wenn Ihr viel Zeit zu verlieren habt, so könnt Ihr's ja abwarten.

Der Kapitain.

Ihr macht mir's wahrhaftig schwer.

Lientje.

Und Ihr nehmt es sehr leicht.

Der Kapitain.

Habt Ihr denn kein Herz?

Lientje.

Sogar ein großes — für den, welcher mir gefällt.

Der Kapitain (bei Seite.)

Prächtiges Mädchen! Diese Nacht muß ich die Batterie nehmen und sollt' ich Sturm laufen.

Lientje (bei Seite.)

Ob er noch nicht bald genug hat?

Der Kapitain.

Ich fange an zu glauben, daß Ihr etwas Besonderes gegen mich habt und zwar seit diesem Abend.

Lientje.

Ich sage nicht das Gegentheil. Ihr und Euer Sergeant steht nicht gerade in einem Ruf besonderer Heiligkeit bei mir.

Der Kapitain.

Aha, jetzt weiß ich's. Euer Freund Door — vielleicht habt Ihr den ersten Maiabend mit ihm feiern wollen. Sagt mir, Lientje, nicht wahr, Ihr haltet viel vom Door?

Lientje.

So viel wie eine Schwester von ihrem Bruder hält.

Und Jedermann hat ihn lieb — ein Junge wie Wein und Brod — sanft, verträglich, liebreich, immer fröhlich, immer zufrieden — und solch einen Kopf! Wartet nur, wartet nur, wenn unser Herr Euch und Euern grauen Schnurrbart noch ein Paar Jahr erhält, da sollt Ihr Wunder von dem Door hören.

Der Kapitain.

Ja, ich weiß schon — wenn's darauf ankommt, dem Door eine Lobrede zu halten, da laßt Ihr nicht auf Euch warten. Aber lassen wir ihn sein und sprechen wir lieber über uns.

Lientje.

Es ist nur, Herr Kapitain, daß ich noch Einiges im Hause zu thun habe und daher fort muß. Nehmt es mir nicht übel. (Verneigt sich und will fort.)

Der Kapitain (sie zurückhaltend.)

Halt, Lientje! es brennt ja doch nicht! Noch einen Augenblick.

Lientje.

Noch zehn, wenn Ihr wollt, aber unter einer Bedingung.

Der Kapitain.

Unter welcher? Laßt hören.

Lientje.

Daß Ihr den Door herauslaßt.

Der Kapitain.

Das kann ich nicht.

Lientje.

So lebt wohl. (Sie läuft in ihre Wohnung.)

Fünfter Auftritt.

Der Kapitain allein.

Weg ist sie. Wohl, in einigen Augenblicken soll sie von selbst dem Wolf in den Rachen laufen. Ist Niemand in der Nähe? (Sieht sich um und horcht.) Niemand! (Er geht, öffnet die Gefängnißthür und ruft:) Door, Door!

Sechster Auftritt.

Van Ryswyck (an der Thür des Gefängnisses erscheinend.)
Wer kommt zur dunklen Nachtzeit hier
So unvermuthet traut zu mir,
Um meinen Kerker aufzuschließen?
Ist es ein Mädchen scheu und still,
Deſſ' Herzchen meine Liebe will?
Wie gern will ich das Mädchen grüßen!
Ist es ein Freund, der mein gedacht,
Vertraut mit meines Durstes Macht?
Dem Petermann lach' ich entgegen
Wer Ihr auch seid, nehmt meinen Segen!

(Die Hände erhebend tritt er feierlich auf den Kapitain zu.)
Was, der Kapitain? ho! ho! ho! das ist lustig.

Der Kapitain.

Leiser, Door, sprecht nicht so laut; man darf uns nicht hören.

Van Ryswyck.

Und warum nicht? daß Ihr mich herauslaßt, ist ein Werk der Barmherzigkeit, und schöne Thaten müssen bekannt gemacht werden.

Der Kapitain.

Still, sag' ich Euch, oder ich kann Nichts für Euch thun.

Van Ryswyck.

Ja, still, still! Aber sagt mir nur, Herr Kapitain —

Der Kapitain.

Fragt nicht, sondern hört. Wollt Ihr diese Nacht frei sein?

Van Ryswyck.

Ob ich will? Nun, das könnt Ihr Euch doch wohl denken — wird nicht bei Van der Sypen getrunken? Kapitain, Ihr seid ein braver Bursche, das muß man Euch lassen — ich hätt's nicht von Euch gedacht. Aber ich will's Euch vergelten — ich will mit Van der Sypen auf Eure Gesundheit trinken —

Der Kapitain (ihn unterbrechend.)

Aber so haltet doch das Maul in Gottesnamen.

Van Ryswyck.

Ich schweige, Kapitain, und ich gehe. (Er will fort.)

Der Kapitain (ihn zurückhaltend.)

Nein, noch nicht, wir müssen noch miteinander reden. Ich laff' Euch allerdings diese Nacht frei, aber nicht ohne Absicht.

Van Ryswyck.

Nicht ohne Absicht?

Der Kapitain.

Meine Handlungsweise wird Euch sonderbar vorkommen, doch ich habe meine Ursachen, und will Euch dieses Mal auf die Probe stellen und sehen, ob man auf Euch rechnen kann.

Van Ryswyck.

Nur nicht wenn es darauf ankommt, gegen die Holländer zu fechten; ich will keinem Menschen Uebles zufügen. Krieg führen, Herr Kapitain, das ist so kindisch!

Der Kapitain.

Gut, gut, mag sein, darum handelt es sich in diesem Augenblicke nicht. Sagt mir, wollt Ihr thun, was ich Euch sagen werde?

Van Ryswyck.

Sobald ich Nichts mit dem Gewehr zu thun habe, lauf' ich durch's Feuer für Euch, Kapitain.

Der Kapitain.

Und schweigen werdet Ihr auch?

Van Ryswyck.

Wie 'ne vernagelte Kanone.

Der Kapitain.

Gut, so gebt mir für's Erste Eure Mütze und nehmt meine.

Van Ryswyck (thut es.)

Aber mit Erlaubniß, Kapitain —

Der Kapitain.

Keine Einwendungen; setzt meine Mütze auf und gebt mir Euern Rock.

Van Ryswyck.

Meinen Rock — den Rock von Van der Sypen? — Aber, Kapitain —

Der Kapitain.

Keine Einwendungen und den Rock!

Van Ryswyck.

Ja, aber, Kapitain, ich darf ohne diesen Rock nicht zurück zu Van der Sypen. Denkt doch, es ist sein Hochzeits= rock, ein kostbares Stück, das alle Jahre nur ein Mal zu Ostern an die Luft kommt.

Der Kapitain.

Bindet Euerm Pachter eine Geschichte auf. — Ihr habt sie ja doch auch mir aufbinden können, und dann, dem Rock soll Nichts geschehen, und morgen kriegt Ihr ihn wieder — nun, seid Ihr fertig, oder wollt Ihr lieber wieder in's Loch zurück?

Van Ryswyck (zieht hastig den Rock aus.)

Nein, Kapitain, nein! hier ist er!

Der Kapitain.

Gut, und hier ist meiner.

Van Ryswyck (den Rock des Kapitain's anziehend.)

Kapitain, wollt Ihr auch meine Holzschuhe?

Der Kapitain.

Freilich. Hier sind meine Stiefeln.

Van Ryswyck (besieht sich.)

Nun, zu eng sind mir die Kleider eben nicht.

Der Kapitain.

Und wie seh' ich aus?

Van Ryswyck.

Wie der Door in einer zweiten Ausgabe.

Der Kapitain.

Nun hört, Van Ryswyck, macht Euch rasch fort und

nehmt den Weg längs des Holzes, damit Ihr Niemand begegnet. Ich bleibe statt Eurer hier —

Van Ryswyck.

Hier im Gefängniß?

Der Kapitain.

Bis morgen früh um vier Uhr, dann löst Ihr mich wieder ab. Thut Ihr's pünktlich, schenk' ich Euch morgen die ganze Strafe, seid Ihr nicht pünktlich, kommt Ihr vor's Kriegsgericht.

Van Ryswyck.

Ich bin mit dem Glockenschlag hier, Kapitain. (bei Seite.) Wenn ich weiß, was der will! Nun, er ist immer doch brav, mag er wollen was es sei. (Laut) Fahrt wohl, Kapitain. Aber muß ich Euch nicht einschließen?

Der Kapitain.

Ist nicht nöthig.

Van Ryswyck.

So schlaft in Ruhe, während ich auf Eure Gesundheit trinke.

Der Kapitain (das Gefängniß öffnend)

Viel Vergnügen. (Bei Seite) Wenn er wüßte, warum ich statt seiner hier bleibe, würde er nicht so vergnügt von dannen wandern. (Geht in's Gefängniß, dessen Thür er hinter sich zuzieht.)

Siebenter Auftritt.

Van Ryswyck, dann Lientje.

Van Ryswyck.

Ich hätt' es beinahe vergessen — Lientje wollte ja

kommen. Ich muß ihr nur sagen, daß ich nicht mehr da bin, denn wenn sie dem Kapitain in die Hände geräth — nun, wir wissen was wir wissen, und es wäre Schade um das Kind. Da ist sie eben. (Lientje schleicht vorsichtig heran. Van Ryswyck faßt sie am Arm.) Lientje!

Lientje (erschrocken.)

Ach!

Van Ryswyck (immer leise)

Ruhig, Kind! Kennt Ihr den Door nicht?

Lientje.

Ihr! Was habt Ihr mich erschreckt — ich dacht', es wär' der Kapitain.

Van Ryswyck.

Es sind wenigstens seine Kleider, und was seine Person betrifft, die ist auch nicht weit — das wollt' ich Euch eben sagen.

Lientje.

Und wo ist er denn?

Van Ryswyck.

In meinen Kleidern und an meiner Stelle im Gefängniß.

Lientje.

Was, der Kapitain?

Van Ryswyck.

Ja, der Kapitain. Warum der's thut, das weiß ich nicht, aber daß er's thut, das weiß ich.

Lientje.

Und ich glaube zu wissen, warum er's thut. Er hat gewiß gehört, daß ich Euch versprach, zu Euch zu kommen.

Van Ryswyck.

Und Ihr glaubt —

Lientje (fortfahrend)

Daß er Euch herausgelassen hat, damit ich statt Eurer ihn finden möge — ja, das glaub' ich ganz sicher.

Van Ryswyck.

Lientje, Ihr seid selbst dem Teufel zu fein.

Lientje (lachend)

Nun mag er auf mich warten. Er wird auf Kohlen sitzen.

Van Ryswyck (sich die Hände reibend)

Der Spaß ist unübertrefflich — ich mach' ein Lied darüber.

Lientje.

Und jetzt, Door, kommt ein bischen zu uns herein. Wir wollen den Eltern den Spaß erzählen — was werden sie lachen!

Van Ryswyck.

Lientje lieb, ich würd' es gerne thun, aber Ihr wißt, Freund Van der Sypen erwartet mich.

Lientje.

Also findet Ihr unsern Petermann schlecht, Door?

Van Ryswyck.

Da faßt Ihr mich wieder bei meiner schwachen Seite, Petermann wie Ihr habt und ein Mädchen wie Ihr seid — ich geh' mit, aber nicht auf lange.

Lientje.

Und wenn's auch nur auf einen Augenblick ist.

(Beide ab in Lientje's Wohnung.)

Achter Auftritt.

Peer Blasers (kommt mit bloßem Kopf und in Hembs=
ärmeln vorsichtig aus seiner Wohnung. In der einen Hand
hält er einen Czako mit einem großen weißen Federbusch, in
der andern einen Uniformrock und einen großen Säbel.)

So, nun ist's stockfinster und Alles ist fort. Nun kann
ich mich an dem Schelm, an dem Door rächen, der immer=
fort um Lientje herumschwänzelt. Ich werde Großvaters
Uniform anziehen, in welcher er noch unter Heintje van der
Noot gedient hat. Da wird man erstens mich nicht erkennen,
wenn man mich trifft, und zweitens werd' ich ganz unerhörte
Courage haben. (Er zieht die Uniform an und schnallt den
Säbel um.) So, nun kann ich dem Door den Kopf spalten.
Es ist Zeit, daß es zwischen ihm und Lientje ein Ende nehme.
Es ist ein Jahr her, daß sie mir versprochen hat, mich zu
heirathen, und der Door ist dazwischen gekommen — ich muß
ihn durchaus massacriren. Wenn der Großvater seliger mich
sähe! Ich fühle, daß unter diesem Patriotenkleide mein Blut
zu kochen beginnt — ich werde nicht mehr zu zähmen sein.
Ich werde jetzt gehen und das Gefängniß aufbrechen, nur
will ich erst sehen, ob auch Niemand in der Nähe ist. (Geht
nach dem Hintergrund, um sich umzuschauen).

Neunter Auftritt.

Der Kapitain, Peer Blasers.

Der Kapitain (das Gefängniß öffnend)

Mir dünkte, ich hörte etwas? Sollt' es Lientje sein?
Noch nicht. (Heraustretend). Es ist doch verzweifelt lang=
weilig, im Gefängniß zu sitzen.

Peer Blasers.
Ich höre sprechen.
Der Kapitain.
Ich bin nicht allein.
Peer Blasers (bei Seite, verwärts kommend).
Richtig, da ist Jemand.
Der Kapitain (bei Seite.)
Wenn ich recht sehe, ist's ein Soldat.
Peer Blasers (näher kommend, bei Seite.)
Was? der Door! ausgebrochen!
Der Kapitain (bei Seite.)
Was der Kerl nur will?
Peer Blasers (wüthend auf den Kapitain zustürzend).
Schelm, Herzensdieb, Verführer!
Der Kapitain.
Wer seid Ihr?
Peer Blasers (ihn packend.)
Wer ich bin? Kennt Ihr mich nicht? Habt Ihr mir mein Mädchen nicht abgeschwatzt?
Der Kapitain.
Freund — Ihr irrt Euch.
Peer Blasers.
Ich irre mich, ich irre mich — ich irre mich durchaus nicht. Wenn Ihr auch die Sprache verändert, ich erkenn' Euch doch in dem Rock von Van der Sypen, und Ihr müßt von meinen Händen sterben.
Der Kapitain (will sich losmachen)
Das wäre!

Peer Blasers (ihn heftig schüttelnd)
Ohne Gebet und Beichte.

Der Kapitain.
Aber Ihr wißt nicht, wer ich bin.

Peer Blasers.
Von allen Soldaten, die ich kenne, der schlechteste.

Der Kapitain (sich wehrend)
Ihr seid ein Narr — laßt mich los.

Peer Blasers.
Euch loslassen? Wißt Ihr wer ich bin? Peer Blasers!

Der Kapitain.
Und wenn Ihr der Teufel wärt. Laßt mich los, oder ich brech' Euch alle Rippen.

Peer Blasers.
Das ist Euer Todesurtheil. (Er drückt den Kapitain mit aller Gewalt gegen den Baumstamm links.)

Der Kapitain (sich wehrend)
Werd' ich mit dem Kerl denn nicht fertig werden?

Peer Blasers (mit ihm ringend)
Ich seh' schon, mein Säbel hilft mir zu Nichts, aber Ihr sollt dabei Nichts verlieren.

Der Kapitain (sich losringend)
Wenn Ihr's nur wißt!

Peer Blasers.
Ihr entkommt mir nicht. (Packt ihn wieder und wirft ihn zu Boden.)

Der Kapitain.
Aber in Gottes Namen, was wollt Ihr denn von mir?

Peer Blafers (ihn auf den Rücken nehmend)
Euer Leben, sonst Nichts.

Der Kapitain (sich sträubend.)
Das ist zu arg. Hülfe!

Peer Blafers.
Etwas Geduld, Ihr sollt Euch gleich abkühlen.

Der Kapitain.
Hülfe! man ermordet mich!

Peer Blafers.
Die Hülfe wird zu spät kommen.
(Läuft mit dem Kapitain auf dem Rücken links ab.)

Zehnter Auftritt.

Van Ryswyck und Lientje, die eine brennende Laterne trägt.

Van Ryswyck.
Ich sag' es Euch, ich hab' um Hülfe schreien hören.

Lientje.
Ihr habt's Euch eingebildet, Door, ich hab' doch Nichts gehört und Vater und Mutter auch nicht.

Van Ryswyck.
Ich habe deutlich die Stimme des Kapitains erkannt.

Lientje.
Lieber Himmel, das Gefängniß steht offen!

Van Ryswyck.
Offen? Laßt sehen. (An der Thür rufend) Kapitain! Niemand! Er ist verschwunden.

Lientje.

Was soll das heißen?

(Man hört Hülfegeschrei in der Ferne.)

Van Ryswyck.

Hört Ihr's dieses Mal? Es ist ganz in der Nähe, am Ufer des Stromes.

Lientje.

Ja, jetzt hör' ich's auch! (Gewehrschüsse.) Was ist das?

Van Ryswyck.

Gewehrschüsse!

Lientje.

Was muß das sein?

Van Ryswyck.

Jemand ist in Noth — ich muß zu Hülfe. (Eilt links ab.)

Elfter Auftritt.

Lientje (ihm nachrufend)

Door, seid vorsichtig! Wie er läuft! Es muß durchaus etwas geben — das Verschwinden des Kapitains, das Hülfe= geschrei, die Gewehrschüsse — das Alles bedeutet etwas. Wenn der gute Door sich nur nicht zu sehr aussetzt — er ist solch' ein Waghals, besonders, wo es gilt, einem Andern zu helfen. (Man hört Alarm schlagen). Himmel, was ist das nun wieder! es wird Alarm geschlagen — sollten's die Holländer sein? Lieber Herrgott, dann ist's aus mit uns, dann sind wir Alle verloren! (Die Trommel entfernt sich) Und jetzt ist mir's, als hört' ich Stimmen in der Nähe. (Horchend) Sie rufen sich zu — man hört nicht recht wegen des Windes, doch ist es mir, als erkennt' ich Doors Stimme. Ach, was bin ich in der Angst und was bin ich neugierig! (Rechts hin sehend.) Und wer kommt denn da mit Fackeln?

Zwölfter Auftritt.

Lientje, Soldaten und Bauern.

(Die Soldaten und Bauern kommen von rechts, die Soldaten bewaffnet, die Bauern mit allerlei Werkzeugen zur Vertheidigung versehen. Zwei haben brennende Fackeln.)

Chor.

Zum Kampf! zu den Waffen! Der Feind ist nah!
Hört, Freunde, wie es die Trommeln uns melden!
Zum Kampfe! Gestritten wie Männer, wie Helden!
Wer Muth hat, der eile! Der Feind ist da!

(Van Ryswyck ruft hinter der Scene.)

Er ist gerettet!

Alle (sich nach dem Hintergrunde wendend)
Was giebt's? Was giebt's?

Dreizehnter Auftritt.

Die Vorigen, Van Ryswyck, der den Kapitain trägt, und gleich ihm von Wasser trieft, und vier Soldaten.

Van Ryswyck.

Er ist gerettet!

Alle (sich um Door drängend)
Ein Ertrunkener!

Van Ryswyck (auf ein Knie niedergeworfen, damit auf dem andern der Kapitain ruhen könne).

Unser Kapitain, Leute, der im Begriff war zu ertrinken.

Alle.

Der Kapitain!

Lientje.

Und Ihr seid's, der ihn gerettet hat?

Van Ryswyck.

Nicht ohne Mühe, Lientje. Aber laßt uns ihn auf die Bank setzen, da wird er besser ruhen und bald wieder zu sich kommen. Helft ein bischen, Freunde. (Die Soldaten helfen ihm den Kapitain auf die Bank niederlassen.) So, nun ist's gut.

Lientje (des Kapitains Hand nehmend)

Er ist noch ganz betäubt.

Ein Soldat.

Aber wie er nur in den Strom gerathen sein mag?

Van Ryswyck.

Es scheint, daß holländische Soldaten ihn hineingeworfen haben. Die Nachtrunde, welche zufällig in der Nähe war, und auf das Nothgeschrei herbeistürzte, hat die Feinde erkannt und auf sie geschossen. Seht nur, wie die Schelme den armen Kapitain zugerichtet haben. Ein paar blaue Augen und eine Nase so dick wie eine Kanonenkugel.

Ein Soldat.

Das soll nicht ungerächt bleiben.

Alle.

Sicher nicht!

Vierzehnter Auftritt.

Die Vorigen, der Sergeant.

Der Sergeant (herbeieilend)

Folgt mir! die Holländer sind in's Dorf gefallen und sollen jetzt im Holze sein.

Alle.

Nach dem Holze! nach dem Holze!

(Ab unter Wiederholung des Chors.)

Funfzehnter Auftritt.

Van Ryswyck, der Kapitain, Lientje.

Van Ryswyck (den Kapitain leicht schüttelnd)

Kapitain, Kapitain, die Holländer sind da!

Lientje.

Wer sollte gedacht haben, daß wir den Abend noch in solcher Unruhe zubringen würden! Und was ich nicht begreife — wie wußten denn die Holländer, daß Jemand im Gefängniß war?

Van Ryswyck.

Ja, ich weiß es auch nicht, aber ich weiß wohl, daß es mich sehr ärgern würde, wenn die Holländer den Petermann austrinken sollten, den Van der Sypen für mich eingelegt hat. Doch da rührt sich der Kapitain — Kapitain! Kapitain!

Lientje.

Er scheint zu sich zu kommen. (Rüttelt ihn leise.) Kapitain!

Van Ryswyck.

Er öffnet die Augen. Seht nur, wie verwirrt er mich anstarrt! Kapitain, ich bin es — der Door.

Der Kapitain.

Wo bin ich denn?

Van Ryswyck.

Bei Euern besten Freunden, dem Door und Lientje.

Der Kapitain.

Aber wo ist denn der wüthende Kerl, der mich in's Wasser warf?

Van Ryswyck.

Die Holländer, wollt Ihr sagen, Kapitain! Denn die Holländer sind im Dorfe, alle unsere Leute sind auf den Beinen.

Der Kapitain (aufspringend)

Der Feind hier und ich nicht auf dem Posten! Ich muß hin.

Van Ryswyck.

Was fällt Euch ein, Kapitain; in diesem Zustand und in diesen Kleidern!

Der Kapitain.

Da habt Ihr Recht. (Auf Van Ryswyck gestützt vorwärts kommend) Der Teufel soll mich holen, wenn ich nicht eine ungeheure Dummheit gemacht habe, indem ich mich in Eure Kleider und in Euer Gefängniß steckte.

Van Ryswyck.

Ich hab' Euch bereits innig beklagt, Kapitain.

Lientje (neckend)

Und ich auch, Herr Kapitain, Eure Täuschung ist groß. Anstatt von einem Mädchen geliebkost zu werden, seid Ihr vom Feinde überfallen worden, das heißt, wie man so zu sagen pflegt, die Rechnung ohne den Wirth machen.

Der Kapitain.

Von einem Mädchen geliebkost werden — was wollt Ihr damit, Lientje?

Lientje.

Thut nicht so unschuldig, Kapitain, Ihr wißt, ich habe eine Nase, um zu riechen was am Spieß steckt. Um Nichts und wider Nichts habt Ihr den Door nicht aus dem Gefängniß gelassen.

Der Kapitain.

Bei allen Teufeln, wer hat mich so verläumdet? Door, antwortet mir.

Van Ryswyck.

Niemand, auf mein Ehrenwort, Kapitain. Ich hab' auch Nichts von Euern Absichten gemerkt, aber Lientje hat sie errathen. Und was ist's denn am Ende auch d'rum? Ein Mensch ist immer ein Mensch, und es bleibt unter uns.

Der Kapitain (von oben herab.)

Wißt Ihr auch, Van Ryswyck, daß ich Euer Kapitain bin, und daß es Euch nicht zukommt, meine Handlungsweise auf Eure Art auszulegen? Warum seid Ihr hier noch bei diesem Mädchen geblieben, da ich Euch doch befohlen hatte, Euch sogleich zu entfernen?

Van Ryswyck (verlegen)

Kapitain, es war, weil —

Der Kapitain.

Ihr kommt vor's Kriegsgericht.

Van Ryswyck.

Wie, Kapitain, ich soll noch Strafe leiden, nachdem ich

Euch das Leben gerettet habe? Wer hat denn sonst den Muth gehabt, Euch aus dem Wasser zu holen?

Der Kapitain.

Also Ihr seid es gewesen?

Van Ryswyck.

Ja, Kapitain, und Ihr könnt es als ein Glück ansehen, daß ich noch einen Augenblick bei Lientje blieb, denn wäre ich bei Van der Sypen gewesen, so hättet Ihr jetzt schon genaue Bekanntschaft mit den Fischen gemacht.

Der Kapitain.

Daraus werde ein And'rer klug! Aber wenn ich jemals den Kerl zu packen kriege, der —

Van Ryswyck (sieht zufällig auf den Rock des Kapitains. Diesen unterbrechend)

Ach, großer Gott, Kapitain, wie sieht der Rock von Van der Sypen aus!

Der Kapitain.

Was geht mich der Rock an?

Van Ryswyck.

Ja, aber mich geht er viel an; der arme Van der Sy= pen kriegt den Schlag, wenn er seinen Hochzeitsrock so zuge= richtet sieht!

Der Kapitain.

Van der Sypen soll mit seinem Rock zum Teufel laufen. Wenn ich den Unglücksrock nicht angezogen hätte, ich wäre — (Geräusch hinter der Scene) aber was ist denn das?

Lientje.

Es kommen Leute.

Der Kapitain.
Und ich bin noch in diesem Aufzug.

Van Ryswyck.
Und für mich giebt's nun keinen Petermann bei Van der Sypen mehr!

Sechszehnter Auftritt.

Die Vorigen, Peer Blasers und einige Soldaten.

Peer Blasers (sich gegen die Soldaten wehrend.)
Laßt mich los, sag' ich Euch, ich habe ja doch Keinem von Euch etwas zu Leide gethan.

Ein Soldat.
Ich sag' es Euch noch ein Mal, kommt willig, wo nicht, werden wir Euch eines Bessern belehren.

Peer Blasers.
Und wer soll mich denn eines Bessern belehren? Ihr doch gewiß nicht, Hasenfuß.

Lientje (bei Seite)
Mir dünkt, ich kenne diese Stimme.

Van Ryswyck (bei Seite)
Der Kerl scheint mir nicht unbekannt.

Der Kapitain (Peer Blasers in Augenschein nehmend)
Himmel, was seh' ich — mein Angreifer! So hat man Euch gefaßt, Schelm? Jetzt sollt Ihr Eure Nichtswürdigkeit bezahlen.

Van Ryswyck.
Er ist es — es ist Peer Blasers.

Alle.
Peer Blasers!

Der Kapitain.
Mein Mörder.

Alle.
Er!

Peer Blasers (bei Seite)
Der Door hier! In meiner Wuth hab' ich einen Andern für ihn genommen. (Laut.) Nun ja, es ist Peer Blasers, der Großvaters seliger Patriotenuniform angezogen hat, um sich zu rächen.

Van Ryswyck.
Und Ihr hättet den Kapitain hier angefallen? Aber das ist ja doch nicht möglich, Kapitain, oder es muß dem Jungen im Kopfe spuken.

Der Kapitain.
Und doch ist er's, der mich in das Wasser geworfen hat.

Peer Blasers.
Ja, ich bin's, Herr Kapitain. Hab' ich die Courage gehabt, es zu thun, muß ich auch die Courage haben, es zu bekennen. Nun schlagt mir den Kopf ab, ladet mich in eine Kanone, thut was Ihr wollt mit mir, es kümmert mich nicht. Mir war das Leben blos eines Mädchens wegen lieb, dieses Mädchen will Nichts mehr von mir wissen, sieht einen Andern lieber — ich werde dem Tode mit Plaisir entgegensehen. Nur will ich Euch, bevor ich sterbe, bitten, mir zu glauben, daß ich auch nicht ein Haar auf Euerm Haupte antasten wollte. Ihr wart es nicht, an welchem ich mich rächen wollte.

Wie ich mich so versehen konnte, weiß ich nicht, ich muß vor lauter Wuth stockblind gewesen sein.

Der Kapitain.

Also habt Ihr mich für einen Andern genommen? Schöner Trost, nachdem ich die Püffe weg habe!

Van Ryswyck.

Und wer war denn der Andere, Peer?

Peer Blasers.

Ihr.

Lientje.

Der Door?

Der Kapitain.

Der verdammte Rock! (Giebt ihm einen Ruck.)

Lientje (leise zum Kapitain.)

Da's nicht schlimmer abgelaufen ist, Kapitain, ist's Euch gesund. Das wird Euch lehren, den Mädchen Fallstricke legen.

Van Ryswyck.

Kapitain, ich weiß warum es sich hier handelt — ich möchte meinen Freund Peer überzeugen, daß er Unrecht habe, mir übel zu wollen.

Der Kapitain.

Euch will er übel, aber mir hat er Uebles gethan.

Van Ryswyck (leise zum Kapitain.)

Wer Rosen sucht, Kapitain, sticht sich wohl auch ein Mal an den Dornen. (Laut). Kapitain, wollen wir für das Böse, welches mir zugedacht war und Euch widerfahren ist, unserm Freund Peer Gnade schenken?

Peer Blafers.
Ich will keine Gnade von Euch.

Der Kapitain.
Ihr seht's, er ist nicht ein Mal zufrieden damit.

Van Ryswyck.
Nun, so weiß ich, womit er zufrieden sein wird. Lientje lieb, seht Ihr Peer noch immer gerne?

Lientje (verschämt)
Peer ist kein unrechter Junge in meinen Augen.

Van Ryswyck.
Wohl, darf ich da für ihn um Eure Hand bitten?

Lientje.
Ich habe sie Peer noch nie abgeschlagen, es ist ja nur, daß er so eifersüchtig war und wegblieb.

Van Ryswyck (Lientje zu Peer Blafers führend)
Da, nehmt sie.

Peer Blafers.
Und Ihr seid es, Door, der mir Lientje bringt? O vergebt mir, bester Freund, ich hab' Euch verkannt, und Ihr, Lientje, vergebt mir auch! Was für ein unerwartetes Glück! Ich möchte vor Plaisir tanzen! (Er tanzt und küßt Lientje).

Van Ryswyck.
Ihr seht wohl, daß ich Euch nicht in's Gehege ging. Nun heirathet geschwind und seid nicht mehr eifersüchtig.

Der Kapitain (bei Seite)
Das verwünschte Mädchen wird mir doch ewig in die Augen stechen.

Ein Soldat.

Da kommen die Kameraden aus dem Walde.

Die Soldaten (nach links sehend).

Ja, da sind sie.

Siebzehnter und letzter Auftritt.

Die Vorigen, der Sergeant, Soldaten und Bauern.

Der Kapitain.

Wohlan, Sergeant, was ist aus dem Feind geworden?

Der Sergeant (bei Seite.)

Der Kapitain in Door's Kleidern — was soll denn das heißen? (Laut.) Kapitain, die Wachtrunde hat uns einen schönen Streich gespielt. Wir suchen überall nach den Holländern und die liegen sicherlich und schnarchen.

Der Kapitain.

So daß wir also Narren gewesen sind.

Van Ryswyck.

Peer, Junge, daran seid Ihr Schuld; man hat in Euerm weißen Federbusch ein ganzes feindliches Heer gesehen.

Der Sergeant.

Siehe da, der Door, der heraus ist und den Kapitain spielt! Mit Eurer Erlaubniß, Kapitain, was soll das bedeuten?

Van Ryswyck.

's ist zum Spaß, nicht wahr, Kapitain? Der Kapitain hat die Fastnacht so gern, daß er aus dem Maiabend noch eine Art Fastnachtsabend hat machen wollen. Hat man Nichts zu lachen, sucht man sich was. Freunde, Peer und Lientje sind ein Paar, und wir möchten wohl Alle gern auf ihre Gesundheit trinken, also, Peer, mein Junge —

Peer Blasers.

Ein ganzes Faß!

Alle.

Bravo! Es lebe der Door, es lebe Peer Blasers!

Van Ryswyck.

Hei! nun bin ich wieder in meinem Element! Das Einzige, was mir noch auf dem Herzen liegt, ist Van der Sypens Rock. Doch ich werde auch das wieder in Ordnung bringen, und — Kapitain, was Euch betrifft, nicht wahr, so ist Alles vergeben und vergessen?

Theodor Van Ryswyck kann hier nur Denjenigen übertrieben geschildert scheinen, welche seinen tolllustigen Ruf als Soldat nicht kennen. Der Geschichten, welche der Wahrheit gemäß von ihm in dieser Eigenschaft erzählt werden könnten, wären gewiß viele, und ich müßte mich z. B. sehr täuschen, wenn er nicht der Held eines gewissen heitern Abenteuers wäre, welches Sleeckx unter dem Titel „das Schloß von W." behandelt hat. Die wunderlichen militärischen oder vielmehr unmilitärischen Gesinnungen, als deren Träger Door im Lustspiel hingestellt ist, dürfen dagegen nicht als ihm persönlich eigenthümliche genommen werden; es sind die einer Partei in Antwerpen, welche unter andern Dingen auch dem Kriege den Krieg erklärt hat.

Herman, drama in een bedryf, vry naer het fransch. Antwerpen 1839.
Het dorpsmeisje, blyspel met zang in een bedryf. Antwerpen 1840.
De verfranschte Landmeisjes, blyspel met zang in een bedryf. Antwerpen 1841.
De witte Lykbidder, of het feest in den kelder, blyspel in een bedryf. Antwerpen 1842.

Alfried en Karlina, of de stemme des bloeds, drama in twee bedryven. Antwerpen 1842.
Richilde, geschiedkundig drama in vyf bedryven, in medewerking met P. F. Van Kerckhoven. Met den eersten prys bekroond in den letterkundigen pryskamp te Brugge 1846. Brugge 1846.
Jets om te lachen, verzameling van geestige anekdoten en vertellingen. 2de Uitgave. Antwerpen 1846.
Brouwers gevangenis op't Kasteel te Antwerpen, blyspel in een bedryf. Antwerpen 1849.
Theodoor Van Ryswyck of: Schuw de plaetsen waer de plagen vallen, blyspel in een bedryf. Antwerpen 1852.
De duvenmelker, volksdrama in een bedryf. Brussel 1854.
De dorpsmeeting, blyspel met zang in een bedryf. Antwerpen 1857.
Twee broeders, tooneelspel in een bedryf. Antwerpen 1857.
Twee baronnen als't u belieft, blyspel in een bedryf.
Het wit bal, zangspel in een bedryf.
Eene wedding, blyspel in een bedryf.
      (Ein Stück ohne eine einzige Männerrolle.)
Een dief in huis.
Een Zaekwaernemer.
Een man die groen ziet.

Simillion (Konstantyn) geboren in Antwerpen 1836 oder 1837. Redakteur der Schelde. Die folgende hübsche Skizze ist aus dem Genter Jahrbüchlein für 1856, das Local derselben ist Antwerpen.

Vögel für die Katze.

Ein betagter Tauber schwebte mit seiner Tochter, einer lieben kleinen Taube, etwas spazieren. Nachdem sie eine Zeit lang an Bäumen und Häusern entlang ihre Kreise gezogen hatten, ließen sie sich auf ein Haus nieder, welches seinen spitzen Giebel sehr vornehm in die Luft emporreckte.

„Liebe Fleuriga," sprach der Tauber zu seiner bläulich= gefiederten Tochter, nachdem er seine Flügel gesäubert hatte, denn sie waren an einer Staubwolke vorbeigeflogen, und er hielt vor Allem auf Reinlichkeit, „liebe Fleuriga, wir haben uns unsere Kröpfe gut vollgestopft, wo wollen wir nun hin? Wenn wir den schönen Taubenschlag besichtigten, den der Herr Eures Zukünftigen errichtet hat?

„Nein," sprach Fleuriga, „nein, das thu' ich nicht."

„Warum nicht?" frug der Vater.

„Warum nicht?" frug sie, und pickte muthwillig den Mörtel vom Dache los, „weil ich mit dem Herumtreiber nichts mehr zu thun haben will. Ich hab' ihn gestern mit einer Wittwe schön thun sehen."

„Was?" rief der Vater, sich in Positur setzend, „mit einer Wittwe? Was für eine Wittwe war es?"

„Die Wittwe von dem Tauber, der vor vier Tagen vom Sperber aufgefressen wurde."

„Was, mit der faulen Taube, die sich in dem letzten Wettkampfe von Dover fangen ließ? Ich räche Euch, Kind."

„Ich würde Euch das nicht rathen, Vater.

„Nicht rathen? Kind, Ihr glaubt doch nicht, daß ich mir von einem Gelbschnabel, der sich mit Hanfsamen locken läßt, was gefallen lassen werde!"

„Das verhüte der Himmel, Vater, aber — seht — Ihr kennt doch den großen Taubenzüchter aus der Braderhstraße?"

„Ob ich ihn kenne! Er hat Tauben, die in einem Tage aus Angouleme kommen. Aber —"

„Da kennt Ihr auch wohl den Fahlschnabel mit den weißen Flügeln?"

„Extra, Liebe; mehr als ein Mal flog ich mit seinem Alten von Paris aus; er lebt noch, der Alte, wenn mir recht ist."

„Und was sagt Ihr vom Jungen, Vater?"

„Wenig, sehr wenig, Fleuriga. Er hat noch seine Teufelsfedern."

„Aber, Vater, er hat doch in Bordeaux den zweiten Preis davongetragen?"

„Nun, das ist auch was Rechtes! Als ich so alt war, wie er, kam ich in einem wahren Höllenwetter als der Erste aus Dover zurück." Und bei dieser Erinnerung an seine jungen Tage wurde der Alte dermaßen übermüthig, daß er durch sein Flügelschlagen zwei Sperlinge verjagte, obgleich sie sich nur in ehrerbietiger Entfernung von ihm niedergelassen hatten.

„Ihr seid auch immer eine Ausnahme gewesen," sagte schmeichlerisch Fleuriga. „Aber was ich Euch sagen wollte, Vater, der Fahlschnabel und einer seiner Brüder streiten sich um mich wie ein Paar Hähne, folglich hab' ich meinen Ungetreuen nicht mehr nöthig. Gestern Mittag, als Ihr mit der rothen Taube über die Blaue plaudertet, kamen die beiden Brüder mir ihren Antrag machen. Ich sagte ihnen, daß ich für den Augenblick noch keinen Entschluß fassen könnte, da sie mir Beide gleich lieb wären, denn seht, Vater, Euch kann ich es gestehen, jeder schmucke Tauber sticht mir in die Augen, wohlverstanden, wenn es kein Herumtreiber ist. Nun also, ich sagte: Hört, Tauber, ich seh' Euch beide gerne, aber ich weiß nicht, wem ich den Vorzug geben soll. Hierauf ließen sie vor Traurigkeit ihre schönen Federn hängen und erklärten, wenn ich nicht augenblicklich einen von ihnen als meinen Erkorenen bezeichnete, so würden sie sich bei der ersten Gelegenheit von einem Sperber fressen lassen. Sie wollten und könnten nicht warten, sagten sie. Und zum Beweis ihrer Liebe strichen sie mir mit den Flügeln über den Leib. Was sollte ich thun, Vater? Beider Liebkosungen waren gleich zärt= lich, Beider Worte lauteten gleich süß, Beider Augen sprachen von gleich wahrer, treuer Liebe. Ueberdies sind sie beide gleich schön und wacker. Ich hab' ihnen also gesagt, daß ich unvermählt bleiben wollte, aber ihnen trotzdem die Erlaub= niß gäbe, mich abwechselnd in der Ecke der Dachrinne besuchen zu kommen."

„Kind, Kind!" rief entrüstet der Vater, „Ihr werdet die Schande meines Namens, Ihr werdet die Klaue des Sperber's sein, der mich umbringen wird." Und der alte Tauber weinte, daß seine Thränen von dem Dach auf einen Vorbeigehenden herabfielen.

Die junge Taube wurde ebenfalls betrübt. „Vater," sagte sie und liebkoste den Urheber ihrer Tage mit dem Kopfe, „ich hab' es nicht so schlimm gemeint. Trocknet daher Eure Thränen und sagt mir nur, was ich thun soll."

„Fleuriga, ich würde sterben, wenn Ihr es fortsetztet, wie Ihr es angefangen habt," entgegnete der Alte und wischte sich an den Federn der Tochter die Thränen ab. „Einen Vogel für die Katze seh' ich Euch noch werden."

„Einen Vogel für die Katze?" frug verwundert die Kleine.

„Wie, Ihr wißt noch nicht, was das heißt?" rief der Tauber, „kommt denn, und ich werd' es Euch erklären."

Sie flogen etwas weiter auf das Dach eines Hauses am grünen Platze. Es war Sonntag, ein herrlicher August= sonntag. Es kamen viele Menschen vorüber, welche in den Gängen des ehemaligen Todtenackers auf= und niederwandelten.

Der Tauber sah sich lange um, bevor er unter den zahlreichen Spaziergängern Jemand von seiner Bekanntschaft entdeckte. Endlich zeigte er seiner Tochter ein Mädchen, welches höchstens zwanzig Jahr zählen mochte und auf ein artiges Gesichtchen stolz sein konnte. „Seht Ihr das Mädchen dort?" frug er. „Von der will ich Euch etwas erzählen."

„In dem Haus ihres Vaters bin ich ausgebrütet worden und habe da sechs Monate gewohnt. Damals war die liebe Jungfrau kaum sechszehn Jahr und noch viel schöner als heute, das kann ich Euch sagen. Ihr Vater hatte zu viel mit uns zu thun, um sich sehr viel um seine Tochter bekümmern zu können. Seine Frau dagegen wollte sich um Alles bekümmern und glaubte ebenso viel Menschen= wie Tauben= kenntniß zu besitzen. Unter uns, sie kannte nicht ein Mal sich selbst. Nun, diese kluge Mutter meinte, die Menschen wären so verständig wie die Tauben und gewöhnten sich durch Ausfliegen nur noch besser an ihren Schlag. Es bedarf keiner Auseinandersetzung wie sehr sie darin irrte. • Doch sie wußte das nicht und ließ der Tochter alle Freiheit, welche diese verlangte. Die Tochter ihrerseits, jung und unerfahren wie sie war, glaubte die Liebe bestände in Schnäbeln, was man dort unten Kosen nennt. Sie gab sich gänzlich dem hin und wird nun schon seit vier Jahren gestreichelt und geliebkost, ohne daß auch nur ein einziger Verliebter daran gedacht hätte, sein Schicksal, oder wie wir sagen, sein Herz mit ihr zu theilen. Es fehlt ihr darum nicht an Liebhabern — nein, aber sie gleichen alle den Schmetterlingen, welche heute auf die, morgen auf die Blume fliegen. Nun wohl, meine Tochter, dieses Mädchen ist ein Vogel für die Katze."

Der alte Tauber trank ein Mal von dem Waſſer, welches in der Dachrinne ſtand, ſtreckte den Hals aus und ſah ſich wieder um.

„Seht Ihr dort wohl die Jungfer mit dem ſchönen ſeidenen Kleide?" frug er dann.

Das Täubchen ſteckte den Kopf über die Dachrinne hinaus und ſah in der That eine ſchöne aufgeputzte Jungfer vorbeiſegeln:

„Dicht an der Wohnung dieſer Dame habe ich früher gewohnt," fuhr der Tauber fort. „Bei meiner Seele, Fleuriga, das war ein prächtiges Frauenzimmer, mit ihren blauen Augen, ihrer ſchlanken Geſtalt und ihrem Taubeneigeſicht. Die Federn des Raben ſind nicht ſchwärzer als ihre Haare, das Weiß unſerer Flügel iſt nicht blendender als ihr Hals. Das Roth unſerer Füße war nicht ſchimmernder als die Blüthe ihrer Wangen und der elfenbeinerne Knopf vom Spazierſtock unſeres Herrn kam an Glanz ihren Zähnen nicht gleich. Ihr Mund leuchtete röther als das Lack, womit man unſere Käfige verſiegelt, und ihre Hände waren ſchöner gebildet als die von Canova's Venus, von der ich zu Paris einen Abguß ſah. Ich horchte lieber dem Liede, welches bisweilen ihrem Mund entfloß, als dem Geſang der Nachtigall, die in einem Käfig vor dem Fenſter meines Herrn hing.

„Wenn ſie über die Straße ging, ſo folgten ihr die Blicke aller jungen Herren, und wer ſie ſah, murmelte: „was iſt ſie ſchön!" Obwohl ſie ſich ſtellte, als hörte ſie dergleichen nicht, ging doch kein Wort für ſie verloren. Jeder Ausruf dieſer Art war eine ſtolze Blume mehr, die in ihr Herz gepflanzt wurde, und jeder Blick der Bewunderung war ein

Sonnenstrahl auf diese Blume, ein Sonnenstrahl, der sie sich üppiger und üppiger entfalten ließ, bis endlich ihr Herz zu einem Irrgarten voll prahlender Blumen werden mußte, worin sie den Pfad nicht mehr finden konnte.

„Eines Abends saß ich in der Dachrinne meines Herrn und dachte über die Wechselfälle eines Wettkampfes nach. Plötzlich ward ich aus meiner Träumerei durch ein Geräusch von Stimmen erweckt, welches von dem platten Dache unsres Nachbars kam. Ich wende mein Auge dahin und sehe die schöne Nachbarstochter in einem zärtlichen Gespräch mit einem schmucken Herrn, der klirrende Sporen an den Stiefeln trug. Ich horchte, er sprach ihr von ewiger Liebe und unverbrüchlicher Treue vor, von Gold und Juwelen, von Rosen zwischen Unkraut, für die es sich gehörte in dem Lustgarten eines Kaisers zu blühen. Er schlug ihr vor, die schönste der Rosen dahin zu versetzen, wohin sie gehörte. Sie antwortete nicht, aber sie wurde roth und seufzte.

„Ich verstand den Sinn der letzten Worte nicht früher als den nächsten Tag, als ich vernahm, daß die schöne Jungfer in der Nacht mit einem jungen adlichen Junker dem Vaterhause entflohen sei.

„Seitdem ist ihre Mutter aus Scham und Verdruß gestorben, und die liebe Jungfer ist ein Vogel für die Katze."

Der Tauber sah, was für einen tiefen Eindruck seine Schilderungen auf das Gemüth seiner Tochter gemacht hatten, und um sie wieder etwas aufzuheitern, schlug er ihr noch einen kleinen Spazierflug vor. Sie flogen äußerst ernsthaft, ohne sich ein einziges Mal zu überschlagen, über den Seilermarkt, die Kammerstraße und den Freitagsmarkt, und ließen

sich dann, um vom Gewühl der Welt entfernt zu sein, auf
den Thurm der St. Andreaskirche nieder, darauf legten sie sich
beide auf den Bauch, und der Tauber nahm wieder das Wort
und sprach: „vor ein Paar Jahren wurde ich nach Angouleme gebracht, um dort in einem Wettkampf mit zu ringen.
Wir waren ihrer Zwölfe im Käfig. Unter uns befand sich
ein gesetzter Tauber, der schon mehrmals von Angouleme aus
geflogen und ein sehr guter Erzähler war. Das ist eine nette
Stadt, Angouleme! Wißt Ihr, was sie da von den schön-
geputzten Frauenzimmern sagen?"

„Nein, Vater," antwortete die aufmerksame junge Taube
und schob sich etwas näher an ihn heran.

„Nun wohl, man sagt, daß man am Kleide die Frau
erkennt. Die Volants, die eine Frau vom Stande trägt,
deuten ihren Rang an, die Volants einer Grisette die Zahl
derjenigen, welche sie machen halfen. Und das war eine von
den Geschichten, die bemeldeter Tauber uns erzählte:

„Es waren ein Mal zwei Eheleute, und die hatten nur
ein Kind, eine Tochter. Als sie schon achtzehn Jahr alt war,
verstand sie noch so wenig von der Welt wie ein eben aus
dem Ei gekrochenes Junges von den Sachen der großen Tau-
benrepublik versteht Das gute Kind glaubte, daß wir Tauben
aus dem Thau des Himmels entständen, daß die vierfüßigen
Thiere aus der Erde hervorkröchen und daß die Menschen
aus den Bäumen gehauen würden. Um ihrer Einfalt willen
vergaben wir ihr den geringen Begriff, den sie von den Tauben hegte. Der Vater sah diese Einfalt als ein Glück an
und die Mutter gar als eine besondere Gabe Gottes. Anstatt
ihrer Tochter allmählig andere Vorstellungen beizubringen,

bestärkten die unverständigen Eltern das Kind täglich mehr in dem, was sie eine Engelsunschuld nannten. Darüber war Jeder mit ihnen eins, aber die Engel können nur im Himmel wohnen, auf der Erde kann keine andere Unschuld bestehen als die der Sünder.

„Eines Sonntags Morgens geschah es, daß der Bartscherer des Vaters sich um ein halb Stündchen in der Zeit versah und statt wie gewöhnlich erst um zehn, schon um halb zehn ankam. Zu dieser Stunde war im Hause Niemand als das liebe Kind, denn Vater und Mutter waren noch in der Kirche. Der Haarschneider wollte lieber dreißig Minuten warten, als wiederkommen, und fing unterdessen mit der Engelsunschuld zu schwatzen an. Man bemerkte, daß der Bartscheerer sich funfzehn Sonntage nach einander in der Zeit irrte, und dann sich plötzlich weigerte, den Vater der lieben Unschuld noch länger zu scheeren. Einige Monate später wußte sie, aber zu spät, daß die Bäume keine Menschen hervorbringen. Sie war ein Vogel für die Katze."

„Aber, Vater," sagte die junge Taube, als der betagte Tauber seine Erzählung beendigt hatte, „was muß man denn thun, um nicht von der Katze erreicht zu werden?"

„Wenig, und viel, Kind," antwortete der erfahrene Vater. „Was thut das Veilchen, um nicht gepflückt zu werden? Es wächst dicht an den Hecken und tief im Grase. Nicht eher als bis die Sonne kommt, thut es sich vorsichtig auf, denn Vögel, die zu zeitig singen, werden auch der Raub der Katze. Droht Unwetter, duckt es sich, und ebenso trägt es Sorge, sich so wenig wie möglich zu zeigen, wenn Blumenabreißer vorbeikommen. Und Abends, wenn die schmei-

chelnden Winde umherflattern, dann macht es nicht wie die
Rose den Kelch weit auf, sondern schließt ihn fein vernünftig
zu. So, mein Kind, muß eine brave Frau leben, oder sie
wird ein Vogel für die Katze."

„Ich hoffe, Eurer Lehre stets eingedenk zu sein", ant=
wortete die getroffene Taube. „Gebt mir nur noch einen
Rath in der Angelegenheit meiner Liebe. Sagt mir, wie
ich, ohne in die Klauen der Katze zu gerathen, es mit den
Söhnen Eures alten Freundes machen soll?"

„Das will ich Euch im Schlage wohl sagen", antwor=
tete der Vater, erfreut über die Rückkehr zum Guten, welche
er bei seiner Tochter bewirkt hatte. Und sich überschlagend
flogen sie über aristokratische Paläste, arme Arbeiterhäuschen
und einfache Bürgerwohnungen dahin, bis sie vergnügt auf
das vorspringende Brett ihres Schlages niederflatterten.

Het gebocheld Trientje. Nederduitsch letterkundig Jaerboekje 1855.
Bootsman Gordiaan. Zedenroman uit het zeemansleven. Antwer-
    pen 1856.
Hendrik. De vlaemsche Rederyker 1853.
Het leven eener jonge dochter. De vlaemsche Rederyker 1854.
Het Veroveren der Jemminger Schans door de soldaten van den
    Bischop van Munster.
Mark Brul. Een verhael uit het matrozenleven. Nederduitsch letter-
    kundig Jaerboekje 1857.
Eene bischoppelyke liefde. Geschiedenis. De vlaemsche Rederyker 1854.
De Kamerjuffer. Een verhael uit den mond des Volks.
Het pauselyk geschenk.
Tooneelen uit het Antwerpsche Volksleven.
Roelofs. De vlaemsche Rederyker 1855.
Burgemeester Van Stralen, drama in zes bedryven. (Gemeinschaftlich
    mit Jan Bruylants) Antwerpen 1858.

Sleeckx (Dominikus) geboren 1818 zu Antwerpen. Sein Vater, Jan Lambrecht Sleeckx, wurde im Waisenhause von Antwerpen erzogen und trat 1801 mit zwölf Jahren in die Lehre bei dem Kupferschmidt Herrn Pelgrims. Durch einen königlichen Erlaß vom 18. Februar 1858 wurde ihm eine Medaille zweiter Klasse zuerkannt für 57 Jahre treuer Arbeit in derselben Werkstatt, ohne daß er seinem Meister je Anlaß zur Klage gegeben. Sleeckx ist mit Recht stolz auf seinen Vater, der von seinem Arbeitslohn eine zahlreiche Familie ernährt und gut erzogen hat. Der künftige Schriftsteller lernte von dem einfachen Arbeitsmann lesen und am Lesen Lust finden. Mit acht Jahren hatte er bereits Alles verschlungen, was an Büchern damals dem vlämischen Volk zugänglich war. Es war freilich an und für sich wenig, aber viel für ein Kind von diesem Alter. Später plagte er Theodor Van Ryswyck um Bücher. Door gab ihm ernste holländische Dichter, und fragte sehr vornehm: „nun, verstehst Du das?" Das konnte nun der Schulknabe freilich nicht sagen, aber wenn er auch nicht Alles verstand, so verschluckte er doch Alles.

In der Communalschule, wohin er mit 9 Jahren kam, machte er bis zu seinem 13. Jahre so viele Fortschritte, daß ein edler Menschenfreund, der Antwerpner Van Cannaert, Dichter und Priester, ihm die Mittel zu Gebot stellte, auf dem Athenäum von Antwerpen zu studiren. Als er dasselbe mit 19 Jahren verließ, wurde er zuerst Schreiber bei einem Notar, dann Lehrer an der Schule für den mittleren Unterricht im Regierungsbezirk von Antwerpen. Mit dem Jahre 1844, wo er nach Brüssel ging, begann seine rein literarische Laufbahn. Bereits 1843 hatte er mit Theodor Van Ryswyck zu Antwerpen das „Musenalbum" gestiftet, jetzt gründete er zu Brüssel mit De Laet das erste vlämische Tagesblatt, „Vlämisch Belgien." An den „Vlämischen Belgiern", welche an die Stelle von „Vlämisch Belgien" traten, war Sleeckx Mitarbeiter. Als auch dieses Blatt fiel, unternahm er mit Van de Velde ein großes Vlämisch-Französisches und

Französisch-Blämisches Wörterbuch, an welchem er bis 1849 arbeitete. Die Regierung beauftragte ihn mit Uebersetzungen für die „Bibliothek für Landbauer" und die „Bibliothek für Gewerbfleiß." Außerdem gründete er mit Ban de Velde und Ecrevisse das belletristische Blatt „die vlämische Stimme", welches bis 1848 erschien. Ein Tagesblatt unter demselben Titel 1851 zu Brüssel gegründet, nahm Sleeckx 1853 mit nach Antwerpen, wo er 1856 „die Schelde" ins Leben rief. In demselben Jahre ging er zur Mitredaction des Précurseur über, wo er noch thätig ist und unter Anderm die Literatur- und Theaterberichte liefert.

Als Schriftsteller trat Sleeckx 1840 auf, und zwar unter dem Pseudonym Albrecht Van Bossche mit „Dramata." Seitdem hat er unermüdlich gearbeitet und mit ebenso großem Genuß wie Eifer. Er sagt in dem Briefe, welchen seine Biographie enthält: „Arbeiten ist mein Leben. Ich gehöre zu keiner literarischen Coterie, gehe selten aus, wohne selbst Concerten, dramatischen Vorstellungen und dgl. nur bei, wenn mein Beruf als Journalist es erheischt. Mein Arbeitszimmer ist mein Himmel und das Familienleben gewährt mir das größte Genügen. Ich habe eine brave Frau, fünf liebe Kinder und schätze mich als einen der glücklichsten Menschen, die auf Gottes Erde wohnen."

Weiter sagt er: „wenn ich noch ein Mal etwas Anderes werde, als Literat und Journalist, so werde ich Niemand als mir selbst dafür zu danken haben." Sleeckx hat Recht: er ist ganz und gar was die Engländer „einen selbstgemachten Mann" nennen. Auch seine literarischen Sympathien und Antipathien sind seine eigenen und sind lebhaft. Deshalb kann er da, wo er selbst Partei ist, nämlich in seiner vaterländischen Literatur, kein ganz ruhiger Kritiker sein, obgleich er große kritische Begabung hat. Der beste Beweis davon ist die Art, wie er seine eigenen Sachen beurtheilt. Ich behandelte sie im Gespräch mit ihm ganz so unbefangen als schriebe ich einen Artikel, und er stimmte mir freimüthig bei und kannte sowohl seine Vorzüge wie seine Schwächen. Sleeckx ist nicht nur ein höchst bedeutendes Talent, er zeigt sich auch in mehreren Arbeiten als ein vollkommener Künstler. Sein eigentliches Fach ist außer dem Drama, worin er Vortreff=liches geleistet hat, die Skizze, und zwar die Skizze aus dem Volksleben. Wenn er das Weltleben kennte, würde er es vielleicht ebenso gut schildern, aber er müßte es kennen, denn Sleeckx arbeitet nicht aus der Einbildung heraus, er gelangt erst durch die Erfahrung zur Erfindung, darum würde ich ihm jetzt wenigstens noch nicht den Roman rathen, haupt=sächlich nicht den sentimentalen vlämischen Roman. Sleeckx ist durchaus nicht sentimental, er hat den englischen Humor, wel=cher die Rührung weglächeln möchte, wenn er es immer könnte, darum sind einige seiner Skizzen, unter andern „Miekjen Trummers" und „Zwei Wittwen" vollendete Meisterstücke, während in seinem Roman „Paul" nur die Reflexionen be=merkenswerth sind. Ebenso konnte ich ihm nicht beistimmen, als er das melancholische Drama „Berthilda" für sein bestes Werk halten wollte, während ich die beiden Lustspiele „der Kaiser und der Schuhflicker" und „Geld oder Namen" ganz ausgezeichnet finde. Dieses letzte neueste Lustspiel von Sleeckx erhielt 1857 den ersten Preis von der Gesellschaft der Rhe=torik in Nieuwport, und erschien zuerst im niederdeutschen Jahrbüchlein für 1858, das Erstere hat, französisch übersetzt, in Brüssel den größten Beifall gefunden. Ein sehr gutes Drama sind „die Kraan=Kinder", welche 1849 im Haag eine ehrenvolle Meldung erhielten und einen ächt Antwerpner Stoff behandeln. Ein anderes „Meister und Knecht", erwarb 1856 den ersten Preis vom „Kunstverband" in Antwerpen. Wie glücklich Sleeckx die Legende und Sage zu behandeln weiß, das hat er in seinen „Chroniken der Straßen von Antwer=pen" gezeigt, ein Buch, für welches ich stets eine große Vorliebe hegen werde, weil es mir durch seine einfache Schreibweise so viel beim Erlernen des Vlämischen ge=holfen hat. Sleeckx schreibt überhaupt einfach und hat

somit die erste unerläßliche Eigenschaft des wahren Schrift=
stellers.

Er ist Mitglied der Gesellschaft für niederländische Li=
teratur zu Leyden, vom Institut der schönen Künste zu Me=
cheln, von der Genter Gesellschaft „die Sprache ist ganz das
Volk" und von noch vielen andern. Mitarbeiter war und ist
er am „Nordstern", am „Reberyker" am „Vaterland" und
am „Lesemuseum", sowie an den holländischen Zeitschriften
„der Zeitspiegel" und „Album der schönen Künste" und über=
setzte zugleich Vieles von Hoffmann, Tieck und Zschokke, von
diesem zuletzt „Isländische Briefe." Seine eigenen Sachen
wurden von einer Halbjahrschrift, „der Hausfreund", die zu
Groeningen erscheint, größtentheils nachgedruckt. Französisch
erschienen einige im Journal pour tous, deutsch, glaub' ich,
ist von Sleeckx noch Nichts erschienen. Ich bringe seinem
eigenen Wunsche nach eine seiner vorzüglichsten Skizzen, wenn
ich gleich, um es thun zu können, bedeutend über die Raum=
grenzen hinausgehen mußte, welche ich mir für dieses Buch
gesteckt hatte. Doch „Miß Arabella Knox" ist eine gute Ent=
schuldigung.

Miß Arabella Knox.
Eine Pferdegeschichte.
Vigilantenpferde.*)

Freundlicher Leser, laßt mich damit anfangen, eine Frage
an Euch zu richten. Habt ihr je Gelegenheit, eine Anzahl
Vigilantenpferde neben einander in Augenschein zu nehmen?
Ist das, so rathe ich Euch, es ein Mal mit Aufmerksamkeit
zu thun. Ich versichere Euch, daß dieses Studium kein un=
nützes ist, und daß man viel dabei lernen kann, wohlver=
standen, wenn man keinen Anspruch auf Philosophie macht.

---

*) Vigilante, Droschke.

Ich kenne keine dümmeren Menschen, als die, welche sich selbst Philosophen nennen, es sei nun, daß sie Philosophie studiren, zu studiren meinen, oder studirt haben. Bisweilen ist ihre Manie nur zum Lachen, öfter aber geradezu unerträglich. Im Allgemeinen kann man behaupten, daß kein einziger von ihnen wirkliche Lebensklugheit besitzt, und daß man sie sammt und sonders mit dem Gelehrten vergleichen kann, von welchem Christine von Schweden sagte, er könnte den Stuhl in allen Sprachen der Welt nennen, hätte es aber noch nicht dahin gebracht, sich ordentlich auf einen niederlassen zu können.

Wenn Ihr also kein Philosoph seid, freundlicher Leser, und ich habe zu viel Hochachtung vor Euch, um dergleichen anzunehmen, so rathe ich Euch, ein Mal aufmerksam eine Reihe von Vigilantenpferden zu mustern. Ich habe mich öfter damit beschäftigt und es nie bereut. Es war sogar eine dieser Musterungen, der ich die merkwürdige Geschichte von Miß Arabella Knox verdanke, und das allein hätte mich reichlich für meine Mühe entschädigt. Doch war das nicht ein Mal nöthig, die Bemerkungen, welche ich bei meinen Musterungen machte, waren allein der Mühe werth. Urtheilt selbst.

Ein Pferd wird, wie der Leser so gut wie ich weiß, nicht für die Vigilante geboren. Es kommt gewöhnlich durch Zufall oder durch eine lange Reihe von Unglücksfällen in den niedrigen Stand eines Vigilantenpferdes. Es gleicht daher einem Menschen, welcher, nachdem er längere Zeit in größerem oder geringerem Wohlstand gelebt, durch eigene Schuld oder durch die Anderer in Dürftigkeit geräth. Was nun bei dem Pferdeschicksalswechsel die meiste Beachtung verdient, ist die Art, auf welche jedes Pferd die Schläge des Verhängnisses erträgt, das heißt, wie es sich in seine gegenwärtige Lage schickt.

Von diesem Standpunkt aus angesehen, kann man, glaube ich, die Menschen, nicht doch die Pferde, die Vigilantenpferde, in drei Klassen eintheilen. Zuerst haben wir die Gefühllosen, nämlich diejenigen, welche das Erniedrigende ihres Standes nicht einmal begreifen, welche, Gott möge es ihnen vergeben! nicht blos gelassen ihr Loos hinnehmen, sondern selbst heiter, mitunter sogar ausgelassen dabei sind, und das nicht etwa aus Vernunft, sondern aus Unempfindlichkeit, aus Gefühllosigkeit oder aus Mangel an Selbstachtung. Von diesen Pferden kann man mit Recht annehmen, daß sie entweder schlecht erzogen worden, oder niemals mit feinfühlenden Pferden umgegangen sind, mit einem Wort nie in dieser Welt zu der Kaste der Pferde comme il faut gehört haben. Man darf, um sich davon zu überzeugen, nur Obacht geben, wie freundschaftlich sie sich mit den rohen Vigilantenkutschern eingerichtet haben. Sie sind wie „frère et compagnon" mit ihnen. Ferner stehen sie immer fest auf ihren vier Beinen, fressen ihr Heu oder ihren Hafer nicht allein mit Appetit, sondern selbst mit Gierde — ein Beweis, daß es wahre Staubpferde sind — halten den Kopf hoch, sehen dumm aus und scheinen stolz auf den elenden Kasten, den sie hinter sich schleppen, besonders wenn er recht schreiend roth oder gelb bemalt ist; auch spitzen sie bei der geringsten Gelegenheit die Ohren und was noch mehr ist, treiben sogar nicht selten Possen. — Gewöhnlich sind diese Pferde stark und wohlgenährt und

man kann das rein Viehische ihrer Natur auf ihrer scham=
losen Stirn und in ihren dummzufriedenen Augen lesen. Viele
von ihnen sind ausgebrackte Kutsch= und Ackerpferde, welche
zu faul waren, um die Kutsche, den Karren oder den Pflug
zu ziehen und manchmal am Ende ihres Lebens noch froh
sind, vor einem Mistwagen herzulaufen.

Die zweite Art Vigilantenpferde ist leicht von der ersten
zu unterscheiden. Ich würde sie „die schwachen Seelen" nen=
nen, wenn ich nicht wüßte, daß eine Pferdeseele keine Seele
ist. So muß ich mich damit begnügen, sie die „Unglücklichen"
zu nennen. Sie lassen den abgezehrten Kopf hängen, wagen
kaum die thränenden Augen aufzuschlagen, aus denen Weh=
muth und Verzweiflung sprechen, und tragen auf ihrer runz=
ligen Stirn die Spuren schwerer Schicksalsschläge und trüber
Erinnerungen. Sie stehen gewöhnlich nur auf drei, mitunter
sogar nur auf zwei Beinen und lehnen ihren knochendürren
Leib gegen das Gestell der Vigilante, oder sind muthlos in
die Knie gesunken. Die Beine, auf denen sie nicht stehen,
hängen gleich den Ohren zentnerschwer und schlaff herab,
gerade als gehörten sie ihnen gar nicht an. Giebt man ihnen
Heu, so kauen sie es appetitlos und finden es schlecht. Ebenso
das Roggenbrod, und bindet man ihnen einen Sack mit Hafer
vor, so fressen sie aus Langerweile und — aus Scham. Denn
wenn Jemand, der nach etwas aussieht, in diesem Augen=
blicke an ihnen vorübergeht, geben sie sich ordentlich Mühe,
ihren ganzen Kopf in den Sack hineinzustecken, um ihre Er=
niedrigung beim Hafer zu verbergen.

Ihr elendes Aussehen, ihr feines, doch abgebrauchtes
Gestell und ihre scharfheraustretenden Knochen geben ihnen

die allergrößte Aehnlichkeit mit der weltberühmten Rosinante in ihren ärgsten Stunden von Hoffnungslosigkeit.

Diese Pferde wurden, darauf kann man beinah schwö=
ren, gut erzogen, kannten bessere Tage, waren einst der Ruhm und das Vergnügen vornehmer Pferdeliebhaber, wur=
den von kühnen Reitern oder schönen Reiterinnen geritten und auf den elegantesten Promenaden bewundert, oder trab=
ten vor leichten Tilbury's, geschmackvollen Cabriolets und Phaëtons, oder prächtigen Landauern her. Eine Reihe ver=
dienter oder nicht verdienter Unglücksfälle, bisweilen die Un=
dankbarkeit oder der Verfall ihrer Besitzer ließen sie die ganze Stufenleiter der Pferdegesellschaft bis zur untersten Sprosse herabsteigen. Man trifft unter ihnen selbst Wesen an, die vermals den Rang von Rennpferden einnahmen und manchen Preis bei den Wettrennen davon getragen haben. Ebenso, doch seltener, verkannte Genies oder vielmehr eingebildete Genies, denn bei den Pferden, wie bei den Menschen, sind die sogenannt verkannten Geister meistentheils nur Geschöpfe, welche diese Stelle rein aus Eigendünkel spielen.

Jedenfalls sind die Thiere aus dieser Klasse sehr un=
glücklich und tief zu beklagen. Sie lassen sich von ihren Er=
innerungen hinreißen, wissen sich nicht in ihr Schicksal zu fügen, geben ihr Unglück aller Welt Schuld, langweilen sich zum Sterben und zehren sich auf in Traurigkeit und Jammer. Von den Kutschern lassen sie sich wie Kinder behandeln; übrigens fesseln sie dieselben wenig an sich, weil sie sich zu hoch über ihnen glauben, um freundlich und liebenswürdig gegen sie zu sein. Einem von ihnen irgendwie Zuneigung

zu zeigen, oder auch nur den geringsten Unterschied zwischen ihnen zu machen.

Die meiste Achtung und größte Sympathie, das gestehen wir gern, empfinden wir für die Pferde der dritten Klasse. Bei ihnen trifft man weder die Unempfindlichkeit, noch die Muthlosigkeit der beiden andern Klassen. Sie sind nicht so unverschämt, und nicht so kräftig wie die der ersten, aber auch nicht so mager und niedergeschlagen, wie die der zweiten. Ihre Haltung ist würdig und nicht zu stolz, der Ausdruck ihrer Köpfe gelassen und ruhig. Sie spitzen die Ohren nicht bei jeder Gelegenheit, lassen sie aber auch nicht ewig hängen. Ihren Hafer und ihr Heu fressen sie mit Appetit, und doch ohne Gierde. Stehen sie auf drei Beinen, so ist es nur, um ihr viertes bequemer ausruhen zu lassen, und geschieht auf eine Weise, welche wohl bisweilen Müdigkeit, aber niemals Abspannung oder Lebensüberdruß zu erkennen giebt. Mit ihren Kutschern gehen sie um, je nachdem diese sie behandeln, d. h. sie zeigen Zuneigung für sie, wenn dieselben gut und freundlich gegen sie sind, und ertragen sie geduldig, als ob sie sie nicht weiter kennten, wenn es rohe, grobe oder gefühllose Leute sind. Mit Sanftmuth kann ein Vigilantenkutscher viel mit ihnen machen; denn es fehlt ihnen nicht an Energie, und sobald sie selbst die Ueberzeugung haben, daß Kraftanstrengung und Fleiß nöthig sind, können sie, obgleich blos Vigilantenpferde, doch Wunder von Schnelligkeit und Ausdauer verrichten. Auch werden sie von den Vigilantenkutschern viel mehr geschätzt, als die der beiden ersten Klassen.

Diese dritte Klasse nenne ich die „Philosophen" oder viel=

mehr, um sie nicht mit den Personen zu verwechseln, von denen ich früher gesprochen habe, die „Lebensweisen." Es sind Pferde, welche gleich denen der zweiten Klasse, bessere Tage gekannt haben und unglücklich geworden sind, aber sie sind zu der Einsicht gekommen, daß man sich weniger unglücklich fühlt, wenn man seine Pflicht thut und sich dem Willen des Himmels unterwirft. Sie denken so wenig wie möglich an die Vergangenheit, und thun sie es, so geschieht es blos, um sich selbst zu sagen, daß man in jedem Stande seine Last habe, und daß ein wahres ungestörtes Glück hier unter dem Monde nicht zu finden sei. Sie sind weder beschämt über ihre Erniedrigung, noch neidisch auf das Loos der glücklicheren Pferde, denen sie auf der Straße begegnen, weil sie wissen, wie vergänglich aller Glanz und Ruhm auf Erden ist, und weil sie die Ueberzeugung haben, daß man in allen Verhält=
nissen des Lebens sich nützlich und achtungswerth machen kann. Ihre schlimmsten Augenblicke sind die, wenn ihre Kutscher sich ungebührlich gegen die Personen betragen, welche sie fahren müssen, und das ist auch sehr natürlich, denn Nichts ist pein=
licher für ein ehrliches Gemüth, als über die Handlungsweise seiner Vorgesetzten erröthen zu müssen.

Man glaube übrigens nicht, daß ich diese Eintheilung der Vigilantenpferde nebst den dazu gehörigen Bemerkungen erst heute oder gestern gemacht habe. Schon seit Jahren be=
mühte ich mich, jedes Vigilantenpferd, das ich sah, zu mu=
stern, seine Haltung und sein Aussehen zu studiren, und daraus seinen Charakter, sein Sonst und Jetzt herzuleiten, und zu wissen, wie ich es klassifiziren solle. Es versteht sich von selbst, daß jede Klasse wiederum verschiedene Unterab=

theilungen darbietet. Ich fühlte das am besten, als ich die „verkannten Genies" bei den „Unglücklichen" anführte.

Aber ich will lieber von Vornherein gestehen, daß ich mich bis jetzt noch wenig mit den Unterabtheilungen beschäftigt habe, und mich vielleicht auch nie damit abgeben werde, weil ich nur zu gut weiß, daß mein Geist nicht Ernst genug besitzt, um das wichtige Studium des Pferdeherzens vollkommen zu erschöpfen.

Sollte daher Der oder Jener meinem Beispiel folgen und meine Skizze vervollständigen wollen, so werde ich mich glücklich schätzen, ihm den Weg zu weiteren tiefsinnigen Betrachtungen gebahnt zu haben.

Bekanntschaft.

Um das Haus zu erreichen, wo ich meine täglichen Beschäftigungen abzumachen habe, muß ich bei einer Eisenbahnstation meines Wohnortes Brüssel vorübergehen. Natürlich treffe ich dort jedes Mal eine große Anzahl Vigilanten und kann mich nach Herzens Lust in das Pferdestudium vertiefen. Ich brauche wohl nicht erst hinzuzufügen, daß ich es thue, sobald das Wetter und die Zeit es mir nur irgend zulassen.

Es wird daher Niemanden verwundern, wenn ich versichere, daß ich die meisten Pferde der Station, ebenso wie ihre Kutscher, äußerlich ziemlich gut kenne und sogleich gewahr werde, wenn ein neuer Gast in der Reihe Platz genommen hat, oder ein und das andere Pferd darin fehlt. Ich sage wohlweislich äußerlich, denn das Innere, d. h. die Gedanken und Gefühle der Pferde und ihrer Kutscher kann ich ebensowenig wie irgend Jemand Anderes ganz genau kennen und spräche ich mit einer Art Sicherheit darüber, so sind das immer nur Voraussetzungen. Auch trage ich keinen Augenblick Bedenken, rundheraus zu erklären, daß ich mich hier und da irren kann, indem es in dieser Beziehung mit den Pferden, wie mit den Menschen geht und das Aeußere nicht stets errathen läßt, wie es im Innern aussieht. Indessen muß ich doch hinzusetzen, daß der Schein hier weniger oft trügt, da ich trotz der gewissenhaftesten Nachforschungen noch nicht habe entdecken können, ob die Pferde es ebenso meisterhaft wie die Menschen verstehen, ihre Gedanken unter dem Ausdruck ihres Gesichtes zu verbergen oder mit anderen Worten, ob sie ebenso gut Comödie spielen können wie die Menschen.

Eines Tages also fand ich an der Station ein neues Pferd mit einer andern Vigilante und einem neuen Kutscher. Daß ich letzteres Beides gänzlich unbeachtet ließ, um all' meine Aufmerksamkeit ausschließlich dem Pferde zuzuwenden, war zwar natürlich, aber nicht klug. Denn ich mühete mich dabei mehrere Tage lang nutzlos ab, um heraus zu bekommen, was ich durch ein Anreden des Kutschers gleich den ersten Tag hätte erfahren können, nämlich: welcher Klasse ich das Pferd zutheilen sollte.

Die erste flüchtige Beschauung ließ mich glauben, daß es zu den „Unglücklichen" gehöre. Es sah in der That so mager, so muthlos und traurig aus, wie ich noch nie ein Pferd gesehen hatte. Hoch im Gestell, vorn schmal, mit einem kleinen Kopf, einem Hirschhals, feinen, weit auseinanderstehenden Vorderbeinen und einem sehr breiten Kreuz mußte es sicherlich früher das schönste Modell eines Renners gewesen sein, das man sich denken konnte. „Ein Harttraber, viel=

leicht selbst eine Vollblutstute, die einst berühmt war", sagte ich im Vorbeigehen; "sie wird es nicht lange aushalten!"

Als ich jedoch am nächsten Tag an demselben Platz vorüberging, erkannte ich das Pferd kaum wieder. Es war zwar noch dieselbe magere Kracke mit den deutlichen Spuren ehemaliger Schönheit, aber ich bemerkte auch nicht die mindeste Muthlosigkeit mehr an ihr. Sie hielt den Kopf stolz in die Höhe und schien eher heiter als betrübt. Mit einem halben Blicke sah ich diesmal auch den Kutscher an. Er stand neben seinem Pferde und streichelte es mit der Hand; ich achtete jedoch nicht weiter auf ihn und begnügte mich damit, zu denken, das Pferd habe Anlage, in die Klasse der "Lebensweisen" überzugehen.

Das dritte Mal, wo ich die Stute sah, war meine Täuschung groß. Ich meinte fest und sicher, sie der ersten Klasse, den "Gefühllosen", zutheilen zu müssen. Nein, das hatte ich nach ihren feinen Formen und ihrem edeln Aussehen nicht erwartet! Sie schlang so gierig, so gefräßig, wie ein Pferd, das an Nichts Anderes denkt als an Heute, und spitzte die Ohren, und schien so vergnügt, als ob sie in ihrer ganzen Vergangenheit Nichts zu betrauern hätte. Ich war entzaubert, fast niedergeschlagen; eine so große Umwandelung hatte ich nicht für möglich gehalten.

Im Vorbeigehen warf ich noch einen Blick auf den Kutscher und wunderte mich, ihn nicht früher bemerkt zu haben. Er futterte mit eigenen Händen sein Pferd und schien sein Vergnügen an dem Appetit zu finden, mit welchem das Thier das schwarze Roggenbrod fraß. War das schon ungewöhnlich von einem Vigilantenkutscher, so war seine Klei=

bung es noch mehr. Er trug nämlich einen ordentlichen Hut, glänzend gepußte Stiefeln, einen abgeschabten, doch wohl= gebürsteten Frack, eine Piquéweste und ein weißes, ja, ma foi! ein schneeweißes Halstuch. Ich ging meinen Geschäften nach, konnte aber den ganzen Weg über nicht das Bild dieses Mannes vergessen und dachte den lieben langen Tag an Nichts, als an ihn und an sein Pferd, so räthselhaft und interessant kamen sie mir Beide vor.

Am folgenden Tag war das Pferd wieder so traurig und muthlos wie das erste Mal. Das ging mir zu weit. Ich verlor die Geduld und beschloß, den Kutscher anzureden. Als ich die Augen aufschlug, um ihn zu suchen, stand er unmittelbar vor mir. Hatte er meine Betroffenheit auf mei= nem Gesicht gelesen und errathen, was in mir vorging? Ich weiß es nicht, genug, er sah mich mit einem halb traurigen, halb schalkhaften Lächeln an und hielt mir seine offene sil= berne Schnupftabaksdose hin.

Ein Vigilantenkutscher mit einer silbernen Tabaksdose! Ich verlor gänzlich meine Fassung und nahm mechanisch eine Prise, während ich bedenklich den Kopf schüttelte. Um ein Gespräch anzuknüpfen, frug ich: „Hat das Pferd einen Na= men oder vielmehr hat es einen gehabt?" und war von vorn= herein überzeugt, daß mir der Mann mit dem gewöhnlichen: „Ich weiß es nicht" antworten würde. Aber nein.

„Miß Arabella Knox", erwiederte er langsam und mit Nachdruck, während sein ernst gewordener Blick der Wirkung nachspürte, die er von seinen Worten erwartete.

„Miß Arabella Knox!" rief ich bestürzt und so laut, daß die in der Nähe stehenden Vigilantenkutscher sich ver=

wundert nach mir umſahen, „Miß Arabella! Die Urenkel=
tochter des weltberühmten Eclipse! Eine der Perlen des stud-
book, die einſt der Ruhm des turf, die Verzweiflung aller
gentlemen riders war?"

„Dieſelbe!" ſprach er in einem unbeſchreiblich wehmü=
thigen und zugleich ſtolzen Ton und bot mir nochmals ſeine
Doſe an, während ſeine Augen voll Thränen ſtanden.

Ich nahm, ohne recht zu wiſſen, was ich that, eine
zweite Priſe, und das edle, ſo herabgekommene Thier ließ,
als ob es unſere Worte verſtanden hätte, den Kopf noch
tiefer ſinken.

Eine Weile ſtand ich wie verſteinert. So wenig Freund
von Pferderennen ich bin, ſo ſelten ich mich auch mit dem
Ausſchlag der Wettrennen beſchäftige, hätte ich doch nie eine
Zeitung in Händen gehabt haben müſſen, um nicht zu wiſſen,
daß es während zweier, dreier Jahre keine größere Pferde=
berühmtheit in Europa gab, und kein Rennpferd ſo unge=
heure Summen verwetten ließ, ſo zahlreiche Preiſe davon=
trug, als das unglückliche Vigilantenpferd, welches in dieſem
Augenblicke vor mir ſtand.

Meine Befremdung, mein Erſtaunen und meine Nieder=
geſchlagenheit mußten ſich wohl deutlich in meinem Weſen
ausgedrückt haben, denn der Kutſcher mit dem weißen Hals=
tuch ſchien mich zu verſtehen. Ein Strahl von Freude er=
heiterte ſein ehrlich ernſtes Geſicht: er begriff, daß er mit
Jemand zu thun habe, der im Stande wäre, ihn und ſein
Pferd nach Werth zu ſchätzen, und fühlte, daß ich, fern da=
von, ſie mit den übrigen Kutſchern und Pferden der Station
zu verwechſeln, mit ihnen Beiden auf's Höchſte ſympathiſire.

„Ja, Miß Arabella Knox!" wiederholte er nochmals mit einem schmerzlichen Seufzer, und das Pferd bog den Nacken noch tiefer; es schien vor Scham in die Erde sinken zu wollen.

Dieser Seufzer und diese demuthsvolle Haltung des berühmten Thieres sagten mir mehr als tausend Worte. Sie enthielten für mich eine ganze Geschichte, eine traurige Geschichte, und streng genommen hätte ich mich damit begnügen können, sie zu errathen; aber ich bekam ein brennendes Verlangen danach, die Besonderheiten dieser Geschichte zu erfahren. Indessen, wie es anfangen? Den Kutscher weiter fragen? Ich gestehe offen: ich scheute selbst in Gedanken davor zurück. Ich fürchtete, die beiden unglücklichen Wesen von Neuem zu betrüben, ihre kaum verharschten Wunden wieder aufzureißen. Ich beschloß daher, lieber meinen heftigen Wunsch zu unterdrücken, und dem wunderlichen Kutscher mit einigen theilnehmenden Worten Lebewohl zu sagen.

Ich schlug die Augen wieder auf, der Vigilantenkutscher stand dicht bei seinem Pferd und streichelte ihm Kopf und Mähnen. Das schien dem Thiere Muth zu geben. Es hob den Kopf in die Höhe, blickte den Mann mit dem weißen Halstuch lieblich an und bemühte sich, heiter auszusehen, obgleich ihm zwei große Thränen längs den fleischlosen Backenknochen herabrollten. Mich rührten diese Thränen ebensosehr, wie die tiefbetrübte Miene, mit welcher mich der Kutscher weinend ansah. Ich warf ihm mit der Hand einen Abschiedsgruß zu und nickte dabei theilnehmend mit dem Kopfe, um ihm anzudeuten, wie sehr ich ihn und sein Pferd beklage. Als ich aber fortgehen wollte, winkte er mir stillschweigend, stehen zu bleiben, trat einen Schritt näher und sagte, während er mit einer Hand noch immer den Kopf des Pferdes streichelte:

„Wollt Ihr weiter Nichts wissen, Herr?"

„Offen gestanden, ja!" antwortete ich; „aber ich bekenne auch, daß ich nicht wage . . ."

„Wagt ohne Umstände, Meinherr, wagt es", sprach er. „Miß und ich, wir haben zu viel von der Gefühllosigkeit der Leute gelitten, um nicht auf Eure Theilnahme einen sehr hohen Werth zu legen. Nicht wahr, Arabella?" frug er, sich zu der Stute wendend, und das Vigilantenroß schien den Worten mit dem Blicke beizustimmen.

„Wollen wir in das Wirthshaus drüben ein Glas Bier trinken gehen?" frug ich.

„Herzlichen Dank für so viel Freundlichkeit", war die Antwort; „aber" — er wies nochmals auf sein Pferd — „ich kann sie, besonders in diesem Augenblicke, nicht verlassen; sie hat mich gegenwärtig noch nöthiger, als gewöhnlich."

„Aber nachher?"

„Es thut mir leid, indessen ich kann nicht. Ich verlasse sie nie einen Augenblick, so lange wir hier halten. Es sind hier so viel rohe Kerle" — er warf einen Blick auf die andern Kutscher — „die niemals mit Pferden von Rang oder Erziehung umgegangen sind, sie könnten sie einmal schlecht behandeln, . . . und ich würde mir das nie vergeben."

Ich werde niemals in meinem Leben den Ausdruck des Blickes vergessen, welchen das Pferd dem Manne mit dem weißen Halstuch zuwarf: Dankbarkeit, Anhänglichkeit, Mitleiden, Freundschaft, Liebe, Alles lag in diesem Blick.

„Wann denn aber?" frug ich besorgt. Ich hatte mich bereits darauf gespitzt, eine interessante Lebensgeschichte zu hören, und begann nun zu fürchten, ich hätte zu früh gehofft.

„Seid Ihr morgen Abend frei?" frug der Kutscher.

„Gänzlich frei", beeilte ich mich zu erwiedern und lebte wieder auf.

„Nun", fuhr er fort, „um acht Uhr kömmt der letzte Train an. Um neun Uhr sind wir gewöhnlich im Stall, nehmen unser Abendbrod und begeben uns zur Ruhe. Ich schlafe in einem Verschlage über dem Stall. Miß muß sich ein Mal gefallen lassen, etwas allein zu bleiben. Ich werde zu Euch kommen und Euch Alles erzählen. Wollt Ihr mir Eure Adresse geben?"

Ich gab ihm eine Karte mit der Adresse, er versprach, noch vor halb Zehn bei mir zu sein, und ich ging fort. Als ich an die Ecke der Straße gekommen war, sah ich mich noch einmal um: meine beiden neuen Freunde frühstückten, und ich bemerkte, daß der Kutscher das Roggenbrod des Pferdes für sich genommen und diesem dafür seine Butter=bemmen von Hausbrod hingelegt hatte.

Jockei.

„Ihr habt doch wohl von dem berühmten Ward spre=chen hören, der in diesem Augenblick Premierminister des Herzogs von Lucca ist?" begann der Kutscher, als er am nächsten Tage Abends auf meiner Stube saß.

Ich bekannte ihm, daß ich zum ersten Male in meinem Leben von dem berühmten Ward sprechen höre.

„Dann will ich Euch", fuhr er fort, „mit wenigen

Worten diesen großen Mann schildern, welcher der ehrsamen Jockei= oder Stallknechtzunft zu so hoher Ehre gereicht. Master ober lieber Mister Ward — denn er ist jetzt ein Gentleman so gut wie Einer — stammt aus Yorkshire. Vor etlichen zwanzig Jahren war er noch einfacher Jockei — ja ja, mein Herr, Jockei, und in dieser Eigenschaft lernte er in London den Herzog von Lucca kennen, welcher damals eine Reise durch England machte. Diese Bekanntschaft wurde die Ursache zu Ward's unerhörtem Glück. Der Herzog, ein leidenschaftlicher Pferdeliebhaber, nahm ihn in seinen Dienst und ernannte ihn zum Inspektor seines Gestüts. Ward leistete als solcher dem Herzog so große Dienste, daß dieser nach einiger Zeit zu der Ueberzeugung kam, ein Mann, der so gut mit Pfer= den umzugehen verstände, müßte auch eine ungewöhnliche Men= schenkenntniß und Lebensweisheit besitzen und einen vortreff= lichen Minister abgeben, und so machte er ihn zu seinem ersten Staatsdiener. In dieser Eigenschaft nun gewann Ward so ganz das Vertrauen des Herzogs, daß dieser bald Nichts mehr that, ohne ihn um Rath zu fragen. Das ging eine geraume Zeit so fort. Bei den Unruhen des Revolutions= jahres 1848 erhielt Ward zum ersten Mal eine vertrauliche Sendung nach Florenz, um den Großherzog von Toskana die Abdankungsurkunde des Herzogs von Lucca zu überrei= chen. Anfangs traute der Großherzog seinen Augen kaum und schwankte, ob er den ehemaligen Jockei als Gesandten empfangen sollte, aber der Luccchesser Diplomat hatte sein Beglaubigungsschreiben in der Tasche und mußte vorgelassen werden. Als im Jahre 1849 der Herzog seine übrigen Staa= ten seinem Sohne übergab, wurde Ward der Hauptrathgeber

des neuen Fürsten, bildete diesen zu einem vollendeten Sports=
man aus, leistete ihm ebenfalls die wichtigsten Dienste und
ist noch in diesem Augenblick sein erster Minister.

„Eben diesem Ward nun habe ich meine ganze Lauf=
bahn und folglich auch meine gegenwärtige Lage zu danken,
wie Ihr sogleich hören werdet.

„Ich wurde in Brügge geboren und im Waisenhause er=
zogen. Meine Eltern habe ich nie gekannt. Man hat mir
immer gesagt, ich sei ein Findling. Nach meiner ersten Com=
munion kam ich zu einem Schuhmacher in die Lehre. Einige
Jahre später, als ich gerade auf dem Punkte stand, mir mein
Brod selbst zu verdienen, kriegte mein Meister Lust, nach
England überzusiedeln und sich in London niederzulassen. Ich
folgte ihm. Eine geraume Zeit lang gingen seine Geschäfte
gut; aber nach Verlauf von ungefähr zehn Jahren, traf den
Mann ein großes Unglück. Er verlor seine Frau, und das
war sein Ruin. Er ergab sich, um seinen Kummer zu ver=
gessen, dem Trunk, vernachlässigte seine Arbeit, verlor seine
Kunden, verfiel in Armuth und starb zuletzt im Hospital.

So lang ich konnte, stand ich ihm treulich bei. Erst
als er im Hospitale war, sah ich mich nach einem andern
Unterkommen um. Das war nicht leicht zu finden, denn
außer den Kunden meines armen Meisters, kannte ich in
London wenig Personen, die im Stande gewesen wären, Etwas
für mich zu thun. Glücklicher Weise gehörte Ward, der
damals Jockei bei Lord Mellisdale war und seiner Geschick=
lichkeit wegen in ausnehmender Gunst bei ihm stand, zu
unsern Kunden. Ich ging zu ihm und stellte ihm meine Lage
vor. Ward — zu seiner Ehre sei's gesagt — war nicht

allein die Güte selbst gegen die Pferde, welche er liebte, son=
dern auch die Dienstfertigkeit in Person gegen seine Freunde
und Bekannte. Nachdem er lange mit mir über das Unglück
meines Meisters und über meine Zukunft gesprochen hatte,
erklärte er sich bereit, Alles thun zu wollen, was nur in
seiner Macht stände, um mir fortzuhelfen. Aber wie? Da
saß der Knoten. Wir überlegten des Längeren und des Brei=
teren, erwogen hin und her, und der Schluß der Rechnung
war, daß er, wenn ich Schuhmacher bleiben wollte, herzlich
wenig für mich thun könnte. Ich erklärte ihm rund heraus,
daß mir an meinem Handwerk wenig läge, nun ich doch
nicht mehr mit meinem Landsmann, meinem guten Baes, ar=
beiten könnte. Das war ihm recht, und er versprach mir
als gewiß, daß er mir eine oder die andere Anstellung ver=
schaffen würde. Welche, konnte er mir noch nicht sagen, doch
war er fest davon überzeugt, daß er mich irgendwie unter=
bringen würde.

„Als ich ihn eben verlassen wollte und schon die Thür
des Stalles aufgemacht hatte — denn Warb verließ fast nie=
mals seine Pferde nnd wir hatten in den schönen Stallungen
des Lord Mellisdale mit einander gesprochen — flog meinem
Beschirmer plötzlich ein Gedanke durch den Kopf. Er winkte
mich zurück und rief: „Wartet noch einen Augenblick."

„Hier muß ich Euch erst sagen, daß ich in meinen jün=
gern Jahren und besonders damals ungewöhnlich mager war.
Lang von Gestalt und kurz im Oberleib, gehörte ich zu dem
Schlag Menschen, welche, wie man glaubt, sich zu vortreff=
lichen Schnellläufern ausbilden können, und die man bei uns
in Brügge wohl hie und da mit dem Namen Zwikwacks be=

zeichnet. Ward betrachtete mich eine ganze Weile mit großer Aufmerksamkeit vom Scheitel bis zur Sohle, nickte wiederholt beifällig mit dem Kopfe und frug dann: „Würdet ihr Etwas dagegen haben, das zu werden, was ich bin?"

„Ich beeilte mich, Nein zu antworten.

„Nun", fuhr er fort, „da kommt morgen früh wieder. Ich glaube, ich habe Eure Affaire bereits gefunden." Ich ging wohlgemuth nach Hause. Als ich am nächsten Tage wieder zu Ward kam, theilte er mir mit, daß er mit seinem edeln Herrn meinetwegen gesprochen hatte und dieser einwillige, mich unter die Zahl seiner Jockei's aufzunehmen, wenn Ward selbst sich damit befassen wollte, mich zu unterrichten. Mein Gehalt sollte für das erste Jahr in hundert Pfund Sterling bestehen, ungerechnet den Nebenverdienst, der bei diesem sonst beschwerlichen Beruf nicht zu verachten ist.

„Ich dankte dem guten Ward herzlich und trat noch an demselben Tage in meinen Dienst, das heißt in die Lehre zu meinem neuen Beruf.

Der erste Preis.

„Ich brauche Euch wohl nicht erst zu sagen, daß ich unter der Leitung eines so geschickten Mannes rasch große Fortschritte machte. Er sparte keine Mühe, mich zu unterweisen, lehrte mir die Reitkunst und Pferdedressur, und weihte mich väterlich in alle Geheimnisse seines Berufes ein. Ich meinerseits horchte aufmerksam auf jedes Wort, das er mir sagte, machte es mir zu Nutz und sah mich schon nach Verlauf eines Jahres zu den besten Reitern gezählt und im Londner Jockeiklub als ein hoffnungsvolles Subjekt bezeichnet.

„Ich werde nie den Tag vergessen, an welchem ich meinen ersten Sieg davon trug. Es war bei den Wettrennen in York. Ihr wißt doch wahrscheinlich, mein Herr, daß es die bedeutendsten in ganz Old England sind und daß wer irgend, nah und fern, sich mit Pferden abgibt oder auf den Titel sportsman Anspruch macht, bei ihnen gegenwärtig ist. Auch wäret Ihr im großen Irrthum, wenn Ihr glauben solltet, daß, was wir hier zu Lande Pferderennen nennen, im Stande sei, auch nur eine entfernte Idee von den Yorker Rennen zu geben. Der turf hat seit einigen Jahren große Fortschritte in Frankreich gemacht, aber trotz allem ihrem Eifer ist es den Franzosen noch nicht gelungen, ihren Wettrennen nur ein Zehntel von dem Glanze zu verleihen, welcher die Rennen von Epsom, Ascott, Newmarket und York charakterisirt. Um Euch selbst darüber urtheilen zu lassen, will ich Euch nur einige Details über die Yorker Rennen mittheilen, bei denen ich meinen ersten Preis gewann.

„Die große Nordbahngesellschaft (great northern railway-company) hatte allein über 200,000 Personen dazu von London nach York befördert. Eine beinah ebenso große Zahl nahm die Schillingsplätze auf den stands oder Tribunen und längs der Rennbahn ein. Mehrere Tausende bezahlten eine halbe Krone, um in den vorbehaltenen Raum eingelassen zu werden. Dreiundzwanzig Tausend Fuhrwerke aller Art, wie stage-coaches, carriages, flies, cales und andere suchten in der Stadt und den umliegenden Dorfschaften ein Unterkommen. Siebzehn steamboats, packets und ähnliche Fahrzeuge hatten zusammen mit den übrigen Eisenbahnen, welche in York auslaufen, ebenfalls eine Volksmasse von mindestens

150,000 Köpfen aus Irland, Wales, Schottland und Nord-England herbeigebracht. Nimmt man nun an, daß jeder Reisende bei dieser Gelegenheit durchschnittlich nur zehn Schilling ausgiebt, daß eine übergroße Anzahl Börsen von den äußerst gewandten pickpockets oder Taschendieben leergemacht werden, und daß die Wetten der Liebhaber bei den Rennen oft mehrere Millionen betragen, so kann man sich ungefähr eine Idee von den ungeheuern Summen machen, welche diese Feste in Umlauf setzen, ohne selbst die bedeutenden Geldpreise in Anschlag zu bringen, welche für jedes Rennen ausgeschrieben sind.

„Ich hatte, wie ich schon sagte, bei diesen Rennen das Glück, einen ersten, und eigentlich wohl den Hauptpreis zu gewinnen, nämlich die townplate oder die große goldene Vase, welche die Stadt York als Preis ausgesetzt hatte.

„Der Sieg wurde mir hartnäckig streitig gemacht, und das Pferd, womit ich ihm errang, Flying Dutchman oder der fliegende Holländer, hatte bis dahin noch nie auch nur den kleinsten Preis davon getragen. Ich konnte mir also die Ehre des Erfolges zum großen Theil ganz allein zuschreiben. Lord Mellisdale hatte dieselbe Ansicht darüber und wollte mir seitdem besonders wohl.

„Kurze Zeit darauf machte Ward die Bekanntschaft des Herzogs von Lucca und verließ den Dienst meines Herrn, um mit dessen Zustimmung in den des italienischen Fürsten zu treten. Da ich die Gunst des Lord's besaß, übertrug er mir nach der Abreise meines ehemaligen Cameraden und Beschirmers dessen Stellung und ich wurde unumschränkter Herr in den Ställen meines Patrons.

Rückblick.

„Ich hätte ein höchst undankbares Geschöpf sein müssen, wenn ich nicht den Tag gesegnet hätte, wo mir der gute Ward meine jetzige Laufbahn eröffnete. Sie übertraf Alles, was meine ehrgeizigsten Träume mir nur jemals vorgespiegelt hatten. Denn erstens ließ die Freigebigkeit des Lord Mellisdale gegen mich Nichts zu wünschen übrig, dann genoß ich der größten Achtung in seinem Hause und bei seiner Dienerschaft, und er selbst endlich behandelte mich mit solcher Güte, mit solcher Freundschaft, möchte ich sagen, daß ich — wohlverstanden in meinem Departement, in den Stallungen — mich viel eher für Seinesgleichen, für einen seiner Collegen vom Jockeiclub, oder einen mit ihm befreundeten sportsman, als für seinen Untergebenen halten konnte.

„Bei dieser Gelegenheit muß ich auch nochmals um die Erlaubniß bitten, eine kleine Bemerkung machen zu dürfen, um Euch den Unterschied zwischen einem englischen sportsman, der wirklich diesen ehrenvollen Namen verdient, und dem, was wir hier zu Lande und anderswo mit Unrecht so nennen, etwas deutlicher machen zu können.

„In Frankreich nämlich, wie auch in Belgien, bezeichnet man mit dem Namen sportsman den ersten besten Junker aus der großen Welt, der Pferde hält und rennen läßt, weil es ihm Vergnügen macht, oder Mode ist. In England aber geht man nicht so leicht mit diesem Titel um. Es giebt zwar auch gentlemen oder dandys, welche immer zierlich gekleidet, mit lakirten Stiefeln und weißen oder strohfarbigen Glacéehandschuhen ihre Pferde- und Hundeställe besuchen und die edle Pferde-, Reit- oder Jagdkunst zu einer bloßen Liebhaberei erniedrigen, indessen die werden als Figuranten, als Choristen bei den großen Schauspielen des turf angesehen, sie dienen nur zur mise en scène, das heißt, um das Theater füllen zu helfen, und haben das Vergnügen von den Festen, die Ehre jedoch — das ist etwas Anderes.

„Die Ehre wird einzig und allein den sportsmen aus der alten Schule, of the old school, zu Theil. Diese leben, in der Stadt, wie auf dem Lande, dicht bei ihren stables oder Stallungen, inmitten ihrer setters, pointers, torriers und foxhounds. Heute haben sie das Gewehr auf der Schulter, oder das Netz und die Angel in der Hand, morgen rudern sie auf einem Flusse oder einem See. Gilt es, ein Pferd, einen Hund, ein Gewehr oder ein Gemälde zu kaufen, so sind sie die Ersten in der ganzen Welt, welche es nach dem wirklichen Werthe bezahlen, ohne zu handeln und ohne sich anführen zu lassen. Auf hundert Schritte weit erkennen sie einen Fehler an den Beinen eines Pferdes, der oft selbst für das Auge eines geschickten Roßarztes unsichtbar bleibt. Sie dürfen nur das Fell eines Hundes anfassen, um zu wissen, ob er von reiner oder verdorbener Race sei und werden auch auf den ersten Blick mit Sicherheit sagen, von welchem Meister und aus welcher Schule das oder jenes Bild ist, welches ihr ihm zeigt.

„Jeder Entdeckung in Bezug auf Kunst, Jagd, Wettrennen, Schifffahrt und Reisen nachjagen, das ist ihr Beruf, ihre Sendung hier auf Erden — fischen, rudern, boxen, fahren, jagen, Pferde laufen lassen, Wetten machen und Gallerien sammeln, ihr eigentliches Reich, und wer nur eine dieser Bebingungen des echten sport nicht ganz erfüllt, ist kein wahrer sportsman und kann in England keinen Anspruch auf diesen Namen machen.

Ein echter sportsman nun war der Lord Mellisdale. Ich brauche Euch also nicht erst zu sagen, wie glücklich ich mich in seinen Diensten fühlen mußte. Und dennoch, solltet Ihr es glauben, Meinherr? war ich fern davon, glücklich zu sein. Im Gegentheil. Um Euch das leichter begreiflich zu machen, muß ich Euch ersuchen, mit mir einen Rückblick auf mein früheres Leben zu werfen.

Als Findelkind in einem Waisenhaus erzogen, ohne Anverwandte, ohne irgendwelche Familienbeziehungen, ohne Freunde selbst, hatte ich mich seit meiner zartesten Kindheit nicht nur der Liebkosungen einer Mutter und der Liebe eines Vaters, sondern auch der Theilnahme und des Wohlwollens irgend eines menschlichen Wesens beraubt gesehen. Und der Vater und die Mutter des Waisenhauses, die übrigen Waisenkinder, werdet Ihr mir sagen? Ach, Meinherr, wenn Ihr wüßtet, was so ein Vater und so eine Mutter gewöhnlich zu bedeuten haben, wie sie fast immer in ihrer Stellung auf Nichts Anderes sehen, als auf den materiellen Vortheil, den sie daraus ziehen und alles Uebrige, das heißt, die Sorge um die ihnen anvertrauten Kinder, als eine Last betrachten, dann würdet Ihr sicherlich gleich mir begreifen, daß unter Hunderten kaum Zwei sind, die sich der armen Waisenkinder liebreich annehmen und ihnen wirklich, so mangelhaft es auch sei, Vater und Mutter zu ersetzen suchen.

„Was aber meine Schicksalsgenossen, meine kleinen Gespielen anbetrifft, so waren sie gleich mir zu jung, um eine ernstliche Neigung zu einander haben zu können. Ich faßte zwar für einige unter ihnen, wie sie wiederum für mich, eine Art Freundschaft, aber diese Freundschaft wollte ebenso wenig sagen, wie meist jede, welche zwischen jungen Spielgefährten besteht. Es kommt wohl dann und wann vor, daß zwei oder mehrere Waisenkinder eine Anhänglichkeit für einander fassen, welche bis in's späteste Alter währt, aber das sind seltene Ausnahmen, und ich habe weder hier zu Lande, noch in England viel von solchen verlassenen Kindern gesehen, die wie wirkliche Geschwister an einander gehangen hätten.

"Mein Meister, der Schuhmacher, und seine Frau hatten mich mehr oder minder wahrhaft lieb, und ich denke noch mit Vergnügen an die Zeit zurück, welche ich unter einem Dache mit ihnen verlebte. Diese braven Leute hatten keine Kinder, und die Gewohnheit ließ sie allmählig mich in gewisser Art als ihren Sohn ansehen. Doch der Grund dieses Wohlwollens war ebenfalls Eigennutz gewesen. Ich war kaum ein Jahr beim Schuhmacher, so leistete ich ihm für ein geringes Geld schon soviel Dienste, wie er schwerlich von einem andern, nicht elternlosen Gesellen hätte verlangen können, der ihm noch überdies vielleicht drei Mal soviel gekostet haben würde als ich. Indessen müßte ich auch wiederum ungerecht sein, wenn ich nicht freimüthig eingestehen wollte, daß sie mich mit mehr Liebe behandelten, als der Waisenvater und die Waisenmutter. Ich muß selbst zugeben, daß sie in vieler Hinsicht besser für mich sorgten, und diese Ueberzeugung, sowie die wirkliche Zuneigung, welche ich für den Baes gefaßt hatte, bestimmten mich auch später, ihm nach London zu folgen. Gleichwohl waren ihre Gefühle für mich nicht im Entferntesten so ge=

wesen, wie ich sie mir wohl zuweilen träumte, wenn ich das Glück anderer Kinder mit ansah, die Vater und Mutter besaßen.

„Indessen, so wie es war, war es noch immer mehr für mich, als ich je hoffen durfte. Ich begnügte mich deshalb damit und suchte, so viel ich konnte, mich ihrer Theilnahme würdig zu machen. In dieser Beziehung kann ich wohl sagen, daß ich mir Nichts vorzuwerfen habe und mich, besonders als mein Meister nach dem Tode seiner Frau unglücklich wurde, so betrug, wie nur ein guter Sohn sich in dergleichen traurigen Umständen benommen haben würde. Ich sagte Euch bereits, daß ich mich nicht eher vom Schuhmacher trennte, als bis er in's Spital kam und daß ich ihn bis zu seinem Tode, so oft es erlaubt war, besuchte und ihm getreulich beistand. Erst nachdem ich seine Leiche hatte bestatten helfen, hielt ich mich meiner Verpflichtungen gegen ihn entbunden.

„Seit der Zeit hatte ich keine Gelegenheit mehr, für Jemand Anderes eine solche Freundschaft zu empfinden, daß sie einen größern Platz in meinem Leben eingenommen hätte. Ward kannte ich nicht lange genug, um an ihm eine Entschädigung für den Verlust meines Baes und die mir fehlenden Familienbeziehungen zu finden. Mein Patron, Lord Mellisdale, war zwar im gewissen Sinne mein Freund, indessen wie vertraulich er auch mit mir umging, so blieb doch der Abstand zwischen mir, dem allerdings berühmten, aber immer in Diensten stehenden Jockei, und ihm, dem millionenreichen mächtigen Pair, zu groß, um jemals eine wahre gegenseitige Zuneigung zwischen uns möglich zu machen. Ihr werdet mir einwenden, daß ich mit andern Jockeis und Stall=

bedienten, oder selbst mit weniger hohen Pferdeliebhabern hätte Freundschaft anknüpfen können, aber, leider, sind nicht Alle Wards, Meinherr! Man findet Viele unter ihnen, welche an Brutalität und schlechten Manieren es mit den Vigilanten= kutschern aufnehmen können. Und solche, die gebildeter und zum Umgang geeigneter gewesen wären, lernte ich unglückli= cher Weise nicht kennen, so daß ich Niemand hatte, mit dem ich so recht herzlich hätte verkehren können und am Ende trotz meiner beneidenswerthen Lage, trotz der Gunst meines Herrn und trotz alles meines Ruhmes — denn ich war wirklich be= rühmt geworden — mich gänzlich einsam in der Welt und noch verlassener fühlte, als damals, wo ich das Waisenhaus bewohnte.

„Es machte mich sehr unglücklich und immer unglück= licher, je mehr Monde und Jahre hingingen, ohne daß irgend eine Veränderung in meiner Verlassenheit eintrat. Gerade ich, der mit einer so warmen, gefühlvollen Seele geboren worden war, der ich von Jung auf das tiefste Bedürfniß nach Freundschaft und Liebe empfunden hatte, stand mehr als je ohne alle Liebe und ohne Freundschaft da. In meiner Ver= zweiflung wandte ich mich zu den Dienstboten des Lord Mellis= dale, mit der Hoffnung, unter ihnen einen Freund oder eine Freundin zu finden. Doch vergebens. Ich war, das wußten Alle, der Günstling des Herrn und außerdem ein Fremdling. Das genügte, um jede Annäherung meinerseits ohne den ge= wünschten Erfolg zu lassen. Man beneidete, man haßte mich, und fürchtete, diesen Haß, diesen Neid bei genauerer Be= kanntschaft aufgeben zu müssen.

„Es ging so weit, daß ich zuletzt ernstlich daran

dachte, mich zu verheirathen. Es ist einem Jockei Nichts weniger anzurathen, als das, weil er erstens immer der Gefahr ausgesetzt ist, bei einem oder dem andern Rennen den Hals zu brechen, und zweitens nur selten oder gar nicht zu Haus bleiben kann. Und dennoch stand ich auf dem Punkte, es zu thun.

„Ein Kammerdiener des Lord Mellisdale hatte nämlich eine allerliebste Tochter, welche gleich den meisten Mädchen in England Mary hieß und dann und wann zu uns in's Haus kam, um ihren Vater zu besuchen. Nun glaubte ich bemerkt zu haben, daß ihr Vater mir weniger feindlich gesinnt wäre als die übrigen Dienstboten, und das brachte mich auf den Gedanken, seine Tochter zu heirathen. Ich sprach mit dem Kammerdiener darüber, er hatte natürlich nichts dagegen und rieth mir, seine Tochter zu fragen. Ich that es, und obgleich Mary den Handel nicht auf der Stelle abschloß, so ließ sie mir doch deutlich merken, daß sie Nichts gegen mich hätte und früher oder später — ich glaube wohl, bald — ihre Einwilligung geben würde. Unglücklicher oder soll ich lieber sagen glücklicher Weise kam ich kurze Zeit nachher dahinter, daß sie bereits seit einigen Jahren eine sehr genaue Bekanntschaft mit einem Sergeanten von den horse-guards hatte, einem wahren Mordkerl, auf mein Wort, der mitunter, wenn er Urlaub hatte, acht Tage lang bei ihr wohnte. Zugleich hörte ich, daß sie sich vorgenommen hatte, diese Bekanntschaft auch in der Ehe auf demselben freundschaftlichen Fuße fortzusetzen, und daß sie einzig und allein unter diesem Vorbehalte die von ihrem Vater beabsichtigte eheliche Verbindung mit mir eingehen wollte, indem mein hohes Jahrgehalt allein ihr anstand. Da ich mich jedoch nicht geneigt fühlte, mit dem Rothrock in nähere Berührung zu treten, wurde die Heirath zu Wasser, und ich entfernte mich auf's Neue und noch mehr als früher von unserer Dienerschaft und blieb, von aller Welt verlassen, nur noch mit meinem Herrn und seinen Pferden in genauerem Verkehr.

Miß Arabella Knox.

„Ich weiß nicht, ob ich die traurige Gemüthsstimmung, in welche ich um jene Zeit verfiel, lange hätte ertragen können. Zum Glück trat einige Monate später in meinen Stallungen eine Veränderung ein, welche all' meinem Leide ein Ende machte, mich mit meinem Geschick aussöhnte und mich endlich das finden ließ, was ich seit Jahren, ich kann fast sagen seitdem ich anfing zu denken, vergeblich gesucht hatte; ich fand nämlich ein Wesen, das mit mir fühlte, das mir Vater und Mutter, Freunde und Verwandte, kurz Alles ersetzte, was die Menschen gewöhnlich lieb haben und lieben.

„Dieses Wesen war ein Pferd. Ihr denkt an Miß Arabella Knox, Meinherr, ich sehe es auf Euerm Gesicht. Es war in der That das arme Thier, das gestern Eure Aufmerksamkeit und Neugier in so hohem Grade erweckte, und — ich darf es hoffen — Euer Mitleid, Eure Theilnahme rege machte. Miß Arabella Knox war es, die der schrecklichen Verlassenheit, in welcher ich mich befand, ein Ende machte, die mir das Glück zu Theil werden ließ, nicht mehr allein auf dieser Welt zu stehen. Doch muß ich Euch zuvörderst erzählen, auf welche Weise dieses unvergleichliche Thier in die Stallungen meines Herrn kam.

Die meisten Eigenthümer von racing horses oder Renn=
pferden verstehen wenig oder gar nichts von der eigentlichen
Pferdezucht. Besitzen sie irgend eine thorough-bred mare
oder Vollblutsstute, welche zu alt wird, um noch laufen zu
können — und in England werden die Rennpferde überaus
schnell alt — so vertrauen sie das Thier dem oder jenem
wohlhabenden Gutsbesitzer oder Gutspächter, einem farmer
an, der sich besonders auf die Pferdezucht legt. Dieser läßt
die Stute von einem der Hengste decken, welche die Derby
oder St. Leger stakes gewonnen haben. Das Fohlen, wel=
ches die Stute bringt, gehört dem Besitzer derselben, aber der
Farmer zieht es auf und behält es in seinen Stallungen, bis
es von den Jockei's zu den Wettrennen abgerichtet werden
kann. Auf diese Weise habe ich in die Ställe des Lord
Mellisvale nach und nach eine Masse junger Pferde bringen
sehen, deren Existenz ich vorher gar nicht geahnt und die
mein Herr selbst nie zu Gesicht bekommen hatte, ehe sie vom
Farmer abgeholt worden waren.

Ich werde nie den Tag vergessen, wo ich Miß Arabella
Knox zum ersten Male sah. Alle Umstände unsres ersten
Begegnens stehen mir noch so deutlich vor den Augen, als
wäre es erst gestern geschehen. Ich hatte mit Lord Mellis=
vale eine kurze Reise nach dem Festlande unternommen, um
dem Rennen in Paris beizuwohnen. Wir waren durch Belgien
zurückgereist, ich hatte nach so langjähriger Abwesenheit mein
Vaterland, meine Geburtsstadt wiedergesehen, und fühlte mich
mehr als je allein und verlassen in dem kalten nebligen London.
Wir kamen Abends spät an. Erst am nächsten Morgen be=
suchte ich meine Stallungen. Es waren gerade ein Paar

neue Pferde vom Lande gebracht worden. Eins von diesen war Miß Arabella. Alle Stallknechte standen in einem weiten Kreise um sie herum, und bewunderten das prächtige Thier. Aber Keiner von ihnen wagte es, sich ihm zu nähern, weil es ungewöhnlich scheu und wild war, und schon am Tag vorher einem der Stalljungen oder grooms, der es von Haus aus wie ein anderes Pferd hatte behandeln wollen, einen tüchtigen Schlag versetzt hatte. Ja, Meinherr, dieses schöne Thier hatte von Anfang an das Gefühl seines Werthes; es sah in seinem Geiste all' die Triumphe voraus, welche es in der Zukunft davon tragen sollte; es hatte die innere Ueberzeugung, daß es mehr Achtung, mehr Zuvorkommenheit verdiene, als meistens ein gewöhnlicher Stallknecht für die Pferde hat, die er versorgt. Ich begriff das vom ersten Augenblick an, und näherte mich der Miß mit einer gewissen Ehrerbietung, die ihr zu schmeicheln schien. Die umstehenden Diener lachten sich in's Fäustchen. Sie dachten, daß die stolze Stute mich ebenfalls auf eine gewaltig grobe Art behandeln würde, sie wünschten es vielleicht sogar. Anfangs schien das auch mehr als wahrscheinlich. Sie stand gleichgültig da und schnupperte ihren Hafer, und als ich die Hand auf ihr schönes glänzend schwarzes Fell legte, um sie zu streicheln, wandte sie ungeduldig den Kopf um und warf mir einen Blick zu, der soviel sagen wollte, als: „da ist schon wieder Einer, dem ich eine Lektion geben muß." Aber war es nun, daß sie in meinen Augen las, wie sehr ich eines Freundes bedurfte, oder daß sie auf den ersten Blick errieth, wie ich sie nach ihrem Werthe schätzte, ihren Stolz begriffe und ihrer Schönheit huldigte, ich kann's nicht sagen; ich weiß nur, daß sie mich nicht schlug. Ich fuhr fort, sie mit aller Gemächlichkeit zu besichtigen, ohne daß sie, zur großen Verwunderung und zum Aerger der herangetretenen Stallknechte, auch nur den gering= sten Unwillen darüber gezeigt hätte. Sie erlaubte mir sogar, ihre Füße einen nach dem andern aufzuheben und ihr das Maul aufzumachen, ohne sich dadurch stören zu lassen. Kurz, von dem Augenblicke an konnte ich mit dem prächtigen Thiere thun, was ich nur wollte, ohne es je unruhig oder böse zu machen, und als ich mich nach der ersten Besichtigung entfernte, waren wir — ich kann es mit Stolz sagen, ohne der Wahrheit zu nahe zu treten — die besten Freunde von der Welt.

„Ich gab Lord Mellisdale zu verstehen, daß ich diese Stute selbst abzurichten wünschte. Er war ungemein erfreut darüber; denn er schätzte das Thier ebenfalls nach Gebühr und wußte, daß es unter meinen Händen und von mir ge= ritten ein vortreffliches Subjekt werden mußte. Ich erhielt daher augenblicklich die nachgesuchte Bewilligung, die fernere Leitung von Miß Arabella nach meinem Ermessen zu regeln, da er überzeugt war, daß dieses ihre Fortschritte nur beschleu= nigen könnte.

„Ich will Euch nicht damit langweilen, Euch die Mühe, die Sorgfalt und den Eifer zu beschreiben, welchen ich mir's kosten ließ, um aus diesem Pferde ein wahrhaft ungewöhnliches Thier zu machen. Es genügt, wenn ich sage, daß ich mich drei Monate nach einander ganz ausschließlich mit Miß allein beschäftigte. Allerdings machte sie mir Alles leicht, was ich für sie that, sie zeigte sich so folgsam, so gelehrig, wie ich es nur wünschen konnte, dabei wurde ich bald gewahr, daß sie nicht allein Verstand, sondern, was noch mehr ist, auch ein vortreffliches Gemüth, ein edles Herz besaß. Hatte ich in den Stallungen, oder sonst wo mit meinen Untergebenen Verdrießlichkeiten gehabt, was sie sogleich bemerkte, so that sie ihr Möglichstes, es mich durch noch größere Folgsamkeit und Gelehrigkeit vergessen zu machen. War ich aus irgend einer Ursach unzufrieden mit mir selber, so wußte sie mich durch ungekünstelte Fröhlichkeit und heitern Muthwillen, selbst durch allerlei kleine liebevolle Neckereien in andere Laune zu versetzen und mich zuletzt so lustig zu machen, wie sie selbst war. Aber das war noch gar Nichts. Ihr hättet sie sehen müssen, wenn ich traurig oder niedergeschlagen war; dann schien es, als ob sie meine Gedanken hätte auf meinem Gesichte lesen können. Sie sah mich mit ein paar Guckaugen an, die ordentlich überströmten von Mitleid und Wehmuth. Es lag dann soviel Theilnahme in ihrem Blick, daß ich mir fast Vorwürfe darüber machte, mich noch einsam und verlassen fühlen zu können, während sie eine solche Zuneigung für mich gefaßt hätte. Sie schien mir einen sanften Verweis geben zu wollen, daß ich ihre Liebe verkannte, welche doch wahrlich die von einem ganzen Haufen von Freunden und Verwandten aufwiegen konnte. Ich schämte mich dann meiner Muthlosigkeit und fühlte mich durch ihre aufrichtige und treue Neigung so glücklich, daß bald keine Spur von meiner Traurigkeit mehr übrig blieb.

„Was soll ich Euch mehr sagen, Meinherr? Ich und Miß Arabella Knox, wir empfanden in kurzer Zeit eine von jenen Herzensneigungen für einander, die nur mit dem Leben aufhören. Das liebe Thier wurde mir ein Bruder, eine

Schwester, ein Sohn, eine Tochter, kurz Alles, was Ihr wollt. Sie entschädigte mich für den Mangel an Theilnahme und Trost, an dem ich seit dem Tode des Schuhmachers so viel gelitten hatte. Es darf Euch daher nicht wundern, wenn ich Euch sage, daß ich fortan alle Stunden, die ich zu meiner Verfügung hatte, bei ihr zubrachte, und daß ich nie von ihrer Seite wich, wenn mich nicht die Pflichten meines Amtes anderswohin riefen.

Triumph auf Triumph.

"Aus dem Wenigen, was ich Euch bis jetzt über Miß Arabella Knox mitgetheilt habe, werdet Ihr leicht entnehmen können, daß sie kein gewöhnliches, oder gar ein alltägliches Pferd, sondern im Gegentheil ein Meisterstück, ein Wunderthier, ein Modell von Pferd, mit einem Worte eins von jenen seltenen Wesen war, welche die Natur nur von Zeit zu Zeit hervorbringt und nach deren Schöpfung sie, um so zu sagen, einiger Zeit Ruhe bedarf, ehe sie wieder daran denken kann, ein ähnliches Werk zu schaffen.

"Sie stammte, wie Ihr gestern sehr richtig bemerktet, von dem weltberühmten Eclipse ab, einem Hengste, der einem der edelsten Pferdegeschlechter Englands angehörte. Ihr Vater war der ausgezeichnete Migleton, ihre Mutter die nicht minder berühmte Nelly Blue, welche ebenfalls einem altadeligen Geschlechte entsprossen war. Was ihre Schönheit anbelangt, von der jetzt, leider! nach all' den Unglücksfällen und Widerwärtigkeiten, die Miß betroffen haben, keine Spur mehr vorhanden ist, so war die so groß und so unübertroffen, daß die ältesten Pferdekenner sich nicht erinnerten, je etwas Aehnliches gesehen zu haben. Ihr schwarzes Fell glänzte in der Sonne wie der schönste Atlas, ihre Beine waren sowohl vorn wie hinten so fein, wie man sie bei einem wohlgeformten Renn= pferd nur träumen kann, und dabei so stark und fest wie Stahl. Ihr Leib war lang und schlank, wie der von einem jungen Mädchen, jede ihrer Bewegungen zierlich und einneh= mend. Die Brust breit, die Croupe regelrecht viereckig, der Hals lang und biegsam, wie bei einem Schwan. Die Füße waren lieblich zu sehen, Mähnen und Schwanz so weich wie Seide. Dabei Kopf, Augen und Zähne wie man sie vielleicht noch niemals bei einem andern Pferde angetroffen hat.

Schon lange bevor sie auf dem turf erschien und an den Wettrennen Theil nahm, war ihr Ruf bereits gemacht, wurde sie in allen Clubs und allen Ställen als das achte Wunder der Welt gerühmt. Sobald es bekannt wurde, daß sie bei dem Rennen in Newmarket mitlaufen sollte — denn dort wollte Lord Mellisdale sie nach Ablauf ihrer dreimonat= lichen Lehrzeit zum ersten Male auftreten lassen — wurden gleich mehrere tausend Pfund auf ihren Kopf gesetzt und das von sportsmen, die sie noch nie gesehen hatten. Aber das war noch Nichts. Ihr könnt Euch keine Vorstellung machen und ich will auch nicht erst versuchen, es Euch zu schildern, mit welchem Enthusiasmus ihr Erscheinen in den Schranken begrüßt wurde. Das Gemurmel der Bewunderung, welches ihre ersten Schritte in der Rennbahn hervorriefen, endigte in einem so lauten und allgemeinen Zujauchzen, daß die Beschei= denheit des guten Thieres sichtlich darunter litt. Die Summen, welche auf ihren Kopf verwettet wurden, verzehnfachten sich und selbst die Damen begnügten sich nicht, mit ihren Schnupf=

tüchern zu wehen, sondern gingen ihrerseits untereinander Wetten ein, welche fast ebenfalls so vermessen waren, wie die ihrer Männer, Brüder und Vormünder.

„Was soll ich Euch sagen? Bevor die Rennen anfingen, war bereits der Sieg entschieden, blos auf die gewöhnlichen Schritte von Miß Arabella hin. Zwölf der vornehmsten sportsmen, die ihre besten Pferde angemeldet hatten, ließen lieber ihre stakes im Stich und zogen ihre Pferde zurück, so fest waren sie von deren Niederlage überzeugt. Die Uebrigen sahen sehr niedergeschlagen auf ihre Pferde herab, obgleich es Alles Pferde von großem Rufe waren, und bereits beim ersten Rennen wurden alle Mitreitenden dermaßen von meinem Pferde überholt, daß Keiner mehr an Fortsetzung des Kampfes denken konnte. Mein Herr gewann alle Rennen, für welche Miß Arabella eingeschrieben war.

„Soll ich versuchen, Euch unsern Sieg weiter zu beschreiben? Nein, ich würde es nicht können. So Etwas hatte man selbst in England noch nie gesehen. Man führte uns im Triumph herum, man wollte uns, mich und Miß, tragen, man überschüttete uns mit Blumen, keine Dame behielt ihren Strauß. Ja, als wir nach London zurückkamen, wurden wir von Allem, was nah und fern nur Etwas mit dem turf oder sport zu thun hatte, feierlich eingeholt, und vierzehn Tage lang hörte man in den Clubs, Theatern, in den Häusern, Salons und Ställen, Trinkhäusern und Lesegesellschaften, auf Straßen und Plätzen, Promenaden und Quais Nichts als unser Lob. Die Zeitungen machten Leitartikel über Miß, mich und den Lord Mellisdale, in allen Kunsthandlungen sah man einen Monat hindurch nur Bilder von uns an den

Fenstern. Man goß uns in Gyps und Bronce, meißelte uns in Stein und Marmor. Wir waren die Lions der ganzen Saison, selbst an der Börse war mehr von uns die Rede, als von Consols.

„Wenn ich sage, einen Monat, eine Saison, so meine ich damit nur den allerersten Enthusiasmus. Denn unser Ruhm währte anhaltend fort und vergrößerte sich noch bei jedem Rennen. In kurzer Zeit hatten wir einen europäischen Ruf. Aber etwas Aehnliches war auch noch nie gesehen worden. Bis dahin waren die Preise von Pferden gewonnen worden, die ihre Rivalen um eine ganze oder halbe Pferdelänge, um einen Kopf, einen halben Kopf oder um noch weniger schlugen. Wenn aber Miß lief, konnte das Rennpferd, welches ihr am nächsten folgte und nicht weiter als drei Pferdelängen hinter ihr zurückblieb, schon für ein wahres Wunder gelten. Es ging gar zu weit. Lord Mellisdale wurde zuletzt noch unsicher, ob er noch an den Rennen Theil nehmen dürfte, da Niemand mehr ein Pferd gegen Miß laufen lassen konnte und er schon auf die Anmeldung ihres Namens hin meist alle Preise erhielt. Ich machte ihm jedoch begreiflich, daß sein Gewissen hierin allzu ängstlich wäre. „Noblesse oblige," sagte ich ihm, „das heißt: ein edles Pferd muß laufen, soll es seiner Sendung, seinem Rufe getreu bleiben. Ihr könnt Nichts dafür, wenn wir ein achtes Wunder sind." Er ließ sich bedeuten und so kam es, daß wir zwei volle Jahr hindurch den Ruhm aller Pferde verdunkelten und den Pferdeliebhabern dadurch einen empfindlichen Stoß beizubringen drohten, daß wir alle sportsmen in England entmuthigten.

„Da traf uns, nämlich Miß, mich und den Lord Mellis=

dale, unglücklicher Weise ein so harter, so grausamer Schlag, daß — doch bevor ich Euch unsere Unglücksfälle erzähle, muß ich Euch sagen, daß Miß trotz ihrer glänzendsten Triumphe mir gegenüber immer dasselbe bescheidene, liebe, freundliche und gefühlvolle Thier von früher blieb. Sie ließ sich weder durch Hochmuth, noch durch Herrschsucht verblenden, und war ganz ebenso meine Freundin, wie vor dieser ruhmreichen Epoche ihres Lebens, kurz, ich hatte mich ebenso wenig über sie, über ihren Charakter, ihr Herz und ihr Betragen zu beklagen, wie sie sich über mich, über meine Sorge um sie und über meine Freundschaft.

Unglück.

„Als wir nun gerade in der schönsten Zeit unsres Lebens standen und die Bewunderung des ganzen Pferdeliebenden Europa's waren, traf uns Beide der grausamste Schlag, von dem ich Euch erzählen will.

„Wenn ich Euch vorher meinen edeln Patron, den Lord Mellisdale, als einen Pferdeliebhaber vom reinsten Blute geschildert habe, so habe ich eigentlich Unrecht. Er war es nicht. Ich habe ihn allerdings eine geraume Zeit lang dafür gehalten, weil ich ihn nicht genug kannte, aber durch Erfahrung sah ich später ein, daß er die Pferde doch nur aus Zufall, aus Langerweile, aus Eigendünkel, aus Hochmuth und aus keinem andern Grunde hielt. Ihr werdet gleich den Beweis davon haben.

„Aus meiner frühern ausführlichen Schilderung des echten sportsman wißt Ihr, was dieser Name im wahren Sinn des Wortes zu bedeuten hat. War nun Lord Mellisdale ein solcher sportsman? Ich schwanke jetzt keinen Augenblick, diese Frage mit Nein zu beantworten. Er war reich, unermeßlich reich, hatte keine besondere Liebhaberei für irgend Etwas auf der Welt, hatte einen Abscheu vor Kriegsdienst, Börsenspekulation und Politik, wenig Neigung zum Landbau und mithin viel überflüssige Zeit. Reisen hatte er gleich jedem Gentleman von guter Familie gemacht, und nach seiner Tour durch Europa konnte es daher nicht fehlen, daß er sich bald sehr langweilen mußte. Unter seinen Freunden nun befanden sich einige sportsmen, die es wirklich mit Leib und Seele waren, und von ihnen nahm er einen gewissen Geschmack für Pferde und Hunde an, ohne die Leidenschaft, das Feuer und die Ausdauer zu besitzen, welche den wahren sportsman auszeichnen. So hatte er sich denn Pferde und Hunde angeschafft, ging auf die Jagd, ließ rennen, machte Wetten, kaufte Bilder, Statuen und Antiquitäten, indeß Alles nur aus Liebhaberei und um Etwas zu thun. Müßte ich Euch noch fernere Beweisgründe angeben, so dürfte ich nur hinzufügen, daß er, wäre er wirklich ein sportsman gewesen, nie den genialen, den trefflichen Ward hätte aus seinen Diensten gehen lassen. Allerdings hätte Ward dann nicht Minister werden und das Herzogthum Lucca glücklich machen können, und dieser Gedanke allein genügt mir eigentlich, um dem Lord seine Handelsweise zu vergeben, aber trotz dem Allen . . .

„Ich fahre fort. Lord Mellisdale hielt viel auf mich und Miß, das muß ich bekennen, indessen schätzte er uns doch noch nicht ganz nach Werthe. Dazu hätte er ein wirklicher Kenner sein müssen, und das war er nicht. Ohne Zweifel schmeichelte es seiner Eitelkeit, den besten Jockei — denn das

kann ich dreist sagen, Meinherr, ohne mich selbst zu loben —
also den besten Jockei der drei vereinigten Königreiche und das
schönste Pferd auf der ganzen Welt zu besitzen, seine Brust
hob sich vor Stolz, wenn er mich und Miß aus Aller Munde
rühmen hörte und sich überall, in allen Zirkeln und Clubs,
als der Glücklichste der Sterblichen beneidet sah, aber das
war auch Alles. Ein And'rer in seiner Stelle hätte nur noch
in seinen Stallungen gelebt und diese selten oder nie ver=
lassen. Er hingegen — es bemüthigt und schmerzt mich, es
sagen zu müssen, aber es verliefen oft halbe Tage, ohne daß
er ebensowenig nach mir und Miß, wie nach seinen übrigen
Pferden fragte.

„Es ist zwar wahr, man kann seine Art und Weise
nicht so leicht verändern, und er besonders hatte mit viel
Schwierigkeiten und Vorurtheilen zu kämpfen. Namentlich
war er heftig verliebt in eine gewisse Lady Blessings, eine
junge Wittwe aus einer der ersten Familien des Reichs, die
schön, gut, tugendhaft und unermeßlich reich war, aber ebenso
wenig von Pferden wie von Hunden wissen wollte. Denn
ihr erster Mann, Lord Blessings, war ein echter sportsman
gewesen und hatte nie seine Hunde= und Pferdeställe ver=
lassen. Sie war meinem Herrn nicht abgeneigt, im Gegen=
theil, sie liebte ihn mit Herz und Seele, aber als er sie um
ihre Hand bat, erklärte sie ihm, erst dann mit ihm über eine
Heirath sprechen zu wollen, wenn er seine Hunde und Pferde
abgeschafft hätte.

„Mein Patron, zu seiner Ehre sei's gesagt, widerstand
lange, sehr lange, da ihm diese Forderung bereits gestellt
worden zu sein scheint, bevor ich in seinen Dienst trat, und

wenn er zuletzt nachgab, so war es rein — doch ich will den Begebenheiten nicht vorauseilen, und zuerst das unerhörte Unglück erzählen, welches uns Alle in's Verderben stürzte.

„Es traf uns bei den Yorker Rennen, denselben, welchem ich, wie ihr Euch erinnern werdet, meinen ersten Triumph verdankte. Miß Arabella Knox, ich schmeichle mir, es Euch bewiesen zu haben, war eine Perle von einem Pferde, ein Wunder, mit einem Worte die größte Pferdevollkommenheit, die es je gegeben. Indessen, ich kann es nicht verschweigen, Meinherr, sie hatte bei all' ihrer Makellosigkeit doch eine einzige kleine Unvollkommenheit, ich sage: eine einzige, und füge hinzu, daß dieselbe so gering, so unbedeutend war, daß sie eigentlich gar nicht den Namen Unvollkommenheit verdiente. Jedenfalls war sie ihr zu verzeihen. Denn ganz und gar vollkommen ist Niemand unter dem Mond und Miß gehörte der Erde an, so gut wie wir Alle. Ohne diesen leichten Fehler wäre sie kein irdisches Geschöpf mehr gewesen, man hätte sie geradezu einen Engel von Pferd oder wenn Ihr lieber wollt, einen Pferdeengel nennen müssen.

„Diese Unvollkommenheit nun bestand darin: sie hatte einen Widerwillen gegen Gelb, sie konnte die gelbe Farbe nicht leiden. Fiel ihr Blick auf etwas Gelbes, so wurde sie nervenkrank und verlor die Fassung. Ich war ein Mal durch Zufall dahintergekommen. Ich hatte schon öfter, wenn ich sie ritt, bemerkt, daß sie an einer gewissen Stelle der Reitbahn, wo ein großer gelber Fleck an der Mauer sichtbar war, jedes Mal zitterte, hatte aber weiter nicht darauf geachtet. Eines Tages jedoch, wo ich ein gelbes Halstuch trug, fuhr sie, als ich zu ihr herantrat und sie sich wie immer freund=

lich nach mir umsah, dermaßen zusammen, daß ein Stall=
knecht, der neben mir stand, ebenfalls aufmerksam wurde. Ich
beeilte mich, das Tuch abzubinden und wegzuwerfen. Miß
beruhigte sich und bezeigte ihre Dankbarkeit für diese Auf=
merksamkeit — so natürlich sie auch meinerseits war — indem
sie sich noch liebenswürdiger und folgsamer als gewöhnlich
betrug.

„Aber jener Stallknecht, welcher Zeuge dieses Vorfalls
gewesen, war eine gemeine Seele — es giebt ja deren überall,
in den Ställen so gut wie anderswo. Er beneidete mir
schon seit langer Zeit die Gunst meines Herrn und sah mit
schelen Augen auf die Freundschaft, welche Miß mir zuge=
wendet hatte, während sie von ihm wenig hielt und kein Be=
denken trug, es ihm öfters durch Stampfen oder sonst wie
zu zeigen. Der Stallknecht beschloß daher, sich an ihr und
mir zu rächen. So lange er bei uns blieb, konnte er sein
frevelhaftes Vorhaben nicht zur Ausführung bringen, aber
kurze Zeit darauf, gerade als Miß und ich den Gipfel unsres
Ruhmes erreicht hatten, verließ er unsere Stallungen, um in
den Dienst des Sir Edward Banks, eines der größten Feinde
des Lord Mellisdale, zu treten. Dort dachte er die schönste
Gelegenheit zu haben, uns auf eine niederträchtige Weise zu
schaden, und um dies zu können, entblödete er sich nicht, sich
einer der infamsten Schurkereien schuldig zu machen, wie sie
im Jockeikorps nur je gehört worden ist. Urtheilt selbst.

„Die Geheimnisse des Stalles sind für alle Jockei's,
für jeden groom und Stallknecht, der das Herz am rechten
Fleck hat, unverbrüchlich heilig. Es giebt wenig Beispiele,
daß Schurken diese Geheimnisse gemißbraucht hätten. Was

that nun jener Schelm, der John Shaw — so hieß der Stallknecht? — er verrieth das Geheimniß, er machte sich der Stallgeheimnißverletzung schuldig. Ja, Meinherr, man schaudert selbst bei dem Gedanken daran, und doch bebte er nicht davor zurück, es zu thun! Er machte Sir Edward Banks mit der kleinen Schwäche der Miß Arabella Knor bekannt, dieser Feigling! — er theilte seinem neuen Herrn ihren Wi=
derwillen gegen Gelb, ihren Abscheu vor der gelben Farbe mit!

„Und was geschah nun? Es war, wie ich schon erwähnte, bei den Wettrennen von York. Miß war für die stakes so=
wohl, wie für die townplate eingeschrieben. Das erste Rennen ging wie gewöhnlich vortrefflich. Wir waren dem Voltigeur, einem der besten Rennpferde des Lord Willming und ich kann hinzufügen, von ganz Europa, mehr als zwei Pferdelängen voraus und gewannen den Preis auf eine wahrhaft glorreiche Weise. Die Zujauchzungen begrüßten uns enthusiastischer als je, und wiederum war das Lob über Miß und mich in Aller Munde. Doch nein, nicht in Aller Munde. Sir Edward Banks befand sich auf der Tribüne der Richter, unser ehemaliger Stallknecht, der schurkische John Shaw stand etwas seitwärts der stands. Nun bemerkte ich wohl, daß er, als das townplate-Rennen anfangen sollte, seinem neuen Herrn gewisse Zeichen machte, als ob er ihm zuwinken wollte, gut aufzupassen und den richtigen Augenblick wahrzunehmen. Doch achtete ich weiter nicht darauf. Erst später begriff ich, was sie damals Gottloses mit einander verabredet hatten. Gleichwohl konnte ich beim Aufsitzen eine gewisse und mir unerklärliche Unruhe nicht unterbrücken. Ein unwillkürliches Frösteln überfiel mich, ohne daß ich wußte warum. Ein

Augenblick ruhiger Ueberlegung ließ indessen die Unruhe ver=
schwinden und das Frösteln aufhören. Warum, dachte ich,
sollten wir dieses Mal weniger glücklich sein, als bisher?
Unsere Siege hatten wir bis dahin nie dem blinden Zufall,
sondern immer den trefflichen, ganz ungewöhnlichen Eigen=
schaften der Miß zu danken, und daß sie auch nicht das Ge=
ringste von ihrer Trefflichkeit verloren hatte, war so eben
wieder durch ihren neuen Triumph vor Aller Augen klar
geworden. Was sie selbst anbelangte, so war sie fröhlich
und wohlgemuth wie immer. Das arme Thier! Wenn es
hätte vorhersehen können, was so eben geschehen sollte, welch'
unerhörtes Unglück uns bedrohte, was für ein elendes Loos
uns Beiden beschieden war!

„Das Rennen begann. Ich ließ wie gewöhnlich meine
Mitkämpfer ruhig ihre Pferde in vollen Lauf setzen und be=
gnügte mich, mit einem gemäßigten Tempo anzufangen. Wir
mußten drei Mal um die Bahn herum. Bei der ersten Tour
war der Voltigeur uns Allen weit voraus. Nun hielt ich
Miß nicht länger zurück und ließ sie nach ihrem eignen Gut=
dünken laufen, weil ich überzeugt war, daß sie am Besten
wissen mußte, was sie zu thun hätte, um alle übrigen Kämpfer
zu schlagen. Beim zweiten Lauf hatten wir den Voltigeur
bereits ohne Mühe eingeholt. Ich sah, wie der Jockei, der
ihn ritt — ein sonst tüchtiger Kerl, Dick Brown war sein
Name, den Ihr vielleicht schon habt nennen hören, da er jetzt
an der Spitze der englischen Jockei's von Ruf steht — ich
sah also, wie er verzweifelte Anstrengungen machte, um sei=
nem Pferde Muth einzuflößen. Miß begnügte sich noch einige
Augenblicke lang, gleichen Schritt mit ihm zu halten. Als

wir aber die Hälfte der Bahn hinter uns hatten, hielt sie es für Zeit, ihn von seiner Anmaßung, auf den Preis zu rechnen, gründlich zu heilen. Sie machte einige von den Sätzen, wie sie allein sie machen konnte, und Voltigeur war distancirt, auf eine fabelhafte Weise distancirt. Er lief noch immer tapfer mit, und die wenigen Zuschauer, welche noch Acht auf ihn gaben, sahen, daß Thränen der Wuth und der Verzweiflung in seinen Augen sowohl, wie in denen seines Reiters perlten.

"Noch ein Paar Sätze und der Sieg war unser. Wir waren dicht vor der Tribüne der Richter. Sir Edward Banks stand kerzengrade da und ... hatte die eine Hand in seiner Rocktasche... Nicht fern von ihm befand sich noch immer der schurkische John Shaw. Gerade als wir pfeil= schnell herangeschossen kamen, gab der Taugenichts ein Zeichen, und schnell wie der Blitz zog Sir Edward die Hand aus der Tasche und brachte — o Gräuel! — einen ... gelben, ja, Meinherr, einen gelben Foulard heraus. Es schimmert mir noch ganz grün und gelb vor den Augen. Meine Gei= stesgegenwart verließ mich indessen nicht; ich hoffte, Miß würde das unglückliche Tuch nicht bemerken. Aber vergebens. — Der Bösewicht — wie kann nur so viel Bosheit in der Seele eines Pferdeliebhabers hausen! — der Bösewicht schnaubte sich, daß die ganze Rennbahn davon wiederhallte. Miß sah hinauf und — großer Gott — vergebt mir, Mein= herr, wenn meine Stimme von Thränen erstickt wird — aber was soll ich Euch sagen? Ich verlor den Kopf, es sauste mir vor den Ohren. Ich fühlte einen Stoß, der mich in die Höhe warf, dann einen schweren Fall auf den Sand, ver= bunden mit körperlichen Schmerzen, und weiter Nichts. —

Ich hatte das Bewußtsein verloren, Miß lag, die Beine hoch in der Luft neben mir, und Voltigeur erreichte zur äußersten Verwunderung der wie versteinerten Zuschauer inmitten der lautlosesten Stille das Ziel der Rennbahn.

Trennung.

„Ich trug eine Krankheit davon. Drei Monate lang lag ich zu Bett, und was das Schlimmste dabei war, ich verlor zeitweis den Verstand. Ich wurde jedes Mal toll, wenn man mir von Lord Mellisdale, Sir Edward Banks, John Shaw, Dick Brown, von Wettrennen, von Voltigeur und vor Allem von Miß Arabella Knox sprach.

„Indessen, ich kam ohne Arm= und Beinverlust und ohne bleibenden Wahnsinn davon. Ich genas. Wäre ich lieber nicht genesen! Ich wäre vielem Schmerz, vieler Verzweiflung entgangen!

„Das Erste, was ich vernahm, als ich endlich wieder von meinem Pferde und meinem Herrn sprechen hören konnte, ohne rasend zu werden, war, daß Lord Mellisdale alle seine Pferde und Hunde — alle, hört Ihr, Meinherr? — verkauft und Lady Blessings geheirathet hatte. Diese Mittheilung traf mich, wie ein Donnerschlag und hätte mich beinahe auf's Neue zu Boden geworfen. Nur das Verlangen, mehr zu hören, ließ mich die drohende Gefahr glücklich überstehen. Nach dem unglücklichen Rennen von York hatte mein Patron es versucht, Miß Arabella in Ascot, Epsom und Newmarket laufen zu lassen. Aber ach! wie war sie anders als zuvor unter mir! Keinen einzigen Preis konnte sie mehr gewinnen, nicht einmal wenn nur Pferde zweiten Ranges eingeschrieben waren. Sie hatte gewissermaßen allen Muth, allen Charakter, alle Kraft verloren, ließ sich nur ungern von andern Jockei's besteigen und schien fortwährend bei allen Wettrennen, selbst bei denen, wo sie mitlief, ihre Gedanken weniger auf das Rennen, als darauf gerichtet zu haben, mich aufzusuchen.

Nein, Lord Mellisdale war kein echter sportsman. Das wurde noch offenbarer nach meinem Unfall. Als Miß ihm keine Preise mehr gewann und ihn nicht mehr bei jedem Rennen zum Helden der fashion machte, als er nicht länger vor allen Andern glänzte und sich zu der Klasse der gewöhnlichen Pferdeliebhaber erniedrigt sah, ging auch seine Liebe für Pferde und Hunde allmählig unter und die für die schöne Wittwe nahm unmäßig zu. Er besuchte sie immer öfter und öfter und seine Stallungen dagegen immer seltener und seltener. Die gefühllosesten Stallknechte selbst wurden es gewahr und betrübten sich darüber. Sie sahen voraus, was kommen würde. Und wirklich, der Lord, welcher Anfangs sich darauf beschränkt hatte, der Lady Blessings nicht länger Alles kurzweg abzuschlagen, hörte allmählig immer mehr und mehr auf ihre Wünsche, gab ihr sogar dann und wann lächelnd Recht und willigte am Ende in Alles ein. Er verkaufte alle seine Hunde, sämmtliche Pferde, aber sämmtliche, selbst die arme Miß Arabella nicht ausgenommen, heirathete vier Wochen darauf Lady Blessings und reiste mit ihr nach Italien.

Das junge Ehepaar war kaum wenige Tage fort, als ich bei meiner Genesung das Alles vernahm. Ich kann nicht sagen, wie mich diese Nachrichten trafen. Erst nach einigen Tagen herzüberwältigender Traurigkeit war ich gefaßt genug, um die Sache mit Ruhe zu überlegen. Mein Beschluß war rasch gefaßt. Ich ersuchte den Intendanten des Lords um ein Gespräch. Er kam sogleich zu mir auf meine Stube, wo man — das kann ich nicht anders sagen — während der ganzen Dauer meiner Krankheit die größte Sorgfalt für mich getragen hatte. Meine erste Frage an den Intendanten betraf, wie Ihr Euch wohl denken könnt, mein geliebtes Pferd. Er zuckte die Achseln. Die meisten Pferde waren in die Hände fremder Liebhaber und Pferdehändler übergegangen. Soviel er sich erinnern konnte, war Miß Arabella für einen Grande in Spanien angekauft worden. Er versprach mir, in seinen Büchern nachzusehen.

Der Lord, zu seiner Ehre sei's gesagt, hatte mich gütiger behandelt, als seine Pferde. Vor seiner Abreise hatte er den Intendanten beauftragt, mir die Wahl zu lassen zwischen einer andern Anstellung in seinen Diensten und einer reichlichen Schadloshaltung an Gelde. Ich zog das Letztere vor und beschloß, da der Intendant mir die Versicherung gab, daß Miß von einem spanischen Pferdehändler, Jose Alburgos, für einen reichen Pferdeliebhaber in Madrid, einen spanischen Grande, dessen Name jedoch nicht in den Büchern stand, angekauft worden wäre, die erhaltene Geldsumme zur Aufsuchung der Miß anzuwenden und nach Spanien zu reisen.

„Was würdet Ihr an meiner Statt Anderes gethan haben, Meinherr? Was hätte mich in London oder England zurückhalten können? Ich besaß weder Freunde noch Verwandte. Das einzige Wesen, welches mir Liebe geschenkt hatte, die theure Miß Arabella, war nicht mehr da, war, der Himmel wußte, wo. Mein Patron, werdet Ihr mir sagen? Aber ich frage Euch, die Hand auf's Herz, konnte die Freundschaft, welche ich für ihn empfunden hatte, noch fortbestehen nach der Grausamkeit, die er gegen mich und Miß begangen? Würde das Wiedersehen von ihm, der mir so großes Leid bereitet, nicht meinen Schmerz wieder erneuert und verdoppelt haben? Nein, ich beschloß, lieber den Lord, so dankbar ich ihm auch sonst für seine Wohlthaten blieb, nie wiederzusehen und selbst nie wieder nach England zurückzukehren.

„Ich schiffte mich in Plymouth nach Spanien ein. Die Ueberfahrt war sehr günstig. Sobald ich in Madrid angekommen war, beeilte ich mich, den Pferdeschacherer aufzusuchen, der die Miß gekauft hatte. Ich fand ihn endlich. Der spanische Grande, für den er den Ankauf gemacht hatte, hieß Don Gomez de Silva y Fuentes, war aber für den Augenblick nicht in Spanien, sondern in Neapel. Ich begab mich nach Neapel. Als ich dort ankam, war er gerade zwei Tage vorher nach Rom abgereist. Ich fuhr ihm nach Rom nach, er geruhte mich anzunehmen und theilte mir mit, daß er Miß Arabella bereits vor seiner Abreise aus Spanien an einen Franzosen verkauft hätte, welcher sie bei den Wettrennen von Chantilly laufen lassen wollte. Er sagte mir den Namen des Franzosen und setzte hinzu, daß er froh gewesen wäre, das Pferd wieder los zu werden, weil er doch Nichts hätte mit ihm anfangen können. Es hätte nicht laufen wollen, wäre mager und häßlich geworden und müsse durchaus einen Kummer haben. Ich hielt es für unnütz, ihm den Grund zu erklären und eilte nach Paris.

„Auf der Durchreise durch Lucca ging ich meinem frühern Freund und Beschützer, dem jetzigen Minister Ward, einen Besuch abzustatten. Er empfing mich auf das Herzlichste, wollte mich bei sich behalten und mir eine Bedienung in den Ställen des Herzogs verschaffen. Ich dankte ihm dafür und erzählte ihm meine Geschichte. Er hielt mich nicht länger zurück. Er kannte die Menschen und Pferde zu gut, um meinen Zustand nicht zu begreifen, und ließ mich abreisen, nachdem er mir zum Andenken die silberne Schnupftabaks= dose geschenkt hatte, welche bei unserem ersten Zusammen= treffen — ich hab' es wohl gesehen — einigermaßen Eure Verwunderung erregte.

„In Paris verlor ich die Spur von Miß Arabella. Sie war in Chantilly gelaufen, jedoch mit so schlechtem Erfolg, daß ihr Besitzer sie sogleich an einen deutschen Pferdehändler verkauft hatte, dessen Namen er nicht einmal wußte und der mit dem Pferde abgereist war, ohne daß ich erfahren konnte, wohin.

Wiedersehen.

„Ich nahm mir vor, ganz Deutschland zu durchreisen und keine Stadt zwischen Köln und Posen, Hamburg und Prag untersucht zu lassen, um Miß zu finden. Aber bevor ich diese große Reise anträte, wollte ich einige Zeit in mei= nem Vaterlande zubringen. Ich hatte dazu noch einen wich= tigeren Grund, als den blosen Wunsch, Belgien wiederzusehen. Meine Reise durch Spanien, Italien und Frankreich hatte nämlich die Souvereigns des Lord Mellisdale bedeutend ver= mindert, und ich hoffte in Brüssel Mittel und Wege zu finden, wieder etwas Geld zu gewinnen, um im Stande zu sein, auf's Neue meine Nachforschungen nach Miß Arabella fort= setzen zu können.

„Ich befand mich bereits seit drei Wochen in der Hauptstadt Belgiens und hatte noch keine Gelegenheit gehabt, meinen Wunsch verwirklicht zu sehen. Ich war äußerst betrübt darüber; nicht etwa aus Furcht für meine eigene Existenz — daran dachte ich nicht einmal — sondern weil der Mangel an Geld mich in die Unmöglichkeit versetzte, meinen Plan, ganz Deutschland zu durchreisen, zur Ausführung zu bringen. Kein Wunder also, daß ich oft halbe Tage lang sinnend und träumend in den Straßen von Brüssel herumlief, unempfindlich gegen Alles das Sehenswerthe, was diese Stadt in reichem Maße dem Fremden darbietet, und ganz wie ein Mensch, der an seinem Schicksal verzweifelt. So kam ich eines Tages ebenfalls wie im Traume die Straße Montagne de la Cour herab. Es war gegen Abend. Die prächtigen Läden strahlten von Licht und glänzenden Waaren; die Straße wimmelte von Fußgängern. Ich hatte jedoch für das Alles keine Augen und dachte wie gewöhnlich nur an die Mittel, die Spur meiner theuern Miß wiederzufinden. Da sah' ich mich mit einem Mal an der Ecke der Kantersteenstraße durch einen ziemlich dichten Haufen Menschen aufgehalten, von denen die Meisten nicht wußten, was es eigentlich gäbe, und sich fragend an den eigentlichen Knäuel des Auflaufs herandrängten. Ich bin nicht neugierig von Natur und war besonders in der Gemüthsstimmung, in welcher ich mich befand, völlig gleichgültig gegen Alles, was nicht einigermaßen mit den Gedanken in Verbindung stand, die mich beschäftigten. So suchte ich mich denn durch die Menge durchzudrängen, und hatte auch bereits bald die gegenüberliegende Seite der Straße erreicht, als das Gespräch von zwei Personen neben mir meine

Aufmerksamkeit erregte. Die Eine dieser zwei Personen war ein Polizeimann, ein schepper, wie man hier in Brüssel sie nennt. Er kam gerade aus dem dichtesten Gedränge heraus, als ein Vorübergehender ihm auf die Schulter klopfte und frug: „He, Wannes, was giebt's denn?"

„Nichts," lautete die Antwort, „ein Vigilantenkutscher, der nicht den Berg hinaufkann. Sein Pferd ist schon zum zweiten Male hingefallen; es stürzte da eben an der Madeleine noch ein Mal hin. Ich hab' ihm nun gesagt, das Thier, sobald es wieder aufsteht, auszuspannen und ein andres Pferd einzuspannen, wo nicht, wird er es mit mir zu thun haben. Es ist eine Schande, so eine Kracke noch zu fahren.

„Ich horchte nicht weiter. Mir flog plötzlich ein Gedanke durch den Kopf, welcher mit einem Male meine Neugier auf das Höchste spannte. Eine unbezwingliche Ahnung bemeisterte sich meiner. Ohne zu wissen, was ich that, drehte ich um, zwängte mich mit aller Kraft durch den dichtgedrängten Kreis hindurch, bis ich mich bei dem gefallenen Pferde befand, und — warf mich wie ein Unsinniger auf dasselbe nieder.

„Meine Ahnung hatte mich nicht getäuscht: das arme Thier, welches den Berg nicht hinaufkonnte, welches schon zwei Mal aus Uebermattung zu Boden gefallen war, war kein anderes als Miß Arabella Knox.

„Das spöttische Gelache der Umstehenden, brachte mich wieder zum Bewußtsein und ließ mich daran denken, was ich that. Ich richtete mich in die Höhe. Miß, die mich erkannt und mit Thränen in den Augen traurig angelächelt hatte, machte, so schwach und müde sie auch war, ebenfalls einen verzweifelten Versuch und kam, unterstützt von mir und ihrem

Kutscher, wieder auf die Beine. Das Volk, welches uns umringte, entfernte sich schnell, die Meisten lachten über mein unschuldiges Gefühl, das sie Dummheit nannten.

"Ich verließ mein Pferd nicht mehr und begleitete es nach seinem Stall. Es schien ein ganz anderes Thier geworden zu sein; der Vigilantenkutscher erkannte es fast nicht mehr wieder. Da er das so eben noch so muthlose und gänzlich erschöpfte Thier auf ein Mal mit einem Feuer belebt sah, wie er es nie für möglich gehalten, wollte er noch nicht nach Haus gehen und lieber noch einige Fahrten machen, um seinen Tag voll zu haben. Ich setzte mich aber dagegen und schenkte ihm mein letztes Geld, um ihn für seinen Verlust zu entschädigen.

"Dies ist so ungefähr vor vier Wochen geschehen. Seit jener Zeit hab' ich Miß nicht mehr verlassen. Noch am Abend unsres Wiedersehens sprach ich mit dem Vigilantenvermiether, ihrem Besitzer. Er erzählte mir, daß er sie für 120 Franken von einem Deutschen gekauft habe, der vergebens hätte ein Sattelpferd aus ihr machen wollen, und klagte zugleich über den hohen Preis, indem er voraussähe, sie würde krepiren, ehe er noch diese Summe wieder eingenommen hätte.

"Ich beruhigte ihn darüber, für den Fall, daß er das Thier ganz allein meiner Leitung anvertrauen wollte. Er nahm meinen Vorschlag an, und — ich wurde Vigilantenkutscher. Ich bekenne Euch offen, Meinherr, ich würde, so sehr ich auch überzeugt bin, daß nicht der Beruf, sondern das Betragen allein den Menschen schätzen macht, nie dazu gekommen sein, wenn Miß nicht gewesen wäre. Doch ich muß hinzufügen, daß ich hoffe, nicht lange in diesem niedrigen Stande zu bleiben. Ich habe mit meinem Meister den Akkord geschlossen, daß, sobald ich die 120 Franken verdient habe, die ihm mein Pferd kostet, er mir dasselbe für diesen Preis abtreten muß, und da ich so wenig wie möglich von meinem Tagelohn verzehre, hoffe ich diese Summe bald zusammenzubringen. Ich weiß noch nicht, was ich nachher anfangen werde, aber so viel steht fest, daß Miß keinen Tag länger Vigilantenpferd bleiben soll, als es nöthig ist, und daß wir uns nie mehr von einander trennen werden."

Beschluß.

Damit endigte die Erzählung des Vigilantenkutschers. Sie hatte mich wirklich gerührt, ich schäme mich nicht, es zu bekennen, und hat sie den Leser kalt gelassen, so liegt die Schuld rein an meiner Unfähigkeit, die einfache und ergreifende Sprache und besonders den gemüthlichen Ton des Mannes wiederzugeben.

Ich ging an meinen Secretair und wollte, obschon ich in meiner Stellung als Schriftsteller sehr selten bei Gelde bin, dem guten Vigilantenkutscher doch ein Paar Fünffrankenstücke in die Hand drücken, um das Meinige zum Loskauf der Miß Arabella beizutragen. Er weigerte sich aber trotz aller meiner Bitten ganz entschieden, Etwas anzunehmen.

„Seht Ihr wohl, Meinherr," sprach er, „ich habe mir's nun einmal in den Kopf gesetzt, daß Miß ihre Freiheit mir, mir ganz allein verdanken soll, und daß ich das Werk ihrer Erlösung mit Niemand theilen will. Ich danke Euch daher herzlich für das, was Ihr thun wollt, aber — Ihr werdet mich nach dieser Erklärung wohl verstehen — ich kann Nichts von Euch annehmen."

Ich begriff das Gefühl des Exjockei und steckte meine zwei Fünffrankenstücke etwas beschämt wieder ein. Gleich darauf nahm der Freund von Miß Arabella Knox Abschied von mir und ging fort. Er konnte kaum an der Ecke der Straße sein, so saß ich schon am Schreibtisch, um das, was er mir erzählt hatte, zu Papier zu bringen.

Postscriptum.

Meine Arbeit war längst fertig, und Alles schon niedergeschrieben, was ich bis jetzt erzählt, als mir eines Tages der Gedanke durch den Kopf fuhr, daß ich Miß Arabella und ihren Freund eine ganze Woche lang nicht mehr gesehen hatte. Einige Tage hindurch konnte der Vigilantenkutscher wohl Fahrten haben und deßhalb auf der Station fehlen, aber eine ganze Woche lang, das war zu viel. Aus Furcht, bei der geringsten Frage ein halbes Dutzend Vigilantenkutscher wie rasend auf mich losstürzen zu sehen, wagte ich Anfangs nicht, mich an Einen der Anwesenden zu wenden. Indessen zuletzt that ich es doch. Ich frug nach Miß und ihren Kutscher. Doch Keiner von ihnen wußte mir etwas von Djeck — so nannten sie den braven Brüggeling — zu sagen. Ich mußte mich bescheiden und hoffte, den einen oder den andern Tag meine Freunde wohl wieder auf der Station anzutreffen und ihnen im Vorbeigehen auf's Neue einen guten Tag zuwinken zu können.

Indessen sie kamen nicht wieder. Ich schloß daraus, daß der Kutscher rascher, als ich erwartet, seine 120 Franken zusammengekriegt und mit seinem geliebten Pferde anderswo sein Glück versucht hätte.

Aber nein. Vier Wochen später begegnete ich dem Vigilantenkutscher auf dem Boulevard am Läkener Thor. Ich ging auf ihn zu, schüttelte ihm die Hand und frug ihn sogleich — muß ich es erst sagen? — nach Miß. Er fing an zu weinen und wies auf seinen Hut.

Ich erschrak; seine Kopfbedeckung war mit einem breiten Trauerflor umwunden.

„Todt!" sprach er, „gestorben in dem Alter von fünf Jahren, und gerade vor dem Tage, wo ich sie loskaufen wollte!"

Er verließ mich unter Thränen. Ich habe den Mann seitdem nicht mehr wiedergesehen.

Verzameling van dramata in vier oorspronkelyke tooneelstukjes. Antwerpen 1841. Onder den naem: Albrecht Van den Bossche.
Kronyken der straten van Antwerpen. Antwerpen 1843. 3 deelen.
Koben Daeltjes. De Vlaemsche Stem. 1847.
De Keizer en de Schoenlapper, of de gekroonde leers, blyspel in een bedryf. Brussel 1848. Gent 1856.
Vlaemsche zelf-opoffering. De Vlaemsche Stem 1848.
Steek altoos twee neusdoeken in uwen zack. De Vlaemsche Stem 1848.
Mieken Trummers. De Vlaemsche Stem 1848.
Dry kleine ware geschiedenissen. De Vlaemsche Stem 1848.
Het Driekoningenfeest. De Vlaemsche Stem 1848.
Het Kasteel te W. De Vlaemsche Stem 1848.
Volksverhalen. Brussel 1848.
Over den Toestand der Vlaemsche beweging. Redevoering 1849.
Over het Nederlandsche Tooneel. Redevoering 1850.
In alle standen, verhalen, karakters en zedeschetsen. Brussel 1851.
Smeke-Smêe, duivelary met zang in dry bedryven. Antwerpen 1851.
Beschryving der Provintie Antwerpen. Antwerpen 1851.
De Kraenkinders, drama in dry bedryven. Brussel 1852. (In Holland 1850.)

Kronykender straten van Antwerpen. Brussel 1852. 1 deel.
Jan Steen uit vryen, liedjesspel in twee bedryven. Brussel 1852.
Neel de Loods, liedjesspel in een bedryf. Antwerpen 1854.
Berthilda, drama met zang in dry bedryven. Antwerpen 1855.
Ontmoetingen. Miss Arabella Knox. De Geheimzinnige vrouw. De Boete. Baranowsky. Gent 1855. (Leesmuseum. 2. Jaergang. N. 8.)
De Kleêren van myn vrouw, oorspronkelyk blyspel met zang in een bedryf. Gent 1857. (Onder den naem Van den Bogaert. Tooneelbibliothek 4. jaer. Nr. 39.)
De kinderjâren van Jan Savoir. Nederduitsch letterkundig Jaerboekje 1857.
Paul. Gent 1857.
Geld of Naem, blyspel met zang in een bedryf Gent 1858. (Tooneelbibliothek, 4. jaer. Nr. 41.)
Beschryving der provincie Oostvlaendern, Antwerpen 1858.
De zuikeren Oom, tooneelspel in dry bedryven. Gent 1858.
Meester en Knecht, drama in dry bedryven. Gent 1858.
Jan Savoir. Roman, (onder de pers.)

Snellaert (Ferdinand Augustyn), geboren zu Kortryk den 21. Juli 1809, machte seine ersten Studien auf dem Collegium seiner Vaterstadt. Er hatte eine große Lust zum Militairstand, seine Eltern indessen waren entschieden dagegen, und um ihrer Abneigung und seiner Neigung zugleich Genüge zu thun, bezog er im August 1826 die militairisch=medicinische Schule von Utrecht. Gegen Ende des Jahres 1829 wurde er zum „Gesundheitsoffizier" bei der 15. Abtheilung Infanterie befördert, welche in Antwerpen stand. Er blieb 1830 in holländischen Diensten, indem er die Trennung der Niederlande als ein großes Unglück für sein Vaterland ansah. Während des Feldzugs von 1830—31 befand er sich abwechselnd bei der Infanterie und bei dem 4. Dragonerregiment, doch immer in der Division des Herzogs Bernhard von Sachsen=Weimar. Erst 1835 nahm er seinen Abschied und kam, nachdem er das Schlachtfeld von Waterloo besucht, im Juni nach Gent, wo er seine medicinischen Studien vollendete, 1838 promovirte und sich dann als Arzt niederließ. Gut gerüstet, um „gegen den französischen Geist in seinem enger gewordenen Vaterlande zu streiten," hatte er schon während er studirte, eine innige Freundschaft mit Willems geschlossen und mit Rens die Gesellschaft „die Sprache ist ganz das Volk" gestiftet, ebenso fand er Zeit zum Abfassen einer „Geschichte der niederländischen Dichtkunst seit ihrem ersten Emporkommen bis zu dem Tod von Albert und Isabella," für welche Abhandlung er durch die Königliche Akademie zu Brüssel bekrönt wurde. Nachdem er sich niedergelassen, gab er das „Kunst= und Literaturblatt" heraus, und nahm den thätigsten Theil an der vlämischen Bewegung. So z. B. war er es, der gemeinschaftlich mit Blommaert 1840 das erste allgemeine Petitionnement um Aufhebung der Sprachbeschwerden veranlaßte, obwohl die Beschwerdeschrift selbst aus der Feder von Willems war. Die spätern Gesuche jedoch, welche von Gent ausgingen, sind fast sämmtlich von Snellaert verfaßt und man kann ihn wohl „den Unermüdlichen" nennen. Auch literarisch hat er ungemein zur Verbreitung des Blämischen gewirkt, zuerst durch seine „Skizze einer Geschichte der niederländischen Literatur," welche 1855 in der dritten verbesserten und vermehrten Ausgabe erschienen ist und ihrer bündigen Kürze wegen noch immer als das brauchbarste von allen Werken über diesen Gegenstand betrachtet werden darf, dann durch die vom Willemsfonds herausgegebene „Blämische Bibliographie von 1830—55," ein Unternehmen, dessen Schwierigkeit vielleicht nur ich, die ich mich ebenfalls auf diesem Felde müde gearbeitet habe, ganz zu würdigen verstehe. Daß Snellaert auch keine persönlichen Opfer scheut, wenn es die vlämische Sache gilt, bewies er, indem er während der monatelangen Krankheit, die Zetternam der vaterländischen Literatur entriß, wöchentlich mehrmals nach Antwerpen hinüberfuhr, um die Leiden des Kranken, welcher den festen Glauben hatte, Snellaert könne und werde ihn retten, wenigstens durch seine Gegenwart zu lindern. Ich lernte Snellaert zu Gent in einer Sitzung der Gesellschaft „die Sprache ist ganz das Volk" kennen und fand ihn schlicht und kurz von Art, dabei jedoch höchst dienstbereit und freundlich.

Seit 1847 ist er Mitglied der Akademie zu Brüssel, später wurde er Ritter des Leopoldordens und des Ordens vom niederländischen Löwen.

Seine Poesieen haben alle etwas Streithaftes. Die folgende ist aus dem „Genter Jahrbüchlein" für 1854.

Am 18. Juni 1853.

Was ist's in Belgien stille heute,
Der Arme denkt an's Brod allein,
Gemächlich geh'n die reichen Leute,
Wie's gestern war, wird's heute sein.
Kein Thurm läßt seine Fahne wallen,
Kein Jauchzen und kein Pulverknallen
Grüßt das lebend'ge Vaterland,
Die Sonne strahlt uns hell entgegen
Als mahnte sie an Ehr' und Segen,
Doch Belgien liegt wie festgebannt.

Und schneller doch die Herzen schlagen,
Und heißer betet, der da glaubt,
Und niemals noch gebeugt das Haupt
Vor fremdem Stolz und fremdem Wagen.
Und dennoch klingt's noch laut und froh
Von Haus zu Haus, von Feld zu Felde,
Entlang der See, der Lei und Schelde:
Heil Waterloo! Heil Waterloo!

Nein, Alles ging noch nicht verloren,
Das Gift war noch nicht stark genug,
Das Unkraut, jede Nacht geboren,
Fällt jeden Morgen vor dem Pflug.

Die Fahne Blanberns, hocherhoben,
Der stolze Liebart weht nach oben,
Er warb dem Sturm noch nicht zum Raub.
Und ihn zu schützen unverbrossen
Wird eine Saat von Helben sprossen
Aus hingestreutem Helbenstaub.

Drum laßt das Haupt nicht muthlos hängen,
Es lastet keine Schmach darauf,
Wir gaben unser Recht nicht auf,
Es klingt in Worten und Gesängen,
Es herrschet weber Aar noch Hahn
Im vlämschen Lande, wo wir wohnen,
Laßt schweigen Thürme und Kanonen,
Das Volk ist noch nicht unterthan.

Verhandeling over de nederlandsche Dichtkunst in België, sedert hare eerste opkomst tot aen de dood van Albert en Isabelle. Brussel 1838.
Over de Kamers van rhetorika te Kortryk. Gent 1839.
Jets over den toestand onzer Tael- en letterkunde. Gent 1840.
Taelcongress en vlaemsch feest, gehouden te Gent den 23. en 24. october 1841. Gent 1841.
Bydragen tot de kennis van den tongval en het taeleigen van Kortryk. Gent 1844.
Het vlaemsch tooneel in de XVII. eeuw. Gent 1845.
De goudbloem van S. Nikolaes, hoofdkamer van 't land van Waes. Gent 1846.
Drie spelen van Sinne uit den tyd der reformatie. Gent 1846.
Eertyds, maer en tegenwoorrdig, Kluchte door Jonk, van den Brandt. Gent 1846.
Wael en Vlaming. Gent 1847.
Een paer dagen in Luik en in de Ardennen. Gent.
Korte levensschets van Jan Frans Willems. Gent 1847. Met portret.
Aenspraek gedaen by de inhuldiging van Willems Gedenkstuk op den Sint-Amandsheuvel, den 26. Juny 1848. Gent 1848.
Redevoering over de noodzakelykheid om met de lotgevallen van 's Lands tael- en letterkunde bekend te zyn, gehouden by het openen

van den leergang over de geschiedeniss der nederlandsche tael-en letterkunde, in het Vlaemsche Gezelschap te Gent, den 7. February 1849. Gent.

Kort begrip eener geschiedenis der nederduitsche letterkunde. Antwerpen 1849. Herdrukt onder den volgenden titel: Schets eener geschiedeniss der nederlandsche letterkunde. 2. uitgave Gent. 1850. Bd. 3. verbeterde uitgave. Gent 1855.

Dichtregelen, voorgelezen by de inwyding van jonkheer Ph. Blommaers Boekzael. Gent 1850.

Vlaemsche bibliographie, of list der nederduitsche boeken, in België sedert 1830 uitgegeven. Gent 1851. — Gent 1857. (Uitgave van het Willemsfonds.)

Redevoering over Maerlant en zynen tyd. Gent 1853.

18. Juny herdacht. Gent 1853.

Redevoering over den invloed van Maerlan'ts schriften op zyne en latere eeuwen. Gent 1854.

Arnould van Geluwe, bygenaemd de Vlaemsche Boer. Rousselaere 1855.

Een woord over de cholera. Gent 1855.

Snieders (August) geboren zu Blabel, einem Dörfchen an der Grenze von Holland, der jüngste Sohn einer Familie, deren Mitglieder sämmtlich poetische Begabung haben. Von Mutters Seite ist er der Abkömmling des altadeligen holländischen Geschlechtes der Cuyli's, welches im sechszehnten Jahrhundert in der Person von Nikolas de Cuyli in die Kempen übersiedelte. Er wollte weder als Holländer gegen sein Land streiten, noch als Katholik der Sache der Reformation dienen, und so legte er seine Würde als Feldoberster in spanischen Diensten nieder und zog sich in eine freiwillige Verbannung zurück.

August Snieders genoß seinen Unterricht in der Dorfschule. In den letzten Schuljahren legte er sich auf das Latein. Die Offiziere der Dragoner- und Husarenregimenter, welche nach 1830 die holländischen Dörfer besetzen kamen, lehrten ihn zeichnen, von seinen Brüdern lernte er Musik. Als es sich um einen Beruf handelte, wollte die Familie ihn zum Maler bestimmen, er selbst jedoch erwählte, ergriffen

von der Liebe zur Literatur, das Gewerbe, welches Béranger
und Franklin ausgeübt hatten. Die Familie wollte Anfangs
nicht recht zustimmen, doch August drang durch und ging
1842 nach der Hauptstadt von Nordbrabant, um das Lernen
der Buchdruckerkunst zu beginnen.

Doch schon ein Jahr später kehrte er aus Herzogenbusch
in das elterliche Haus zurück, und nun begann ein eigen=
thümliches Dichter= und Freundschaftsleben mit E. Th. van
Beusekom, dem am 4. Oktober 1845 zu Uden (Nordbrabant)
auf der Jagd verunglückten Verfasser von dem „3. November",
von „Ida", „Allerlei" u. s. w., welcher häusliches Unglück,
eine schmerzliche Trennung von Frau und Kind, in der Zer=
streuung der Jagd zu vergessen suchte. Die Heide, die Wäl=
der, die Dünen waren die Lieblingsorte der beiden Freunde,
von denen der ältere, ausgebildete, die ersten schriftstellerischen
Versuche des jüngeren, strebenden, korrigirte und ihn selbst zum
Beharren in der literarischen Laufbahn ermunterte.

Diese Zeit dichterischer Unabhängigkeit nahm ein Ende,
als August 1844 nach Antwerpen ging, um sich als Buch=
drucker zu vervollkommnen. Doch nicht lange sollte er dieses
Gewerbe ausüben. Ein Jahr später war er bereits bei der
Redaktion des Handelsblattes angestellt. Zugleich wurde er
mit Conscience, De Laet und Theodor Van Ryswyck bekannt
und trat in die Reihen derer, welche die vlämische Sache
verfochten.

Nachdem er 1848 unter dem Titel „Meine ersten Lie=
der" eine Gedichtsammlung hatte erscheinen lassen, gab er
1851 seinen ersten Roman heraus, dem nach wenigen Mo=
naten „Bilder aus unserm Leben" und dann rasch nach ein=
ander sieben Romane folgten. Es war hauptsächlich in Hol=
land, daß sie Beifall und ungemeine Verbreitung fanden.
Nach Conscience ist August Snieders der gelesenste vlämische
Romanschriftsteller. „Der arme Schulmeister" wurde 1853
ganz und gar im „Neuen Rotterdamschen Courant" nachgedruckt,
und ins Deutsche und ins Französische übertragen. Ebenso

populair wurden „der Leiermann" und „der Dorfpastor", von denen der erste sowohl englisch wie deutsch erschienen ist. Mir persönlich ist „das Blumengrab" am liebsten, worin der Dichter sein geliebtes Heimathdorf schildert. Es enthält die sanftesten Farben, nicht so scharfe Gegensätze von Schatten und Licht wie die übrigen Romane. „Der Dorfpastor" ist im Blämischen was „Alamontade" von Zschokke im Deutschen ist. Noch ein Vorzug dieses Romans ist die einfache Art, auf welche ein früher zärtliches Verhältniß sich in ein schlicht geschwisterliches verwandelt, und zwar blos durch das Pflicht= gefühl, ohne alle romanhaften Kämpfe.

Zum Uebersetzen wähle ich, da August Snieders als Prosaist in Deutschland bereits bekannt ist, einige von seinen vortrefflichen Gedichten, das erste aus dem „Genter Jahrbüch= lein" für 1853.

Auf Wiederseh'n.

Was lieb man hat, das muß vergeh'n,
Denn Alles blüht nur kurze Stunden,
Und wo noch eben Blumen steh'n,
Da werden Stoppeln bald gefunden.

Der Sommer flieht, das Laub verdorrt,
Das Todtenkleid des Schnee's wallt nieder,
Die Erde scheint ein Gräberort —
Gott, gieb uns Lieb' und Blumen wieder!

O ja, das soll auch so gescheh'n —
Das Blümchen, in den Staub gebogen,
Das Laub, vor unserm Blick entflogen,
Es ruft uns zu: auf Wiederseh'n!

Die Glocke hallt, die Zeit ist um —
Es gilt uns Fahrewohl zu sagen —
Doch, Christenbrüderschaar, warum
Am Sterbebett des Bruders klagen?
Was, Mutter, schluchzest du am Grab
Von ihm, den du zuerst geboren?

Zerschmetternd fiel der Schlag herab,
Allein dein Kind ist nicht verloren.
Muth, Muth! du wirst es wiederseh'n!
Siehst in den letzten Augenblicken
Du einen Liebling nach dir blicken,
Dann sagt er dir: auf Wiederseh'n!

Auf Wiederseh'n, dort oben, dort,
Wo Nichts das Herz mehr wird bedrängen,
Im Lande, das ein Ruheort,
Das voll von Blumen und Gesängen,
O selig ist wer dieses glaubt!
Er darf auf ew'ge Liebe hoffen,
Er gehet mit erhobnem Haupt,
So schwer ihn auch das Leid getroffen;
Er sagt: nicht anders kann's gescheh'n,
Es muß im Tod geschieden werden:
Doch klingt's im Himmel und auf Erden:
Auf Wiederseh'n, auf Wiederseh'n!

Weg, finstrer Traum von ew'ger Nacht,
Jauchzt Alle, dankt und streuet Blüten,
Weil dort uns eine Zukunft lacht,
Die allen Schmerz uns wird vergüten.
Was uns verläßt, das ruft uns zu —
Du, Mutter, deinem Kind entrissen,
Du, Freund, der du da gingst zur Ruh,
Ihr, Brüder, die mein Herz muß missen,
Ihr Blumen, die ihr im Vergeh'n
Das Haupt von einer Todten schmücket,
Und ihr, die man zum Brautkranz pflücket,
Ruft' all' uns zu: auf Wiederseh'n!

Das zweite fand ich in dem holländischen Blatte „Lektuur voor de Huiskamer. Es heißt:

Am Eingang der Kirche.
(Bei einem Gemälde.)

Es läutet des Gebetes Stunde,
Kommt, tretet in den Tempel ein,
Fleht mit dem Herzen, mit dem Munde,
Und lasset uns wie Brüder sein.
Kommt, eines Vaters Kinder alle,
Gering und hoch, arm oder reich,
Kniet nieder in der Altarhalle,
Und dankt und bittet hier zugleich.
Dankt Gott für Euer täglich Brod,
Fleht um Vergebung Eurer Schuld,
Erzeigt dem Feind die gleiche Huld,
Denn Haß ist schlimmer als der Tod.

Die Kirche ist nun ganz gefüllt,
Wer reich, kniet an der ersten Stelle,
Und hier, hier an der kalten Schwelle
Kniet, wen der Armuth Kleid umhüllt.
Ihr sehet Gute, sehet Schlechte,
Es sind Verirrte, wie Gerechte —
Verurtheilt nicht, nein, sucht genau,
Den Weizen von der Spreu zu scheiden,
Nicht von den bösen ist die Frau,
Die drüben kniet, gebeugt durch Leiden.

Einst blieb sie nicht so weit zurück,
Einst war sie jung und voll von Leben,
Von Lieb' und Ehrfurcht stets umgeben,
Und glaubte noch an ew'ges Glück.
Kam in die Kirche sie, dann machte
Ihr wunderschönes Angesicht,
Das in dem Glanz der Rosen lachte,
Die Gläub'gen untreu ihrer Pflicht.
Da ist es über sie gekommen

Der Menschen Loos, verhängnißschwer,
Ihr Platz dort vorn ist eingenommen,
Und Keiner denkt der Wittwe mehr.

O ja, der Eine kennt sie doch,
Der Herr, die Zuflucht für die Sünder,
Der Herr, der Vater seiner Kinder,
Er kennt die arme Wittwe noch;
Er siehet sie, wenn sie sich gleich
Geschlichen in die fernste Ecke,
Daß sie, die einst so schön und reich,
Dort ihr geflicktes Kleid verstecke.

Das Mädchen und der kleine Knabe,
Die flehen, daß der Herr Erbarmen
Mit ihrer kranken Mutter habe —
Ich theile das Gebet der Armen.
Sie haben weiter Nichts auf Erden
Als ihrer Mutter treue Liebe,
Was sollte aus den Kindern werden,
Wenn ihnen nicht die Mutter bliebe?
Denn ach — ihr Vater — seht ihn dort,
Er schläft, indeß die Kinder weinen,
Und wacht er auf, so treibt's ihn fort
Zur Schwelgerei an wüstem Ort —
Er ist kein Schützer für die Seinen.

Dort lehnt ein Jüngling an der Wand,
Gedankenlos schweift in der Runde
Sein Blick, er faltet keine Hand,
Er denkt an Gott zu keiner Stunde.
Das Glöckchen schallt, er knieet nicht,
Auf die dahin Gesunknen nieder
Schaut er mit spottendem Gesicht,
Und denkt schon an das Spielhaus wieder.

Er hört das Gold schon wieder klingen,
Er sieht den Wein schon wieder blinken,
Er sieht die Frau'n aufs Neue winken,
Die ihn gefaßt in ihren Schlingen.
Sie sind es, die das Lebensblut
Ihm aus den vollen Adern saugen,
Sie löschten aus die reine Glut
In seinen himmelblauen Augen.
Sie waren's, welche ihn verführt
Und seiner armen Mutter nahmen,
Die unermüdet, sonder Amen,
Die Lippen zum Gebete rührt.
Der Liebesborn wird nicht versiegen,
Kann gleich die Mutter keine Nacht
In Ruh' in ihrem Bette liegen,
Weil sie, des Sohnes harrend, wacht.
Doch er — wohin soll's ihn noch führen?
Gefängniß oder Hospital —
Es bleibt ihm weiter keine Wahl —
Hier kommt er nur die Zeit verlieren.

Dort sitzt ein armer Mann gebückt,
In schlechtem Kleid, mit weißen Haaren,
Auf seinem müden Haupte drückt
Der Schnee von achtzig langen Jahren.
Als Kind schon kannt' er diese Stelle —
Die blinde Schwester, ihm so lieb,
Die saß mit ihm hier auf der Schwelle,
So lange sie auf Erden blieb.
Sie starb, er suchte fern sein Glück,
Und fand, er könnt' es nicht erwerben,
Und kam, um wohlgemuth zu sterben,
An seinen alten Platz zurück.
Jetzt fleht gerührt er, daß uns Alle
Der Herr mit seinen Gaben segne,

Und daß, wenn Ueberfluß es regne,
Ein Krümchen mit für ihn auch falle —
Nichts mehr!

„Laß wachsen meine Saaten",
So lautet eines Landmanns Fleh'n,
„Laß meine Ernten gut gerathen,
Laß meine Sachen glücklich geh'n.
Ich möchte gerne von den Reichen
Betrachtet sein als ihres Gleichen —
Ich ließ die Armen Aehren lesen
Auf meinem abgemähten Feld,
Bin gegen Waisen gut gewesen
Und zahlte treulich Opfergeld.
Erhöre mich!"

Welch ein Gebet!
Mit seinem Loos welch Ungenügen!
Wie schlecht er Gottes Wort versteht,
Das uns gebeut, uns fromm zu fügen!
„Gieb", ruft er, „deine Schätze mir,
Dann will ich And'rer mich erbarmen!"
„Gieb", schluchzt der Greis, „und mit den Armen
Da theil' ich, was da kommt von dir."

In ihren Mantel tief verborgen
Ein Weib dort seitwärts niederkniet,
Noch ist sie jung, doch nicht mehr sieht
Sie fröhlich wie ein Frühlingsmorgen.
Sie ist nicht länger schön — erblichen
Sind ihre Rosen und entflogen,
Seit sie dem Elternhaus entwichen —
Sie hat geliebt, sie ward betrogen.
Sie träumte, Kind der Eitelkeit! —
Die Blumen welkten nicht auf Erden,
Und niemals könnt' es Winter werden,
Und ewig wär' es Liebeszeit.

Der Winter kam, der Kranz fiel nieder,
Mit ihrem Kind und ihrer Noth
Kam zu der Eltern Haus sie wieder
Und flehte um ein Stückchen Brod.
Die Mutter flog der Thüre zu:
„Zurückgekommen ist das Kind!"
Der Vater sprach mit kalter Ruh:
„Du weißt, daß kinderlos wir sind."
Seitdem da betet sie mit Demuth
Und sieht sie ihren Vater an,
Da weinet sie mit solcher Wehmuth,
Daß er ihr kaum mehr zürnen kann.
Schon sah ich jüngst dem harten Mann
Im Auge eine Thräne beben,
Muth, armes Weib, er wird vergeben.

Und du, Allvater, woll' uns Allen,
Um was wir dich gefleht, verleih'n —
Doch nein, nach deinem Wohlgefallen
Laß unser Loos entschieden sein..
Und mögen nun auf unf'rer Bahn
Wir Dornen finden oder Rosen,
Wir sagen: „Gott hat wohlgethan!
Der harte Dorn der trägt einst Rosen."

Man bittet für die Todten nun,
Man nennt im Stillen ihre Namen;
Daß sie in Gottes Frieden ruh'n!
So tönt's, und dann sagt Jeder: „Amen!"

Gern würde ich diesen beiden ernsten Dichtungen noch eines von den scherzhaft naiven Liedern zufügen, in denen August Sniebers seinen Meister sucht. Einige sind besonders bekannt und beliebt: „Der Grenadier des Königs" und die Lieder von „Hansje und Elsje." Hansje ist ein Tölpel, Elsje eine allerliebste ländliche Kokette; der Dichter hat sie in den verschiedensten Lagen belauscht und skizzirt, aber — es läßt sich das eben nur auf Blämisch so thun. Das Hochdeutsche ist nicht naiv genug dazu, ich wenigstens würde mir die Lieder verderben, versuchte ich sie zu handhaben, und so mögen sie bleiben, wie sie sind, und wer sie lesen will, mag Blämisch lernen. August Snieders selbst will nicht recht mehr von ihnen wissen; er findet sie „sehr schwach" — darin hat er Unrecht, sie sind nur frisch und etwas übermüthig — es ist Schade genug, daß er keine solche mehr macht. August Snieders scheint Vorurtheile zu haben, ich wenigstens habe ihm ein zweites vorzuwerfen: er läßt die Schatten seiner Erzählung vorzugsweise, ja, fast ausschließlich auf die höhern Schichten der Gesellschaft fallen. Wozu das? Gutes liegt allenthalben, ebenso wohl wie Schlechtes, und wer ein großes Talent besitzt, hat die Erlaubniß zur Unparteilichkeit.

Seit 1849 ist August Snieders Hauptredakteur des „Handelsblattes." Im Jahre 1852 erhielt er die goldene Medaille in dem Preiskampf über die Frage: „Was würde Belgien durch genauere Beziehungen mit den Niederlanden gewinnen?" Drei Jahr später ernannte ihn der König von Holland zum Ritter der Eichenkrone. Obwohl sein Journal ihm viel Zeit nimmt, so widmet er doch täglich einige Stunden der schönen Literatur und hat erst kürzlich einen neuen zweibändigen Roman beendet.

Myne eerste zangen. Antwerpen 1848.
Mymering. De vlaemsche Rederyker 1851.
Burgerdeugd, een verhael uit vroegere dagen. Antwerpen 1851.
Beelden uit ons leven. Antwerpen 1851.
De arme Schoolmeester. Antwerpen 1851.
De landverrader, een verhael met geschiedkundige herinneringen, Antwerpen 1853.
Het lied der kunstenaers.

Ken-u-zelven.

De dorpspastoor, historische tafereelen uit den tyd der fransche overheersching. Antwerpen 1853.

De orgeldraeijer, een verhael uit den jare 1817. Antwerpen 1854.

De gasthuisnon. Antwerpen 1855.

Het bloemengraef, eene vertelling uit de noordbrabandsche Kempen. Antwerpen 1855.

De Verstooteling. Antwerpen 1856.

De Fortuinzoekers, tafereelen uit het leven der Nordbrabandsche landverhuizers. Antwerpen 1858.

Snieders (Jan Renier) geboren den 21. Nov. 1812 zu Blabel, älterer Bruder August's. Von einem unruhigen und lebhaften Charakter, lernte er als Knabe am leichtesten eine Menge Dinge, welche man im elterlichen Hause nicht immer als besonders nothwendig anerkennen wollte. Schwimmen, Schlittschuh laufen, auf alle Bäume der umliegenden Wälder klettern, ganze Tage in abgelegenen Feldern zubringen, um seine Dohnen zu bewachen, das waren seine liebsten Erholungen. Daß er dabei in vielfache Beziehungen mit der Straßenjugend gerieth, und daß dieselben nicht immer gerade friedlicher Natur waren, läßt sich denken; auf seine ungewöhnliche Körperkraft vertrauend, fehlte er bei keiner. Bei manchem humoristischen Zuge in seinen Novellen erinnert sich der oder jener Leser mit Vergnügen seines alten Spielkameraden, aber sein Vater empfand damals weniger Vergnügen über die Neigungen des Sohnes, und vertraute ihn, „um den Jungen von der Straße wegzukriegen", einem Bekannten, der ihn in der Musik unterrichten sollte. Bald sang er mit einer seltsam schönen Stimme in der Kirche seines Dorfes und spielte auf der Geige seine Partie in den geistlichen Compositionen deutscher Meister, welche mit Vorliebe aufgeführt wurden. Vielleicht hätte Renier statt ein bedeutender Schriftsteller, ein bedeutender Musiker werden können, aber sein Vater sagte: „der Junge ist gar zu gescheidt, der muß Lateinisch lernen", und Renier kam nach Roermonde in Limburg, wo damals ein vortreffliches Collegium war. Dort blieb er mit der größten Auszeichnung, bis die Umwälzung von 1830 begann, dann kam er nach Eindhoven in Braband, wo er seine vorbereitenden Studien beendigte. Der wilde Knabe war ernst und männlich geworden, und so war es für die Familie ein harter Schlag, als der junge Student rund heraus erklärte, daß von dem geistlichen Stand, in welchem man ihn schon mit Ehren und Würde glänzen sah, ein für alle Mal keine Rede sein könne. Vielleicht würde ihn sein religiöser Sinn, welcher schon in der Kindheit sehr lebendig war, ihn den Wünschen der Eltern gemäß geleitet haben, aber Renier gehörte sich selbst nicht mehr. „Hätte es", sagt der Freund, dem ich diese vortreffliche Biographie verdanke, „hätte es eine Frau weniger in der Welt gegeben, so würde es wahrscheinlich auf der Geschlechtstafel der Familie einen Dorfpastor mehr gegeben haben." Jetzt bezog er 1833 die Universität von Löwen, um dort die Medicin zu studiren. Er hörte bei Hensmans und Van Mons Chemie, bei Le Roy Physik, bei Becker die alten Sprachen und bei Reiffenberg Logik. Baud, Craeninx und Michaux waren seine Professoren in der Medicin, die beiden letzteren wurden seine innigen Freunde. Abermals mit der größten Auszeichnung bestand Renier vor der Centraljury zu Brüssel seine Examina und wurde 1838 Doktor. Es wurden ihm mehrere günstige Anerbietungen gemacht, doch der Wunsch, den Seinen so nahe wie möglich zu sein, ließ ihn Turnhout in der Antwerpner Kempen wählen. Er verheirathete sich mit dem Mädchen, welches seine Jugendliebe war, und glücklich in der Häuslichkeit, glücklich auch in der Ausübung seiner Kunst, benutzte er sein einsames, heiteres Leben, um die Mußestunden der Abende der vaterländischen Literatur zu widmen.

Schon zu Eindhoven hatte das Lesen der lateinischen Dichter ihn zu eigenen Versuchen angeregt. Doch folgten dann mehrere Jahre, während welcher Renier der Poesie gänzlich zu vergessen schien, und erst als zu Löwen die vlä=

mische Genossenschaft: „Mit Zeit und Fleiß" gestiftet wurde, erwachte durch das Beispiel seiner Studiengenossen der poetische Trieb von Neuem, und die Gedichte, welche von ihm in der Sammlung der Gesellschaft erschienen, fanden allgemeinen Beifall.

In Turnhout stiftete er eine Gesellschaft „das Morgenroth", und der Anregung, welche ihm dieselbe gewährte, verdankt die vlämische Literatur einen ihrer besten Romanciers.

Die Hälfte fast einer Gedichtsammlung, „die Thautropfen", welche von der Gesellschaft herausgegeben wurde, ist von ihm. Bald darauf schrieb er „Olivia", eine Geschichte aus den Chroniken von Turnhout. In einer prosaischen Sammlung der Gesellschaft, in den „Vorlesungen" lieferte er ebenfalls die meisten Beiträge. Ebenso schrieb er, wenngleich etwas weniger fleißig, in Zeitschriften und Jahrbücher.

Von selbstständigen Schöpfungen folgte kurz auf seine „romantischen Erzählungen" „das Kind mit dem Helm." In diesem Romane hat er seine Heimathgegend zum Schauplatz gewählt, und sie kann ihm für seine Schilderung dankbar sein. Die Hallonenbers gehören zu den interessantesten Bösewichtern, die ich kenne, ohne im geringsten geschmeichelt zu sein, der Drossart ist ein prächtiger Charakter, ohne im Geringsten übertrieben zu sein. Die Scenen in der Abtei sind vortrefflich. Von den „Dorferzählungen" gebe ich eine der vorzüglichsten, es ist daher unnöthig sie zu preisen. Der historische Roman: „Die Hütte von Wartje Nulph" spielt in und bei Turnhout, folglich hat der Verfasser den so sehr großen Vortheil der vollkommenen Lokalkenntniß. Der wackere, lustige und auch zugleich rührende Held wird in die unterhaltendsten Beziehungen zu Moritz von Nassau gebracht, kein Wunder also, daß dieses Buch in den Niederlanden so gefällt. „Der Meisterknecht" fängt mit einer reizenden Naivetät an. Meiner Meinung nach weniger geglückt, obwohl von den Blamingen sehr geschätzt, ist „Amanda," welche größtentheils in Gheel spielt; der Verfasser ist bei diesem Buch nicht so recht in seiner Sphäre. Dagegen enthält sein jüngster Roman „Doktor Marcus" Schilderungen aus dem Studentenleben, welche auf's Höchste gepriesen werden und ebenso läßt sich von dem in der Arbeit befindlichen Buche „Der Sohn eines Blaufärbers oder die Schicksale eines Latinisten" mit Gewißheit erwarten, daß es wieder ganz in Renier Sniebers eigenthümlicher Art sein werde, ebenso originell und frisch wie:

Der Sohn des Scheerenschleifers.

Es ist einige Zeit her, daß mir der alte Archivist des Dorfes gestattete, die große eiserne Kiste zu öffnen, welche, mit zwei Vorhängeschlössern zugemacht, auf einem der Böden des Thurmes aufbewahrt wird.

Ich hatte geglaubt, merkwürdige Dokumente über einen Criminalprozeß zu finden, welcher von dem alten Obergericht des Dorfes entschieden worden war, aber die Kiste enthielt Nichts, was auf diese Sache Bezug gehabt hätte; ihr Inhalt bestand lediglich in einem unentwirrbaren Durcheinander von alten Rechnungen, unlesbaren Privilegien und von der Zeit und den Mäusen angenagten Briefen, woran große und kleine Siegel, in Wachs und farbigem Lack hingen. Getäuscht, war ich im Begriff, den staubigen Deckel wieder zuzuwerfen, als mein Auge auf eine Papierrolle fiel, die mit einer rothen Schnur zugebunden war. Die Schrift, in schlichtem Latein verfaßt, trug die Jahreszahl 1760, und war vom Pastor des Dorfes unterschrieben. Am Ende, gerade über dem Namen des Verfassers, war mit der Feder ein Kreuz gezeichnet und darunter: Gott sei seiner armen Seele gnädig.

Diese Rolle Papier mußte folglich eine Geschichte enthalten, welche der alte Dorfgeistliche in seinen müssigen Stun=

den zu Papier gebracht hatte. So dachte ich und begann zu lesen.

Es war in der That die Beschreibung eines Vorfalls, welcher sich zur Zeit des guten Pastors in seinem Dorfe zugetragen und dem braven Mann gewiß manche Thräne gekostet hatte. Ich glaube nicht, daß er die Absicht gehabt hat, die Geschichte herauszugeben, denn sie war ohne allen Zusammenhang blos in der Form von Notizen niedergeschrieben.

Wie dem nun sei, ich habe den Einfall gehabt, mir diesen Stoff anzueignen, die etwas nachläßigen Aufzeichnungen aneinanderzufügen und das Ganze in meine „Dorfgeschichten" aufzunehmen. Was sich in den Papieren des Pastors nicht vorfand, habe ich hier und da bei den Dorfleuten zu erfahren gesucht, denen die Begebenheiten, um welche es sich handelte, vom Hörensagen bekannt waren.

Es war an einem Sonntag Nachmittag und der Pastor gab, wie gewöhnlich, Religionsunterricht. Er wandelte zwischen den beiden Reihen seiner Lehrlinge langsam auf und nieder, als sein Auge auf einen etwa elfjährigen Knaben fiel, den er nicht kannte. Es war ein kleiner, derber Junge mit hohen Schultern und eingezogenem Halse, auf welchem ein Kopf saß, der bei uns gar nicht zu Hause zu sein schien.

Der Knabe hatte ein vorstehendes Kinn, einen eben solchen Mund, und eine glatte zurückweichende Stirn. Unter zwei dicken Brauen bewegten sich kleine graue Augen, welche zwischen den kaum halb geöffneten Augenlidern beinahe nicht zu sehen waren, aber ihr Vorhandensein durch ein scharfes Licht verriethen. Zu jeder Seite der Augen zeigte sich über dem abstehenden Ohre eine Erhöhung des Schädels, welche

Gall sehr bedenklich gefunden haben würde. In den Zügen und in dem Ausdruck des Gesichtes lag etwas, das an die Bildung der Neger erinnerte: ein Gemisch von Thierheit und Schlauheit.

Was dem Knaben vorzüglich ein seltsames Ansehen gab, war das blutrothe Haar, welches ihm kurz und kraus um den Kopf stand. Es war mit einem Wort ein rother Neger.

Der Pastor beschaute den Jungen einige Augenblicke lang mit der größten Neugier und sprach endlich: „Sagt ein Mal, kleiner Freund, wie heißt Ihr?"

„Jeurie Jokke," antwortete der Knabe kurzweg.

„Jeurie Jokke!" wiederholte der Pastor. „Und wo wohnt Ihr?"

„Hinterm Wald, nach der Heide zu."

Der Pastor schob die Lippen vor; die Gegend, wo sein kleines Pfarrkind wohnte, gefiel ihm nicht.

„Habt Ihr Vater und Mutter?" fuhr er fort zu fragen.

„Ja, sicher."

„Brüder und Schwestern?"

Der Knabe hielt das Auge auf das mit Gold durch= wirkte Kleid Unserer Lieben Frau gerichtet und schüttelte, ohne Acht zu geben, das Haupt. Die folgende Frage hörte er gar nicht mehr, und der Pastor mußte sie wiederholen.

„Was sagt Ihr?" frug Jeurie, als ob ihm das Fragen bereits lästig fiele.

„Wie lange Ihr da wohnt?"

„Ich weiß nicht — an drei Jahr, vielleicht auch schon länger."

„Wie alt seid Ihr?"

„Ich? Wohl an elf Jahr."

„Wo habt Ihr gewohnt, bevor Ihr hierher kamt?"

Jeurie bohrte mit dem Finger in einem seiner Nasen=
löcher und zuckte ohne zu sprechen die Achseln.

„Seid Ihr noch nie in der Kirche gewesen?"

Der Knabe schüttelte den Kopf; sein Gesicht gab zu er=
kennen, daß der Pastor ihn zu langweilen begann; seine kleinen
versteckten Augen fielen wieder auf die goldenen und silbernen
Zierrathen des Marienbildes.

Der Pastor zupfte ihn an seinem Wamms und sagte:
„Macht ein Mal ein Kreuz."

Jeurie that es, aber man sah deutlich, daß er keine be=
sondere Uebung darinnen hatte. Dazu schlug er es noch von
der Rechten zur Linken.

„Ein griechisches Kreuz, wenn mir recht ist," murmelte
der Pastor unzufrieden; „betet ein Mal das Vaterunser,"
fuhr er fort.

„Was?" frug Jeurie.

„Könnt Ihr nicht beten?"

„Beten?" wiederholte der Knabe und sah den Pastor
finster an, daß dieser unwillkürlich einen leichten Schauer
empfand.

„Wie viel Götter giebt es?" frug er nun.

„Drei," antwortete Jeurie zerstreut und nur als wollte
er den lästigen Frager loswerden.

Der Pastor runzelte die Augenbrauen.

„Vier, fünf," sagte Jeurie, und als er sah, daß diese
Antwort den Pastor noch weniger befriedigte, setzte er eilig
hinzu: „sechs, sieben —"

„Aber, mein lieber Junge, es giebt nur einen Gott!" sagte der Pastor, erschrocken über eine solche Unwissenheit.

„Das ist sehr gut," antwortete Jeurie immer barsch.

„Wie? Ist Euch das ganz gleich?"

Der Junge nickte.

„Was thut Ihr zu Haus zum Zeitvertreib?"

„Holz lesen, Vogeleier suchen, Dohnen aufstellen, und —"

„Und was noch mehr?"

„Fischen, schwimmen, und —"

Der Pastor seufzte mitleidig, sprach das gewohnte Gebet und schickte die Kinder nach Haus.

„Kind!" sagte er, Jeurie am Wamms zurückziehend, „vergeßt nicht nächsten Sonntag wiederzukommen. Da, nehmt das und lernt beten."

Er steckte dem Kleinen einige Deuten in die Hand und gab ihm ein schönes goldenes Heiligenbildchen auf Pergament.

Jeurie kam fünf Sonntage nacheinander in die Kirche. Den sechsten vergaß der Pastor ihm seine Deuten in die Hand zu stecken, und seitdem war er nicht mehr zu sehen. Obgleich der Pastor die Jungen, welche nach der Seite von Jokke zu wohnten, zu Jeurie schickte und ihm sagen ließ, er sollte, wenn er wieder in die Kirche käme, abermals Heiligenbildchen und so viel Deuten wie immer haben, war der Knabe nicht zum Nachgeben zu bewegen. Es war fast, als wollte er sagen: „Ihr habt mir jedes Mal Deuten versprochen und habt sie mir nicht ordentlich gegeben; Ihr seid kein Mann von Wort, folglich will ich Nichts mehr von Euch wissen."

Gehen wir nun ein Mal quer durch den großen Kiefern= wald, welcher hier und da von schönen Eichen= und Buchen=

reihen durchschnitten wird, und halten wir an dem Rande an, wo die Heide ihren unabsehbaren braunen Teppich auszubreiten beginnt. Dort steht eine kleine mit Rohr gedeckte Hütte, und in der wohnt Huibe Jokke, der Vater des kleinen Jeurie.

Huibe war ein kleines Kerlchen mit pechschwarzen Haaren, welche ihm wie Tannenzapfen um den Kopf hingen. Er hatte die Physiognomie eines durchtriebenen Schelms und eines schlauen Taugenichts. War der Sohn ein rother Neger, so sah der Vater wie ein schwarzer Fuchs aus.

Bisher hatte Huibe sich sein Brod mit Messer- und Scheerenschleifen verdient, aber plötzlich war sein abgenutzter Karren auseinandergefallen und hatte seinem herumschweifenden Leben ein Ende gemacht. Seinen großen Hund mit der gespaltenen Nase, welcher dazu gedient, seinen Wagen zu ziehen, hatte er für zehn Gulden verkauft und sich von diesem Gelde zwei Ziegen angeschafft, und diese Thiere waren es, welche nebst Huibe's Frau und dem kleinen Jeurie die Bewohner der Hütte ausmachten.

Jokke's Frau hieß Roosje. Wo sie diesen dichterischen Namen her hatte, weiß ich nicht; gewiß ist es, daß sie nichts weniger als „rosengleich" war. Daß sie die Mutter des kleinen Jeurie war, konnte man beim ersten Anblick wahrnehmen; ihr krauses Haar war ganz so roth, ihr Auge ebenso tiefliegend und ihre Physiognomie ebenso verschmitzt wie die ihres elfjährigen Söhnchens. Sie trug den Ueberrest eines atlassenen Rockes, welcher von seiner ursprünglichen hellen Farbe in die des fahlen Heidetorfs übergegangen war, und eine damastene Jacke, welche das gleiche Schicksal erfahren

hatte. Des Morgens warf sie gewöhnlich den alten Schanz=
läufer von Huibe Jokke um und band die beiden Aermel
unter ihrem Kinn fest. Der Schanzläufer, welcher sicherlich
nicht weniger als sechzig Dienstjahre zählte, mußte außerdem
im Hause als Schirm gegen den Zug dienen und draußen
sowohl die Frau wie den Mann abwechselnd gegen Wind
und Regen schützen.

Huibe's Frau trug keine Mütze, sondern einen alten
Sammethut mit breitem Schirm, welchen sie vermittelst einer
Schnur von beiden Seiten herabzog und so unter dem Kinn
zuband. Stand sie aufrecht, so beschrieb ihr Rückgrat eine
Linie, von welcher es ungewiß war, ob sie von einem Buckel
oder nur von einer krummen Haltung herrühre.

Als Huibe seine Frau heirathete, war sie gerade wie
eine Kerze, aber sie mußte mit dem schwarzen Hund zusammen
den Karren ziehen, während der kleine Jeurie, in ihren auf=
geschlagenen Rock gewickelt, ihr auf dem Rücken hing. Auf
diese Art bekam sie die gekrümmte Haltung, welche durch die
Jahre und die Gicht immer mehr zunahm.

So war Roosje Jokke.

Die einzigen Arbeiten, welche die würdige Hausmutter
verrichtete, bestanden in dem Schälen und Kochen der Kar=
toffeln, im Melken der beiden Ziegen und in der Zubereitung
des Breis, welcher die gewöhnliche Abendkost der Familie aus=
machte. Außerdem mußte Roosje noch das Futter für die
Thiere besorgen, und das war ebenso wenig mühsam, wie
ihre häuslichen Verrichtungen. Was ist leichter, als in die
Nachbarschaft sehen gehen, wo der beste Klee wächst, und den=
selben abschneiden und mitnehmen? Oder ablauern, wo das

schönste Heu oder Grummet zum Einfahren bereit liegt, und davon seinen sämmtlichen Wintervorrath holen? Und das that Roosje Jokke auf eine Weise, welche für ihre Behendigkeit zeugte. Die Bauern des Dorfes, welche das Alles sehr wohl wußten; aber sich nicht darüber zu reden getrauten, thaten, was sie konnten, um Roosje's Dienstfertigkeit zuvorzukommen, doch umsonst: Roosje war ihnen jederzeit zu flink.

Doch wenn die Bauern mit dem Benehmen der Scheerenschleifersfrau wenig zufrieden waren, sie war es um so mehr mit dem Zustande ihrer Ziegen. Und kein Wunder; die Thiere waren speckfett und gaben so viel Milch, wie in der Hütte nur immer gebraucht wurde.

Huibe Jokke war seinerseits nicht weniger als seine Frau für das Wohl des Haushaltes thätig. Er brachte, sobald der September kam, seine Kartoffelernte unter dem Bett und im Ziegenstall in Sicherheit. Niemand hatte schönere Kartoffeln als er, denn er wandte vor der Ausnahme mehrere Tage dazu an, um zu untersuchen, wo es die mehligsten gäbe.

Ebenso war er stets reichlich mit Korn und Waizen versehen, und trug jede Woche so viel wie er zu Mehl brauchte, auf dem Rücken nach der Mühle. Das Brod machte Roosje mit Milch ein, und gewiß aß weder der Pastor noch der Schulz ein so leckeres wie Huibe Jokke und seine wackere Familie.

An Feuerung fehlte es in der Hütte auch nicht. Hatte Huibe seine Kartoffeln d'rinnen, so ging er ein Stückchen weiter, nach den besten Holz- und Torfhaufen sehen. Dann nahm er eine Handvoll Heidelbeerzweige und band sie oben an einem Strauch fest, und damit war, was da lag, an einen andern Eigenthümer übergegangen.

Ich höre den Leser sagen: „nun wundert es mich nicht, daß die guten Leute solch einen Sohn hatten, der mit elf Jahren ein russisch Kreuz machte und nicht einmal wußte, wieviel Götter es gäbe. Wie die Alten singen, so piepen die Jungen."

Das sagte auch der Pastor, der sich wegen der Heidehütte sehr betrübte und bekümmerte, und gleich dem Pastor sagte es der Schulz, der nur auf die Gelegenheit wartete, die brave Familie ihre Wohnung mit dem Spinnhause vertauschen zu machen. Aber bevor hier zu Lande das französische Polizeigesetz eingeführt war, konnte man sich einen Schelm wie Huibbe Jokke nicht so leicht vom Halse schaffen.

Es war im Frühjahr, und die Vögel beschäftigten sich eifrigst mit Nesterbauen und Eierlegen. Dem kleinen Jeurie war das die liebste Jahreszeit. Den ganzen Tag trieb er sich im Walde herum, um Vögel zu suchen, und ging meistens nicht früher nach Hause, als bis er sein kleines Binsenkörbchen voll Eier hatte.

Kein Nestchen entging ihm; die Nachtigall mochte immerhin das ihrige unter dürrem Laube verbergen, wo Jeurie suchte, war er sicher, das arme Vögelchen zu finden. Der Rabe und die Krähe mochten noch so hoch in den Tannen bauen, Huibes Sohn kam und raubte ihre Eier. Die Elstern schienen den Knaben schon zu kennen, denn sie machten ihre Nester an Zweigen, auf die selbst eine Katze sich nicht gewagt haben würde. Aber wo keine Katze sich hinwagte, da kroch der kecke Bube hin.

Es schien da oben in den höchsten Wipfeln so recht eigentlich sein Element zu sein. Wie ein Eichhorn saß er oft eine geraume Zeit auf irgend einem sichern Zweig und schlürfte die Eier, die er ausgenommen hatte. Bisweilen machte es ihm Spaß, die Raben zu reizen, bei deren Nestern er eben gewesen war, und wenn er dann genug von dem Spiel hatte, so schwang er sich an den Seitenästen von einem Baum auf den andern.

Es läßt sich leicht begreifen, daß die Klimmsporen, vermittelst welcher Jeurie die hohen Stämme hinankletterte, mit ihren Spitzen die Rinde der Bäume jämmerlich zurichteten. Der Schulz sah sich die Zerstörung der schönen Tannen, von denen so viele ihm selbst gehörten, mit bedenklichem Blicke an und lauerte, leider immer umsonst, dem kleinen Klimmer auf, welcher den Terpentin herausfließen machte und das Holz beschädigte.

Eines Tages indessen sah Jeurie, der sich eben seine Klimmsporen anschnallte, den Schulzen auf sich zugelaufen kommen. Der Schulz war nur noch wenige Schritte weit, und meinte, dieses Mal könne ihm der Fang nicht entgehen. Aber als er den Baum erreicht hatte, saß Jeurie schon ganz gemächlich auf dem untersten Aste und lachte seinen Verfolger aus. Dieser warf ihm wüthend den Stock an den Kopf, aber Jeurie fing den Stock auf und kletterte damit noch höher.

Krooner, so hieß der Schulz, drohte unten mit Galgen und Rad; Jeurie antwortete nicht, aber warf ihm, gerade wie ein Affe, einen Hagel von Tannenäpfeln auf den dreieckigen hohen Hut herab.

So verfloß die Zeit des Eiersuchens und ihr folgte allmählich der Herbst, eine Jahreszeit, die der Sohn Huibe's nicht minder liebte als den Frühling. Denn nun stellte er

Sprenkel auf, ein Geschäft, bei welchem sich so mancher Schuljunge Strafe vom Lehrer holt.

Schon vierzehn Tage bevor die Vögel zu streichen begannen, hatte Jeurie ganze Körbe voll Ruthen nach Hause gebracht und um sie frisch zu erhalten, in einem Haufen Sandes verborgen. Dann fing er an, Schlingen von Pferdehaar zu flechten, und man kann sich leicht vorstellen, wie um diese Zeit die Pferdeschwänze im Dorfe aussahen. Sich in die Ställe schleichend, zog er buchstäblich sämmtliche Haare aus, welche ihm die gehörige Länge zu haben schienen, oder er paßte hinter irgend einer Ecke den Fuhrmannswagen auf, die einen Augenblick vor der Thür der Wirthshäuser still hielten, und dann war, glückte es ihm, mit einem Schnitt seines Messers der ganze Schwanz ab.

Nur die Schimmel waren sicher vor ihm, denn Jeder weiß, daß nur in der äußersten Noth eine weiße Schlinge genommen wird. Jeurie, der sich besser als Jemand sonst auf sein Fach verstand, behauptete, daß man in einer weißen Schlinge wohl ein Rothkehlchen oder eine Meise, aber nie einen Krammetsvogel fangen könne.

Bald hatte er seine Dohnen überall aufgestellt, sowohl rund um den Wald, wie in dem Dickicht längs der Heide und in den Hecken der Wiesen am Flusse; der Schulz, welcher dort herum viele Grundstücke hatte, hob drohend die Faust, wenn er die Verwüstungen sah, die Jeurie in dem jungen Holze anrichtete. Wo Krooner immer konnte, schnitt er die Dohnen entzwei und warf die Beeren fort.

Eines Nachmittags fand er auf einem seiner Felder mehrere Dohnen dicht neben einander aufgestellt. Die

Krammetsvögel waren diesen Tag noch sehr spät gestrichen und in unzählbarer Menge in das Erlengehölz gefallen; auch hatte sich bereits ein halbes Dutzend gefangen.

Der Schulz machte die Vögel los, steckte sie zu sich und zerriß dann die Dohnen. Jeurie hatte von Weitem Alles gesehen; zitternd vor Wuth und glühendroth sprang er wie eine Tigerkatze herbei.

„Gebt her!" rief er, sich vor den Schulz stellend und drohend sein Taschenmesser schwingend.

„Ha, ha, Taugenichts, hab' ich Euch!" sagte der Schulz. „Ihr Holzverwüster, Ihr Schelm, wartet —"

„Meine Vögel her, oder —" kreischte Jeurie, und sein Messer war bereits dem Leib des Schulzen nahe.

„Da, kleine Brut, ich will Euch lehren!" rief der Schulz, indem er mit seinem Stock dem Jungen das Messer aus der Hand schlug und ihn dann derb an den Ohren zog. „Morgen lass' ich Euch in den Thurm sperren, Galgenaas."

Damit ging er heim. Jeurie setzte sich stillschweigend unter eine Birke, gegen deren Stamm er sich lehnte. Er sah schrecklich aus; sein todtbleiches Gesicht stach finster gegen das blutrothe Haar ab, welches sich wie Schweinsborsten zu sträuben schien; er ballte seine kleinen Fäuste und warf dem Schulzen einen so drohenden Blick nach, daß der Schulz, hätte er ihn gesehen, davor geschauert haben würde.

Zwei Tage später saß Jeurie wieder unter der Birke, als der Schulz abermals vorbeikam. Das Gesicht des Knaben nahm augenblicklich den drohenden Ausdruck wieder an, welchen es bei dem Streit um die Vögel gehabt hatte.

Dieses Mal sah Krooner den Tigerblick des Knaben.

Er empfand einen kleinen Schauer und ging, ohne etwas zu sagen, an den Dohnen vorüber, die Jeurie neuerdings in den Erlenhecken aufgestellt hatte.

„Ich gäbe den Armen zwei Sack Korn und fünfundzwanzig Pfund Butter," sprach er zu sich selbst, „wenn das Galgenzeug ein paar Meilen weiter ziehen wollte. Hab' ich doch in meinem Leben kein solches Gesindel getroffen! Wo das Volk nur hergekommen sein mag? Noch heute geh' ich zum Pastor — das muß und soll ein Ende haben."

Während der Schulz so mit sich redete, dachte Jeurie: „Hundsfott, wenn ich nur erst vier Jahr älter wäre, da wollte ich Euch lehren — Hab' ich jemals solche Leute gesehen, wie hier im Dorfe! Der Pastor, der mir nicht bezahlt, was er mir schuldig ist, und der Racker von Schulz, der mir meine Dohnen zerstört und meine Krammetsvögel mitnimmt!"

Der Junge stand auf und als er sah, daß der Schulz seine Sprenkel nicht anrührte, so ging er heim. Aber er fühlte, daß ihm etwas in der Kehle stecke, das früher oder später herausmüsse.

Einige Tage darauf kam der Pfarrer durch den Wald gegangen und trat in die Hütte, wo Huibe Jokke wohnte.

Ich weiß es nicht, ob die stattliche Haltung, das ehrwürdige und freundliche Wesen des Geistlichen Eindruck auf die Familie machte, oder ob sie durch den unerwarteten Besuch einer fremden vornehmen Person in Verlegenheit gerieth, aber gewiß ist es, daß Jokke von seinem Sitz aufstand und, den Hut in der Hand, dem Besucher einen Platz zwischen ihm und seiner Frau anbot.

Der Geistliche setzte sich und fing an, über das Wetter

und über die zunehmende Kürze der Tage zu sprechen. Jofke hatte seit dem Eintritt des Pfarrers eine ganz andere Miene angenommen, und Roosje war seinem Beispiel gefolgt. Beide zeigten solch' herzliches Entgegenkommen, und waren so voll von Höflichkeit, daß man hätte zweifeln können, ob es dieselben Leute wären. Der Pastor sah in der freundschaftlichen Wendung, welche das Gespräch nahm, ein gutes Vorzeichen, und meinte, daß es nun an der Zeit sei, auf den Zweck seines Besuches zu kommen.

„Ich pflege von Zeit zu Zeit meine Pfarrkinder zu besuchen," sagte er mit liebreichem Ton.

„Das ist sehr wohl gethan, bester Herr, sehr wohl," antwortete Roosje mit der sanftesten Stimme.

„Wenn ich Euch nicht früher besucht habe," fuhr der Pastor fort, „so war es, weil ich wirklich nicht wußte, daß Ihr hier —"

„Das schadet Nichts, bester Herr," fiel Roosje ihm in das Wort, „Euer Besuch ist uns ebenso willkommen."

„Und für mich sind die Stunden, welche ich mit meinen Pfarrkindern zubringe, immer sehr angenehm," sagte der Geistliche, „um so mehr, weil ich bei der Gelegenheit erfahre, ob ich irgend wie helfen kann."

„Daran thut Ihr sehr wohl, Meinherr," sagte Roosje, indem sie die Schnur von ihrem Hute losband und, um besser zu hören, den Schirm in die Höhe springen ließ.

„Auch kam ich eigentlich mehr, um zu fragen, warum ich Euer Söhnchen dort nicht mehr bei der Kinderlehre sehe." Und er wies auf Jeurie, welcher mit dem Ellenbogen auf dem Tische zuhörte.

„Wenn der Taugenichts nur auf uns hören wollte, Herr Pastor, aber die Jungen, besonders die Jungen heutzutage! — früher war das nicht so."

„Das glaub' ich, Mutter," sagte der Geistliche, aber wollen oder nicht wollen — das Kind —"

„Wenn es nur nach mir ginge," flüsterte Roosje den Geistlichen in das Ohr, „aber Huibe —"

„Meine Frau," zischelte Huibe dem Pastor von der andern Seite zu, „meine Frau läßt den Jungen machen, was er will. Jeurie ist ein verzogener Bengel — ich hab' ihr das hundert Mal gesagt."

„Sehr wohl, aber Ihr müßt das Kind doch beten lehren —"

Roosje stieß den Pastor in die Seite und unterbrach ihn so leise sie konnte: „Das ist Huibe's Schuld — er will nicht, daß der Junge in die Kirche soll."

Huibe stieß den Pastor etwas stärker an, legte den Mund dicht an dessen Ohr und flüsterte: „Ihr seht's wohl, was für eine Sorte von Weib ich da habe."

Der Pastor, so von beiden Seiten zugleich bestürmt, wußte nicht, wem er glauben sollte, und ergriff endlich den Ausweg, die Augen zu schließen und sich die Ohren zuzuhalten.

Nach einigen Augenblicken, während welcher Huibe und Roosje sich bereit machten, die Versuche des Pastors weiter abzuwehren, hob dieser wieder an:

„In jedem Falle, beste Leute, liegt es Euch ob, für die Erziehung des Kindes zu sorgen; Ihr wißt wohl, daß eine schreckliche Verantwortung auf den Eltern ruht, welche dieser Pflicht nicht nachkommen."

„Ihr habt Recht, allerbester Herr," sagte Roosje, mit ihrem Manne zu gleicher Zeit redend, „davor muß der Vater sorgen. Aber was soll man sagen? Huibe ist Euch ein Mensch — o wenn Ihr's wüßtet! — Und für mich, ich kann fast keinen Schritt thun, Herr Pastor; ich leide unsäglich von der Gicht in der Hüfte, im Beine, im Fuße —"

„Christus hat so viel für uns gelitten, Mutter," sagte der Pastor.

„Ja, das glaub' ich, ehrwürdiger Herr," antwortete Roosje. Der Ton, in welchem sie das sagte, ließ erkennen, daß die rothhaarige Frau nicht recht wußte, wovon der Geistliche sprach.

Dieser fuhr fort:

„Ihr wißt doch, daß Christus für uns gestorben ist?"

„Der arme Mann!" sagte Roosje und drückte aus jedem Auge eine große Thräne.

„Wißt Ihr das nicht?" fragte der Geistliche mit wachsender Verwunderung.

„Ach, lieber Herr," sagte Roosje, „wir kümmern uns um Niemand's Sachen. Wir kommen nirgends hin. Ich für mich sag' immer, daß ein Jeder am besten thut, vor seiner Thür zu kehren und alle Welt in Ruh zu lassen. Hab' ich nicht Recht, bester Herr?"

Der Pastor hustete ein paar Mal, um es sich zu überlegen, ob er der Frau Recht geben dürfe. Er fand, daß es nicht ginge und fragte:

„Ihr wißt doch wohl, hoff' ich, daß Christus für uns Mensch geworden ist?"

„Was Ihr da sagt!" sprach Roosje.

„Und für uns gekreuzigt worden und gestorben ist?"

„Wir einfältigen Leute," sagte Huibe Jokke, „wir lesen keine Zeitungen, wir wissen in der Welt Nichts —"

Roosje saß und weinte wie ein Kind darüber, daß Christus todt wäre. Der Geistliche wußte nicht mehr, was er sagen sollte; die Unwissenheit der Hüttenbewohner brachte ihn gänzlich aus der Fassung. Er stand auf, legte ohne ein Wort einen Reichsthaler auf den Tisch und ging.

Nur sprach er noch mit bittendem Ton: „seht doch zu, meine guten Freunde, daß Ihr in die Kirche kommen und Euern Jungen in die Kinderlehre schicken könnt."

„Sicherlich, guter, bester Herr!" riefen Roosje und Huibe aus einem Munde, und sich nach Jeurie umdrehend, fuhren sie ihn an: „Taugenichts, Faulpelz, werdet Ihr thun, was der Pastor sagt?"

Jeurie hörte weiter nicht auf seine Eltern; er nahm den Thaler, stellte ihn auf den Tisch und ließ ihn sich drehen.

Von nun an kam der Pastor bisweilen in die Hütte und versuchte den Scheerenschleifer zu einer Aenderung seiner Lebensweise zu bewegen. Jedes Mal hinterließ er einen Reichsthaler. Huibe Jokke besuchte dafür regelmäßig die Kirche, und Jeurie wohnte dem Religionsunterricht bei. Roosje versicherte, sie könne der Gicht wegen nicht einen Fuß vor den andern setzen, und blieb zu Hause.

Bei seinen beiden letzten Besuchen hatte der Pfarrer, aus dem einfachen Grunde, weil er für den Augenblick Nichts mehr geben konnte, keinen Reichsthaler auf den Tisch gelegt. Die Folge war, daß auch der Scheerenschleifer und sein Sohn bei der Mutter blieben, und sich nicht mehr um die Kirche kümmerten.

Unterdessen war es Winter geworden, der Schnee lag fußhoch und es war eine Kälte, daß es, nach dem alten Ausdruck, Kieselsteine gefror.

So lange wie kein Schnee gefallen war, hatte Jeurie Jokke Kaninchen und Hasen gefangen. Das vierfüßige Wild war ihm ebenso recht gewesen wie die Krammetsvögel und die Vogeleier. Aber nun hatte die gewaltige Kälte ihn in seinen Vergnügungen gestört. Jeurie saß vom Morgen bis zum Abend, die Hände in den Hosentaschen, vor dem kleinen Fenster, starrte über die Heide, oder spähte, ob der kleine Windweiser, welchen er auf einem Stock vor der Thür aufgepflanzt hatte, die Richtung nicht verändere. Aber nein, der Wind blies immer gleich heftig aus Norden.

Huibe Jokke rauchte vom Morgen bis zum Abend und kroch so dicht an das Feuer, daß er genöthigt war, Knieschienen von Birkenrinde umzubinden, um sich nicht buchstäblich die Schienbeine zu verbrennen. Roosje Jokke knüpfte den Schanzläufer dichter als je über der Brust fest und zog den atlasnen Hut so tief wie möglich in das Gesicht.

„Warum sitzt Ihr den ganzen Tag da faulenzen?" sagte sie einst zu dem kleinen Jeurie, der noch immer den Windweiser auf dem Stock im Auge hielt, „warum holt Ihr nicht lieber Euer Schreibgeräth hervor? Uebt Euch von Zeit zu Zeit — man vergißt dergleichen Dinge."

Jeurie stand auf, brachte aus einem Versteck Papier, Tinte und Federn hervor, und setzte sich an den Tisch, um zu schreiben. Jokke und Roosje kamen beide sich über die

Schulter ihres Sohnes legen, um zu sehen, ob er seine Schreibekunst noch nicht vergessen habe.

„Es geht schon noch!" sagte Jokke zufrieden.

„Wenn er die Buchstaben noch etwas kleiner machte —" bemerkte die Mutter.

„Die Feder taugt Nichts mehr, und die Tinte ist zu dick," sagte Jeurie.

Huibe schnitt die Feder mit einem Federmesser, das er aus seiner Tasche holte, und Roosje goß einige Tropfen Wassers in das thönerne Tintenfaß, dann zog Jeurie mit dem Lineal Bleistiftlinien auf das Papier und schrieb noch ein Mal so gut und so schnell.

„Seht, so geht's," sagte Huibe Jokke, „fahrt nur so fort; wozu Ihr's zu wissen braucht, dazu versteht Ihr schon genug davon. Euer Vater und Eure Mutter verstehen um kein Haar mehr davon, und doch sind sie durchgekommen."

Während der alte Scheerenschleifer das sagte, stand seine rothe Ehehälfte am Fenster und blickte auf die unabsehbare Schneedecke, welche Alles einhüllte außer den magern Birken auf dem Damm, der über die Heide lief. Plötzlich sah Roosje von der Seite des Waldes her Jemand auf die Hütte zukommen. Obgleich sie stets behauptete, nicht einen Fuß vor den andern setzen zu können, so flog sie doch jetzt hurtig wie eine Katze an den Tisch, wo Jeurie schrieb, riß ihm Lineal und Feder aus den Händen und warf Beides in's Feuer. Das Tintenfaß und den Bleistift steckte sie in eine ihrer Taschen.

Huibe und sein Sohn schienen über Roosje's Verfahren keineswegs verwundert. Sie steckten die Hände in die Hosen=

taschen und gingen an's Fenster, während Roosje, harmlos wie ein Kind, Kartoffeln weiterschälte.

Der Mann, vor welchem die Frau des Scheerenschleifers so auf der Hut zu sein schien, ging an der Hütte vorbei.

„Ich hab' ihn nie gesehen," sagte der kleine Jeurie.

„Bekannt oder nicht," sagte leise die Mutter, indem sie ihre Kartoffeln bei Seite setzte, „seid immer auf Eurer Hut." — „Junge, Junge, nie darf ein Sterblicher dahinter kommen, daß Ihr lesen und eine Feder in der Hand halten könnt," setzte Jokke hinzu. Der Bube nickte mit dem Kopfe und in seinen kleinen tiefliegenden Augen las man, daß er die Richtigkeit der väterlichen und mütterlichen Ermahnungen sehr wohl begriff.

Die Kälte hatte nun schon zwei Monate gedauert, und die Noth trat ein. Der Getreidevorrath des Scheerenschleifers ging zu Ende, und Roosje klagte bitter, daß die beiden Ziegen fast gar keine Milch mehr gäben, dazu war das Brod ungewöhnlich theuer und die Sparbüchse ganz leer geworden, Huibe Jokke mußte also daran denken, diesen Zustand, der täglich schlimmer wurde, abzuhelfen. Der Scheerenschleifer hatte in seinem Leben zu oft in der Klemme gesessen, um nicht augenblicklich Rath zu schaffen. Wir wollen ihm einige Zeit lassen, um seine Pläne wohl zu erwägen und unterdessen mit dem Haushalt des Schulzen Bekanntschaft machen.

Krooner war, wie wir schon gesehen haben, ein wohlhabender Mann; außer den schönen Weiden am Flusse gehörte ihm ein ansehnlicher Theil der Holzungen, und er bewohnte am Ende des Dorfes ein großes Haus mit einem ansehnlichen Gehöfte.

.

Es war mitten am langen Winterabend. Der große kupferne Kessel mit Futter für die Kühe hing an seinem eisernen Haken, während unter ihm lustig das Torffeuer loderte. Frau Krooner saß und spann, wie die Hausmütter der damaligen Zeit es gewohnt waren, die beiden Töchter stopften Strümpfe und Socken, und ihr einziger Bruder, ein netter schwarz= lockiger Bursch von sechszehn Jahren, war beschäftigt, ein Fischnetz zu stricken.

In dem großen Winkel des Heerdes saßen Krooner und der Pastor, welcher oft des Abends kam, ihre Pfeifen rauchend und aus der vorelterlichen zinnernen Kanne, die neben ihnen auf dem Tische stand, ein Glas Bier trinkend. Etwas höher hinauf am Heerde saßen die Knechte Hanf aushülsen, und die Mägde Grünzeug für den folgenden Tag zurecht machen. So ging es in der guten alten Zeit bei den braven, ein= fachen Dorfleuten zu.

Krooner und der Pastor sprachen über die vergangenen Zeiten und behaupteten Beide, in ihrer Jugend wäre es anders gewesen — jetzt ginge Alles rückwärts. Der Schulz klagte, daß man ihm das Holz zuschanden machte und stöhle, was zu seines Vaters Zeit nie vorgefallen sei, daß die Ländereien im Preise fielen, während alles Andere im Preise stiege, daß die Ernte mißrathen und kein Geld mehr zu verdienen sei, und mehr dergleichen Dinge, die auch heute noch an der Ta= gesordnung sind. Der Pastor jammerte über die Unwissen= heit des Volkes, welches lieber auf die Kirmeß liefe, als in die Kirche käme, und sich zehn Mal mehr um das Zeitliche, als um das Ewige bemühte. Er behauptete, das Volk sei seit zwanzig Jahren um ein Jahrhundert in Sittenverderbniß vorwärts gegangen, und Alles zeige an, daß die allgemeine Ansteckung noch nicht ihre größte Höhe erreicht habe. Als Hauptursachen davon bezeichnete er die Nachtgelage in den Herbergen, den Tanz, die Spinnstuben, welchem Allen die Polizei mit ihrer ganzen Macht entgegenwirken sollte. Hierbei sah der Pastor von der Seite nach dem Schulzen, welchen diese Bemerkungen angingen. Krooner wollte sich eben ent= schuldigen, als sich plötzlich ein kaum hörbares Geräusch ver= nehmen ließ und ein Brief unter der Thür durchgeschoben wurde.

Die Bestürzung, welche das Erscheinen dieses Stück Papiers hervorbrachte, war unbeschreiblich. Dem Pastor zer= brach die Pfeife, Krooner ließ sein Glas fallen, Alles ließ die Arbeit sein und sprang auf. Jeder wollte sprechen, und Keiner sprach, obwohl Allen die Worte: „ein Brandbrief!" auf den Lippen bebte.

Krooner hatte den Brief aufgerafft und besah genau die Aufschrift, welche von einer geübten, aber ihm ganz fremden Hand mit Blut geschrieben war. Dann las der Schulz, während der Hausstand einen Kreis um ihn schloß, den In= halt des schrecklichen Briefes vor.

Er bestand in einem Befehl an den Schulzen, binnen einer Stunde einen Beutel mit hundert Kronen an den Fuß des Wegweisers niederzulegen, welcher auf dem Kreuzwege unfern der Kirche stand. Es wurde ausdrücklich gesagt, daß in der Zwischenzeit Niemand außer dem Schulzen das Haus verlassen dürfe, und dann wurde hinzugefügt: sein Vortheil wäre es, den Wegweiser nicht bewachen zu lassen, denn geschähe das, so würde das Geld nicht abgeholt werden. Von der pünktlichen Befolgung aller dieser Bestimmungen hinge es ab, ob der Schulz sein Haus behalten, oder es, früher oder später, über seinem Kopfe abbrennen sehen sollte.

Es war, als ob ein Todesurtheil vorgelesen würde, so schauerlich still war es in Krooners Haus. Nachdem man aus der ersten Verwirrung wieder ein wenig zu sich selbst gekommen war, rathschlagte man miteinander, was zu thun sei, und bald war Jeder damit einverstanden, daß dem drohenden Verlangen nachgekommen und zugleich die Sache streng geheim gehalten werden sollte. Der Schulz holte die hundert Kronen aus dem Pulte, band sie in ein Beutelchen, und ging das Geld an den Wegweiser niederzulegen. Wie man beschlossen hatte, ließ man Niemand im ganzen Dorfe das Mindeste von dem Vorgang dieses Abends erfahren.

Ein Jahr später war der Winter wieder ebenso streng und die Noth wieder ebenso groß, der Brandbriefschreiber vom vorigen Jahre hatte sich bei seinem Versuche zu wohl befunden, als daß er ihn nicht hätte erneuern sollen. Aber dieses Mal geschah es mit einem weniger günstigen Ausgang.

Eines Abends, wo es gehörig dunkel war, kam Jemand um die Ecke von Krooners Wohnung zum Vorschein, schlüpfte dicht längs der Mauer hin, schob einen Brief, gleich dem vorigen mit Blut geschrieben, unter die Thür und verschwand wie ein Schatten. Doch in demselben Augenblick fiel aus der Scheune ein Schuß; es war des Schulzen Sohn, der da Wacht hielt und dem flüchtenden Thäter eine Ladung Schroot nachschickte. Fast zugleich flogen die Scheunthüren auf, und der junge Selm Krooner setzte dem Brandbriefschreiber hinterdrein. Unglücklicher Weise glitt er auf dem gefrornen Schnee aus und that einen gewaltigen Fall, wobei er sich die Kniescheibe verletzte. Bevor der Schulz, der mit den Knechten auf den Schuß herausgestürzt kam, vernehmen konnte, welche Richtung der Brandstifter eingeschlagen habe, war dieser bereits weit weg. Wohl suchte man in allen Ecken und nach allen Seiten, spähte mit Laternen die Fuß= pfade entlang, ob man keine Blutflecken fände, welche die Spur des Thäters andeuten könnten, spähte auf den Feldern, ob man keine frischen Fußtapfen entdeckte — umsonst. Bald kam man zu der Ueberzeugung, daß der Schuß den Brand= briefschreiber nicht getroffen und dieser in der Verwirrung auf der hartgefrornen Straße entkommen sei.

Alle Hoffnung, den unverschämten Thäter zu entdecken, schien somit verloren, und mit Aerger dachte Krooner an alle die Mühe, welche er, sein Sohn und seine Knechte sich den ganzen Winter durch mit Nachtwachen gegeben hatten, als man an der Thür etwas fand, was vielleicht auf die Spur des gefürchteten Brandstifters bringen konnte — einen Kreisel mit einer Schnur. Es mußte also ein Kind gewesen sein, welches den Streich ausgeübt hatte. Diese Annahme wurde um so wahrscheinlicher, als Selm Krooner bezeugte, daß Der= jenige, welchen er in der Dunkelheit gewahr geworden sei, ihm klein von Gestalt geschienen hatte. Man ging nun die Kinder im Dorfe durch und blieb endlich bei dem Sohn des Scheerenschleifers stehen, welchen allein man einer solchen Bosheit für fähig erachtete. Kaum brach der Tag an, so war auch schon das Gericht in der Hütte, um eine genaue Untersuchung über das Vorgefallene zu veranstalten.

Es schien, als hätte Huibe Jokke seinem alten Handwerk

nicht auf immer Lebewohl gesagt, denn am Heerde stand ein neuer Karren, schön roth und grün angestrichen und versehen mit einer Menge Schleifsteine von jeder Größe, welche in Form von einer Pyramide auf einem eisernen Stift steckten. Dicht daneben lag ein rother Fleischerhund von bösem Ansehen.

Die Bewohner der Hütte saßen um das Feuer her. Roosje war noch immer in der Ausstaffirung, worin sie im Lauf dieser Erzählung vorgekommen ist, nur hatte sie den bekannten Schanzläufer an ihren Mann abgetreten, welcher, dicht in das alte Kleibungsstück eingewickelt, in der Ecke am Feuer saß. Eine dicke Schlafmütze saß ihm so tief im Gesicht, daß man fast Nichts von seinen Zügen erkennen konnte.

Ihm gegenüber saß Jeurie, fast ganz in eine alte wollene Decke eingehüllt und den Kopf mit allen Tüchern umwunden, welche in der Hütte vorhanden waren.

Als der Schulz mit den Polizeibeamten eintrat, und Vater und Sohn beide in solchem schlimmen Zustand fand, ging ein Ausdruck von Zufriedenheit über sein Antlitz. „Sicher," dacht' er, „ist die Ladung Schrot dem Einen oder dem Andern zu Gute gekommen." Mit einem Ton, in welchem der Triumph klang, frug er barsch: „Wo seid Ihr seit gestern gewesen?"

„Wer, Herr Schulz?" frug Huibe Jokke so freundlich und leise, als spräche er mit der sanftesten Frauenstimme.

„Wer? Nun Ihr, Euer Sohn, Eure Frau —"

„Wo sollten wir denn anders gewesen sein, bester Herr, als hier in unserer armen Hütte?"

„Seht Ihr nicht, Herr Krooner," sagte Roosje, „daß

mein armer Jokke krank ist? Und Jeurie, das gute Schaf, welches nun schon vierzehn Tage da im Winkel sitzt!"

Der Ton der Frau war so wehmüthig, daß er den Umstehenden fast weh that, und ihre Augen waren so voll Wasser, daß es ein Jammer war.

„Und was fehlt dem Kleinen?" frug der Schulz.

„Ach, Herr Krooner," antwortete Roosje so leise, daß ihr Sohn sie nicht hörte, „ich für mein Theil glaube, daß der Junge die Abzehrung hat. Er hustet Tag und Nacht, daß mir das Herz bricht. Die Brust ist weg, rein weg. Und Blut spuckt er, Töpfe voll. Seht selber — arm Kind!"

Roosje wies auf eine Topfscherbe, welche in der That ihre Aussage bestätigte.

„Das Kind wird nicht alt — nein, nein. Ich hab' es immer gesagt, und der Doktor sagt es auch."

Die Mutter weinte so bitterlich, daß der Schulz ein wenig wartete, bevor er sein Verhör fortsetzte.

„Welcher Doktor sagt das?" frug er.

„Der Doktor, lieber Herr, der seit vierzehn Tagen zu ihm kommt, ihm allerlei Tränke giebt, und doch — aber ich werf' es dem guten Mann nicht vor, er thut sein Bestes und versucht Alles, aber ich sage es ihm alle Tage, daß es zu Nichts helfen wird." Und Roosje weinte, wie eine Mutter weint, die ihr Kind in den Sarg legt.

„Kommt der Doktor alle Tage?" frug Krooner, etwas unsicher geworden.

„Alle Tage, Herr Schulz," antwortete Huibe Jokke unter seiner dicken Schlafmütze hervor. „Um des Jungen willen," setzte er hinzu, den Kopf schüttelnd und die Augen zukneifend.

„Es ist hier ein unglücklicher Hausstand, Herr Krooner — ich bin auch seit acht Tagen auf dem Hunde, und dazu die unbarmherzige Kälte und denken, daß es Nichts zu verdienen giebt —"

Huibe brach in ein so langes und heftiges Husten aus, daß der Schulz abermals während einiger Minuten schweigen mußte. Dann frug er wieder: „wo wart Ihr gestern Abend?"

„Hier, bester Herr, in meinem Bette."

„Und Euer Sohn?"

„Auch in seinem Bette. Liebe Zeit, wo sollte er anders gewesen sein?" Und Jokke sah den Schulzen so verwundert, ja, verblüfft an, daß Krooner zu sich selbst sagte: „wie man sich doch irren kann!"

Dennoch wollte er sein Verhör noch einige Augenblicke fortsetzen und frug: „kennt Ihr diesen Kreisel und diese Schnur?"

Jeurie sah das Spielzeug mit kindischer Neugier an und schüttelte verneinend den Kopf.

„Könnt Ihr kreiseln?"

Der Junge versuchte zu lächeln und antwortete mit einer heisern, kaum hörbaren Stimme, „ja wohl, Herr Schulz, aber ich hab' keinen Kreisel, Vater will's nicht."

„Wenn man gesund ist, muß man arbeiten und nicht spielen," unterbrach ihn Roosje. „Jeurie muß Vaters Hand= werk fortsetzen. Scheerenschleifen bringt zwar nicht viel ein, aber man verdient sich doch sein Brod damit, wenn man nur ehrlich ist — was sagt Ihr Herr Schulz? — hab' ich nicht Recht? Also, wenn er nur erst wieder gesund ist, muß er gleich wieder an den Wagen — Vater wird doch auch alt, und ich — ach, beste Leute, ich kann keinen Fuß vor den andern setzen wegen des rasenden Gichtschmerzes, wovor der Doktor auch keinen Rath weiß. Das ist doch ein Kreuz, immer so zu Haus sitzen zu müssen. Wo ist die Zeit, wo ich so gerade wie ein Licht war und so flink auf den Beinen wie ein Vogel? Wenn ich daran denk', so werd' ich gewahr, daß wir so sachtchen alt werden — Ihr müßt das auch anfangen zu merken, bester Herr Schulz — wir sind so von gleichen Jahren. Als ich funfzehn Jahr war, da hab' ich Euch gekannt, Herr Krooner, wie ich meinen Huibe kenne, da wart Ihr so ein flinker Junge, mit so einem allerliebsten schwarzen Krauskopf! — Seitdem bin ich denn von hier fortgekommen, und später da hab' ich denn unsern guten Huibe Jokke getroffen und war auf ein Mal verheirathet — wenn ich an das Alles so denke, was überlebt man doch nicht Alles in der Welt! Aber Gott sei Dank, wir haben noch immer unser Stückel Brod verdient. Wenn der Mensch sich nur Mühe giebt und ehrlich ist in seinem Handel und Wandel, da kommt er schon noch durch. Das sag' ich auch immer und präg' es auch meinem Jeurie gehörig ein. Was sagt Ihr, Herr Schulz — hab' ich nicht Recht?"

Krooner hatte zehn Mal versucht, die Frau zu unterbrechen, aber es war ihm nicht geglückt — Roosje war zu zungenfertig für ihn.

„Wer hat Euch schreiben lehren?" frug er plötzlich, indem er vor den kleinen Jeurie hintrat und der Mutter mit der Hand zu antworten wehrte.

Krooner hatte viel von dieser so ganz überraschenden Frage erwartet, aber der Sohn von Huibe Jokke riß seine

kleinen Augen weit auf und starrte den Schulzen mit der
täuschendsten Verwunderung an. Dieser wiederholte: „wer
Euch hat schreiben lehren?"

„Schreiben?" antwortete Jeurie mit matter Stimme,
während er heftig hustete, „ich weiß nicht, was Meinherr
sagen will."

Huibe Jokke und seine Frau riefen beide in einem Athem:
„liebe Zeit, schreiben! Wo sollte der arme Junge das gelernt
haben? Schreiben? die Einfalt kennt keinen Buchstaben."

Huibe schien, während er mit seiner Ehehälfte Schritt
zu halten suchte, ganz blau vor Anstrengung zu werden und
fing an gewaltig zu husten. Roosje fuhr allein fort: „meint
Ihr, Herr Krooner, daß wir armen Leute so viel erübrigen
können, um alle drei Monat einen Schilling Schulgeld zu
bezahlen? Na, na, das Schulgeld das bricht einem den Hals.
Für gemeine Leute wie wir, läuft's zusammen. Denkt 'Mal
d'ran: vier Mal sieben Stüber macht achtundzwanzig des
Jahrs. Ich sage nicht, daß ich das Kind nicht gerne sollte
was lernen lassen, wenn es nur ginge, aber in einem Hause
mit zwei Kranken da will schon was sein. Mein Herr Schulz,
der auch einen Hausstand hat, der wird's wohl wissen was
d'rauf geht — und dabei geht's mit unsern Ziegen gar nicht
so wie sonst — neun Monate vom Jahre melken sie nicht —
ich weiß nicht, sonst war das doch nicht so — was sagt Ihr
davon, Herr Schulz?

„Ja, das sag' ich auch," fügte der Scheerenschleifer bei,
dessen Husten gerade jetzt nachließ.

Selm Krooner, der mitgekommen war, sagte leise, man
möchte doch nachsehen, ob nicht entweder Jokke oder sein Sohn

durch den gestrigen Schuß gezeichnet wären. Vater und Sohn wurden vom Kopf bis zu den Füßen untersucht, aber man fand Nichts von dem, was man so gern gefunden hätte.

In diesem Augenblick kam der Arzt des naheliegenden Dorfes herein, um seiner Gewohnheit nach, seine Kranken zu besuchen. Er versicherte dem Schulz, daß weder der Sohn noch der Vater seit mehreren Tagen das Haus hätten verlassen können, indem der erstere nicht zwanzig Schritte hätte thun können, ohne vor Mattigkeit hinzufallen, und der zweite an einem sehr bedenklichen Blutspucken litte. Dem Allen zu Folge glaubte der Schulz mit der Gewißheit, man habe die armen Leute falsch beurtheilt, ruhig nach Hause gehen zu können. Er fürchtete, daß nun der Schuldige unentdeckt bleiben würde.

Kaum hatten Polizei und Doktor die Hütte verlassen, so änderte sich dort Alles; die beiden Kranken empfingen aus Roosje's Hand jeder ein Butterbrod von einer ansehnlichen Größe und eine große Schale mit warmer Milch, und beide aßen mit einer Gierde, welche wenig mit Mattigkeit, Husten und Blutspucken in Einklang stand. Der Scheerenschleifer schob seine Schlafmütze höher und Jeurie kroch aus seiner wollenen Decke heraus.

Dann brachte der Vater das sorgfältig verborgene Federmesser an den Tag und begann unter dem kurzen Kraushaar den Kopf seines Sohnes zu untersuchen. Hier war es, daß der Kleine heftige Schmerzen fühlen mußte, denn er wehklagte und schrie bei jeder Berührung. Mit bewunderungswürdiger Behendigkeit brachte der Vater vermittelst seines spitzigen Messers kleine runde Gegenstände zum Vorschein, welche er unmittelbar in's Feuer warf — es waren die Schrotkörner, mit denen der wohlgezielte Schuß Selm Krooners unter die Haut gefahren war.

Einen ganzen Monat lang versuchte Krooner Alles, um den Thäter zu ermitteln, aber Alles vergebens, die Scheerenschleiferfamilie hatte ihre Rolle gar zu gut gespielt. Huibe war blau geworden, indem er den Athem anhielt. Jeurie hatte sich in die Zunge gebissen, um Blut spucken zu können, der Doktor war vermuthlich Niemand anders, als der Dorfbarbier. Jeder war der Ansicht, man hätte den armen Teufeln mit dem Verdachte gegen sie Unrecht gethan.

Im Hause des Schulzen lebte man unterdessen in einer fortwährenden Unruhe. „Früher oder später," dachte Krooner, „wird man die Drohung ausführen, es bleibt mir also Nichts übrig, als jede Nacht zu wachen," und das that er. Wenn es Abend wurde, zogen regelmäßig zwei von den Knechten oder Arbeitern, oft auch der junge Selm oder Krooner selbst mit geladenem Gewehr auf die Wacht. Einer setzte sich hinter das Scheunthor, von wo aus Selm geschossen hatte, der Andere verbarg sich im Wagenschuppen. Auf diese Weise war das Haus vollständig bewacht; keine lebende Seele konnte sich ihm nähern, ohne von einem der Wachhabenden gesehen zu werden. Das strengste Geheimniß hatte der Schulz anbefohlen; außer der Familie sollte Niemand als der Pastor darum wissen. Der alte Krooner täuschte sich; es gab noch Jemand, der mit allen seinen Vorsichtsmaßregeln bekannt war — der kleine Jeurie Jokke, der Typus der Schelme, der überall herumschnüffelte, ohne daß man ihn sah, und der Alles wußte, ohne daß es ihm erzählt wurde.

So waren zwei Jahr vorbeigegangen, zwei Jahr, während welcher Krooner, der Schulz, auch nicht ein Mal die lästige Nachtwache eingestellt hatte. Jeurie war nun dreizehn Jahre, trieb aber noch immer Nichts als Kinderstreiche. Aeußerlich schien er auch noch ein Kind; er war und blieb noch immer so klein, wie wir ihn zu Anfang dieser Erzählung geschildert haben. Aber wenn er von Ansehen ein Kind war, von Herzen war er ein Mann. Es fehlte ihm, unternahm er etwas, weder an Muth, noch an sicherer Berechnung. Was er ein Mal beschlossen hatte, brachte er zur Ausführung, und mochten sich ihm noch so viele Hindernisse in den Weg stellen, Jeurie wich vor Nichts zurück und kam, ebenso geduldig wie hartnäckig, früher oder später doch an sein Ziel.

Inzwischen trieb er es, wie wir schon gesagt haben, auf die gewohnte Art weiter, mochte auch die Mutter sagen, er müsse nun durchaus vor den Wagen, mochte auch der Vater über die Faulheit seines Sohnes murren, der nie dahin kommen würde, die Feinheiten des Gewerbes zu erlernen, Jeurie ließ sich nicht stören und ging seinen Gang fort. Im Frühjahr verdarb er mit seinen Klimmsporen die Bäume, im Herbst schnitt er den Pferden die Schwänze ab. Die wilde Natur, die Freiheit, die Einsamkeit, das waren die drei Dinge, welche mit seiner wüsten Gemüthsart übereinstimmten.

Es war Kirmeß im Dorf und die Sankt Georgsgilde feierte ihren Schutzheiligen. Am Morgen hatten die Gildebrüder das Fest mit einem prächtigen Zug nach der Kirche begonnen; am Nachmittage versammelten sie sich zum zweiten Male, um nach dem Vogel zu schießen. Sie zogen in zwei langen Reihen, alle sonntäglich angethan, alle mit zufriedenen und vergnügten Mienen, alle das Gewehr auf der Schulter. An ihrer Spitze marschirten ein Geiger und ein Trommel= schläger, die miteinander im Ausführen von Triumphmärschen abwechselten, öfter auch einander halfen. Hinter ihnen kam Krooner der Schulz, als Hauptmann der Gilde einen langen dünnen Spieß, das Zeichen seiner Würde, in der Hand tra= gend. An der linken Seite seines Hutes prangte eine schöne weiße Feder, um seine Hüften eine purpurne seidene Schärpe mit goldenen Franzen. Ihm folgten die Aeltesten, ebenfalls in Federhüten und Schärpen, der Fähndrich mit seiner großen seidenen Fahne und der König mit seinen schönen silbernen Schaustücken um den Hals.

Das ganze Dorf lief zusammen, um den schönen Auf= zug zu sehen, und die Kinder, welche in Schwärmen davor herzogen, verhinderten fast die Gildebrüder mit den Wirbeln des Tambours Schritt zu halten. Niemand jedoch hatte mehr Bewunderer als der Bannerträger; mit seiner feuerrothen Fahne, auf welche Sankt Georg gemalt war, saß er auf dem schönsten Zugpferd des Schulzen, ritt im Galopp voraus und kam wie der Wind zurück.

Alle Welt bezeugte, daß die alte Gilde noch nie so schön, so nett erschienen sei wie an diesem Tage; auch war alle Welt vergnügt, sogar der Pastor, welcher dem Zug folgte, um dem Vogelschießen beizuwohnen. Bald erzitterte der Hügel, auf welchem die Stange stand, vom Knallen des Pulvers. Schuß folgte auf Schuß, manche Kugel sauste an der Spitze der Stange vorüber, aber der Vogel rührte sich nicht.

Jetzt war es an dem jungen Selm Krooner, der, erst

seit wenigen Tagen aufgenommen, zum ersten Male mitschoß. Obwohl noch sehr jung, handhabte Selm das Gewehr doch mit vollkommener Gewandheit. Sein Schuß ging los und entzweigespalten flog der Vogel durch die Luft. Die Trommel wirbelte, die Gildebrüder steckten jauchzend die Hüte auf die Gewehre, die Frauen stimmten das bekannte Siegeslied an, und die Kinder stritten sich wie toll darum, wer zuerst die Stücken des Vogels nach der Wohnung des neuen Königs bringen sollte. Und als man dem entthronten König die Schaustücke abnahm, um sie dem neuen umzuhängen, da gab es abermals ein Gejubel und Hurrahrufen ohne Ende.

Der junge Krooner war schön anzusehen. Selm war ein prächtiger Bursche, ein allerliebster schwarzer Lockenkopf mit schön gezeichneter Stirn und Augen voll Feuer und Leben, eine mittelgroße, kräftige Gestalt, wie man zehn Stunden im Umkreis keine zweite gefunden hätte. Und dazu hatte man ihm nun einen schönen Federbusch auf den Hut gesteckt und eine ganz neue purpurne Schärpe um den Leib gebunden, über der die silbernen Königsplatten noch ein Mal so schön funkelten.

Unter den Straßenjungen, welche zusahen, war auch Jeurie Jokke. Bei der Krönung des neuen Königs hatte es dem Burschen plötzlich kalt überlaufen, und sein Gesicht nahm denselben furchtbaren Ausdruck an wie damals, als der Schulz ihm seine Dohnen weggenommen hatte. Gegen eine Birke lehnend, zählte Jeurie Alles zusammen, was er gegen Krooner, den Schulz, hatte. Seine Dohnen, der Schuß des jungen Selm, die entehrende Untersuchung in seines Vaters Haus, das Alles saß ihm in der Kehle und mußte heute heraus.

Er hatte seit einiger Zeit wenig oder gar nicht mehr daran gedacht, das Glück des jungen Krooner brachte den rachsüchtigen Knaben wieder Alles in's Gedächtniß zurück.

Langsam folgte er der abziehenden Gilde. Im Dorfe tanzten bekränzte Mädchen um den König her, welchem sie eine mit Blumen geschmückte Pfeife anboten. Dann that man Nichts mehr als essen und reichlich gezuckertes Bier trinken, und als es Abend wurde, steckte man die Lichter an, um zu tanzen. Das ganze Dorf drängte sich vor der Thür und den Fenstern der Gildestube, wo der junge König mit der schönen Tochter des reichen Bierbrauers den Tanz eröffnete. Alle Gildebrüder sahen stolz auf ihren jungen König — er tanzte so gut, er hielt sich so gerade, und er hatte vor Allem so schöne Kleider an. Von ihm fielen die Blicke auf das reizende Mädchen, mit welchem er tanzte, und man flüsterte einander in's Ohr: „Das giebt ein schönes Paar."

Der Kleine des Scheerenschleifers sah das Tanzen mit an und erhorchte die Lobsprüche der Gildebrüder. Er zog sein Negergesicht zusammen, als wollte er lachen, aber er brachte Nichts heraus als das Grinsen eines bösartigen Affen. Eine Viertelstunde später war er zu Hause.

Was dort verhandelt wurde, wollen wir nicht wiederholen; es genüge zu wissen, daß Roosje so flink, als wäre sie erst funfzehn Jahr, von ihrem Stuhl aufsprang und ihrem Sohne eine blecherne Schwammdose mit Stahl und Feuerstein einhändigte, worauf Jeurie wieder von dannen ging.

Als er in das Dorf zurückkam, war noch Alles in voller Bewegung, und Niemand sprach schon vom Nachhausegehen. Der Pastor, welcher nach der guten alten Sitte bei einem

Theile des Festes gegenwärtig gewesen war, hatte sich allerdings bereits entfernt und auch seinen Freund, den Hauptmann, ersucht, er möchte das Volk doch nicht gar zu spät bleiben und lieber morgen wieder anfangen lassen. Der Schulz sah wohl, daß der gute Mann es nicht so ernstlich meinte, und so dachte er denn, ein halb Stündchen mehr könnte man schon noch zugeben. Auch in den übrigen Wirthshäusern unterhielt man sich herrlich. Jeurie sah, wie die Knechte und Arbeiter Krooners rauchten und auf die Gesundheit ihres jungen Herrn, der den Vogel getroffen hatte, gezuckert Bier tranken. Der kleine Schelm lief hinter den Häusern herum, versteckte sich in eine dichte Hecke, kroch durch den Graben, schlug in seiner Schwammdose Feuer, blies es an und machte den Deckel halb zu. So schlüpfte er, leise wie eine Katze, längs der Scheune des Schulzen hin, sah noch ein Mal hastig nach, ob der Schwamm auch nicht ausgegangen sei, und steckte dann die Dose unter das niedrige Strohdach. Während er das that, war er so ruhig, als säße er im Walde auf einer Tanne Vogeleier ausnehmen, sein Athem ging nicht schneller, sein Herz schlug nicht stärker als wie gewöhnlich. Ohne sich umzusehen, entfernte er sich und setzte sich vierhundert Schritt weiter auf einem einsamen Fleckchen an einen Strauch nieder.

Fünf Minuten später sah er, daß an dem Dach der Scheuer ein kleiner Schein zu glimmen begann, welcher sich allmählich vergrößerte. Zugleich hörte Jeurie mit Genugthuung, daß im Dorfe noch immer die Geige ging und der Tambour der Gilde den Takt dazu schlug; es bewies, daß der Brand noch nicht entdeckt war.

Plötzlich schien das Dach der Scheune auseinander zu bersten, und eine Feuersäule, so stark wie ein Thurm, stieg durch die Oeffnung in die dunkle Luft empor. Die Flamme verbreitete sich reißend schnell, und bald war die ganze Scheuer, in welcher die Ernte schon war, ein Berg von lauter Feuer. Der gottlose Sohn des Scheerenschleifers lachte wie ein kleiner Teufel, und rieb sich mit Vergnügen die Hände. „Das hatt' ich dem Schulzen aufgehoben," sagte er, „warum hat er mir meine Dohnen entzweigeschnitten, und meine Vögel weggenommen? Und dem Racker von Sohn werde ich seine Ladung Schrot auch schon noch einmal bezahlen."

Damit steckte er die Hände in die Hosentaschen und ging gemächlich nach Haus. Von ferne vernahm er das schreckliche Geschrei: Feuer! das Hülferufen der Frauen, das Stürmen der Dorfglocke, und der boshafte Bube spottete über das Unglück des Schulzen und des ganzen Dorfes und ging vergnügt seinen Eltern erzählen, wie Alles abgelaufen war.

Das Feuer griff mit unbeschreiblicher Schnelligkeit um sich, denn der Wind war ihm günstig. In weniger als einer halben Stunde standen auch die Ställe und die Wohnung in lichten Flammen. Dabei konnte man an keine Rettung denken. Die Ernte ging so gut verloren wie der ganze Viehstand. Einiges weniges Hausgeräth, etwas Wäsche und Kleider, das war Alles, was man aus dem brennenden Hause noch herausbringen konnte. Und das Unglück hatte damit erst angefangen, der Wind trug das Feuer fort, und bald wüthete der Brand an zehn Stellen zugleich, so daß, da es mitten im September, und daher Mangel an Wasser war, an Löschen nicht gedacht werden konnte, um so mehr, da Spritzen noch nicht bekannt waren. Vor Mitternacht lagen zehn Wohnungen in Asche und hätte, wie durch ein Wunder des Himmels, der Wind sich nicht gedreht, das ganze Dorf wäre in Flammen aufgegangen.

Aber auch so war das Unglück unermeßlich; mehr als hundert Männer, Frauen und Kinder waren ohne Dach und Fach und hatten Alles verloren, was sie besessen hatten. Am Morgen, als man mit dem werdenden Licht den Schaden erst so recht überschauen konnte, stand das ganze Dorf um die Trümmerhaufen her, unter denen der saure Erwerb so manchen armen Arbeiters und die Wohlfahrt so Vieler begraben lag. Es war ein herzzerreißender Anblick, welcher jedem Auge die stumme Thräne des Mitleides entpreßte.

Zwei Tage später machte der Pastor einen Spaziergang durch den Wald. Der Mann fühlte, daß es ihm Noth thue, sich ein wenig in der freien Natur zu zerstreuen, welche um diese Zeit im Walde so schön ist. Sein Herz war diese zwei Tage hindurch gar zu beklommen gewesen. Um noch etwas länger draußen bleiben zu können, trat er bei Huibe Jokke ein, wo er sich ein wenig ausruhen konnte.

Trotz des linden Septemberabends hing der Schanzläufer, wieder um ein Paar Jahr älter geworden, auf Roosje's Rücken. Huibe Jokke war beschäftigt, die Messer des Schuhmachers zu schleifen, und Jeurie machte Dohnen.

Als der Pastor eintrat, ließen Vater und Sohn ihre Arbeit sein, um ihm mit unendlicher Beflissenheit einen Stuhl anzubieten, Roosje, welche ihn mit dem freundschaftlichsten Lächeln von der Welt empfing, band sich, um besser hören zu können, die Bänder ihres Sammethutes auf, der noch immer Hut war.

Wir dürfen nicht vergessen zu sagen, daß seit einiger Zeit der Pastor wiederum dann und wann die Hütte besuchte, und jedes Mal, bald einen Thaler, bald einen Gulden, bisweilen, wenn seine Menschenliebe ihm gar zu theuer zu stehen gekommen war, auch nur einen oder zwei Schillinge zurückließ. Auch zeigten Huibe und sein Sohn sich dankbar, denn sie kamen öfter Sonntags in die Kirche. Roosje, die immer dabei beharrte, daß sie keinen Fuß vor den andern setzen könne, blieb zu Hause bei dem rothen Hunde. Der Pastor vergab ihr von Herzen ihre Abwesenheit, und besuchte, in der Hoffnung, der Gichtschmerz werde doch endlich ein Mal besser werden, sein gebrechliches Pfarrkind so oft er konnte. Der gute Mann hegte mehr und mehr die Hoffnung, die Familie von Huibe Jokke ihre Aufführung verändern zu sehen und die Scheerenschleiferstreiche ganz aus der Hütte hinauszubringen.

Der Pastor hatte sich gesetzt und fing an, über das Unglück zu sprechen, welches sein Dorf betroffen hätte. Huibe Jokke hörte auf, sein Rad zu drehen und kam sich neben den Pastor setzen.

„Ich bin noch ganz starr vor Schreck," sagte Roosje. „Die armen Menschen! Was muß das doch traurig anzusehen sein, alle die Frauen und die Kinder ohne Dach und Fach!"

„Wir werden ihnen beistehen," seufzte der Geistliche, „und Gott, hoff' ich, wird uns wohl aus der Noth helfen."

„O ja, das läßt sich annehmen," sagte der Scheerenschleifer.

„Man hofft's doch," fügte Roosje hinzu, „es giebt ja so viele gute Seelen im Dorfe, die so gern helfen. Und das muß doch auch geschehen, denn, liebe Zeit, wenn die Menschen einander nicht beiständen, was sollte da aus der Welt werden? Wenn man mir bei meiner Gicht nun nicht forthülfe? Ich hielt es keinen Tag aus, keinen Tag, nein, das sag' ich. Aber man muß doch auch viel ausstehen und aushalten! — wenn ich denke, daß die armen Menschen, die Alles, Alles verloren haben, daß sie so unglücklich sind — wenn ich nur fort könnte, ich ginge in's Dorf, um zu sehen, ob ich mit Hand anlegen könnte, aber, Himmel, ich kann ja keinen Fuß bewegen. Das ist doch ein Kreuz!"

Roosje seufzte so tief sie konnte.

„Und wie das Feuer nur herausgekommen ist?" fragte sie dann und fügte zugleich hinzu: „Jeurie, Kind, langt mir doch 'mal meinen Rosenkranz vom Kasten her, denn ich kann nicht von der Stelle."

„Wie kommt immer Feuer aus?" war die fragende Antwort des Scheerenschleifers. „Durch die Unvorsichtigkeit von Magd oder Knecht."

Der Pastor schüttelte den Kopf und sagte: „dies Mal ist es durch Bosheit."

„Sollte des Schulzen Haus wirklich angesteckt worden sein?" frug Jolke.

„Kein Zweifel."

„Es giebt hier eine Race Menschen, Herr Pastor," sagte der Scheerenschleifer, „eine Race Menschen — glaubt mir's —"

„Die weder an Gott noch an's Gebet denken," fuhr Roosje fort; „aber wie können die Menschen doch so böse sein, so ein ganzes Dorf unglücklich zu machen! Und den armen Schulzen und die gute Haut von Selm, der so ganz nach dem Vater schlägt! — Nu, ich hab' auch rechtes Mitleiden mit ihnen — der Schulz ist doch ein so braver Mann —"

„Das ist er, und sein Sohn auch," sagte der Pastor.

„Und die ganze Familie," fügte Huide hinzu.

„Das will ich meinen," sagte Roosje ihrerseits, „und von Alters her sind's brave Leute gewesen. Was da nur drunter stecken mag? Ach, lieber Herr Pastor, seit ich jung war, sind die Menschen ganz anders geworden, Ihr werdet's wohl auch schon gemerkt haben. Es ist keine Art, keine Treu mehr unter dem Volk — Jeurie, laß den Stock vom Herrn Pastor liegen — bleib von dem schönen silbernen Knopf weg. Ja, ich sag' es oft: man kann die Menschen gar nicht mehr wiedererkennen. Und unter uns gesagt, Herr Pastor, das Volk will immer oben hinaus — es will gern schön gehen und steckt doch voller Schulden — ich weiß nicht wie das noch enden soll — das war zu unserer Zeit nicht. Da hörte man niemals von schlechtem Gesindel, das sich herumtrieb und auch nicht von Mord, Diebstahl und Sengen und Brennen — hab' ich nicht Recht? Und ich sag's nochmals, ich hab' Mitleiden mit dem armen Schulz und ich hoffe, man wird die Schelme beim Kragen kriegen."

„Früh oder spät kommen solche Schlechtigkeiten an den Tag," sagte der Pastor.

„Das bleibt nicht aus," sagte Huide Jokke.

„Für solche Taugenichtse ist der Galgen noch zu gut," setzte Roosje hinzu.

„Und überdies," sprach der Pastor, „giebt es nach diesem Leben ein anderes, wo solche Uebelthäter auf ewig gestraft werden sollen."

„Die Hölle ist auch noch zu wenig für sie!" rief Roosje, und dann fuhr sie fort: „Jeurie, Junge, Ihr werdet den Stock des Herrn Pastors sicherlich noch in Stücke brechen."

Jeurie hockte auf den Knieen vor dem Feuer und rieb den kupfernen Beschlag von des Pastors Spazierstock mit Asche glänzend. Während man von Galgen und Hölle sprach, lächelte er und wischte mit dem Zipfel seines Wammses die Asche wieder ab.

Der Pastor war aufgestanden, um fortzugehen.

„Heute kann ich Euch Nichts geben, mein guter Jokke; im Dorfe fehlt's an so Vielem —"

„Nein, nein, durchaus nicht, bester Herr!" antwortete der Scheerenschleifer, „es wäre eine Schande etwas anzunehmen, während wir nach gerade keinen Mangel leiden und im Dorfe so viele Unglückliche sind, die Nichts auf der Welt mehr besitzen."

„Wahrhaftig, nein!" sagte Roosje. „Pfui! das würde ja gen Himmel Rache schrei'n. Man muß nicht habgierig sein — andere Menschen müssen auch leben. Wenn ich an alle die Unglücklichen denke, dann bricht mir das Herz vor Mitleiden;" Roosje blieb die Stimme in der Kehle stecken, und bald weinte sie wie ein Kind.

„Huibe," sagte sie, während sie sich die Augen trocknete, „wenn Ihr selber was geben könntet für die armen Menschen im Dorfe — ja, lieber Huibe, thut das — such 'mal im

Wagen — wir haben noch zwei Schillinge — gebt die Hälfte, lieber Mann, Gott wird's Euch lohnen!"

"Nein, nein, gute Mutter, behaltet Euern Schilling," sagte der Pastor; "Ihr seid auch arm, aber Ihr seid brav und tugendhaft, und solche Menschen werden einst reich sein, wenn der Himmel ihre Tugend belohnt —"

"Ach, was ist der beste Herr Pastor für ein braver Mann!" schluchzte Roosje hinter ihrem Schnupftuch; "gebt den Schilling, Huibe — gebt ihn doch, Junge — thut auch 'mal ein gutes Werk."

Der Pastor mußte den Schilling annehmen.

"Es sei denn so," sprach er, "und obwohl Ihr nur ein kleines Stückchen Geld gebt, so wird es doch als eine unendliche Summe angerechnet werden. Es sind die zwei Pfennige der Wittwe aus der heiligen Schrift," sprach er zu sich selbst, indem er den Schilling einsteckte.

Roosje kam langsam hinter ihrem bethränten Schnupftuch zum Vorschein und sagte mit dem frömmsten Gesicht von der Welt: "Jedes von uns wird ein Stückchen Brod weniger dafür essen, guter Herr; — ich sag's immer: die Menschen müssen einander helfen wo sie können — Jeurie, leg' 'mal meinen Rosenkranz auf den Kasten — daß ich auch keinen Fuß rühren kann, das ist doch ein Kreuz."

Der Pastor sprach noch einige Augenblicke von gleichgültigen Dingen und ging dann. Der Mann war so froh über seinen Schilling, als hätte man ihm einen ganzen Beutel mit Geld geschenkt. War es nicht auch schön, daß ein blutarmer Scheerenschleifer sechs Stüber für seine nothleidenden Brüder hergab? So dachte der Pastor, der seit geraumer

Zeit alle Ursache hatte, mit seinen Pfarrkindern in der Hütte zufrieden zu sein.

Der Leser wird gewiß denken, daß der Pfarrer nicht halb so pfiffig war, wie die Familie von Huibe Jokke? Und dem war auch so, denn hört:

Dieselbe Nacht verließen Huibe und Jeurie die Hütte; Roosje, die vielleicht so flink auf den Füßen war, wie Vater und Sohn zusammen, folgte ihnen. Eine halbe Stunde später brachen sie in die Kirche ein, und nahmen Alles mit, was ihnen anstand. Die Zierrathen des lieben Frauenbildes, worauf der kleine Jeurie seit Jahren schon das Auge gehabt hatte, alle goldenen und silbernen Gegenstände, welche ihnen unter die Hand kamen, und das ganze Geld im Almosen=stock, das Alles verschwand in dieser Nacht aus der Kirche.

Als der Pastor den folgenden Morgen mit Thränen in den Augen einen Ueberschlag von Allem machte, was die Heiligthumpfänder geraubt, fand er an der Thür der Sakri=stei ein Stück Papier, auf welchem von einer geübten Hand folgende Worte standen:

„Im Vortheil von Pastor und Kirche rathe ich Euch, alle Schlösser, sowohl von der Thurmthür wie vom Opfer=stock und den innern Thüren neu machen zu lassen; sonst könnten später einige Schelme gerade wie wir jetzt gethan haben, Gebrauch davon machen."

Bei dem Lesen dieser Spötterei zitterte der Pastor wie ein Rohr; er hatte in der Schrift dieselbe Hand erkannt, welche die beiden Brandbriefe an Krooner den Schulzen ge=schrieben hatte.

Zwei Monate später kam Huibe Jokke mit seinem Wa=

gen durch das Dorf gekarrt; Roosje, die noch immer keinen Schritt gehen konnte, saß, in ihren alten Schanzläufer gewickelt, auf dem Fuhrzeug, welches der kleine Jeurie an einem Stricke zog.

Jokke hatte die Hütte verlassen mit dem Willen, in den ersten acht Tagen nicht zurückzukommen. Die Ziegen, welche wie Roosje sagte, doch immer keine Milch gaben, hatte man so sachtchen Hungers sterben lassen — was kam es denn auf ein Paar Ziegen an? — und der rothe Hund war von der Wasserscheu befallen worden und seinen Gefährtinnen nachgefolgt. Jeurie hatte ihm das Fell abgezogen, und Roosje brauchte es als Fußdecke, die Scheerenschleiferhütte blieb also leer stehen, und Niemand härmte sich darüber.

Sieben Jahre waren verflossen, die abgebrannten Häuser standen schon längst wieder und das furchtbare Unglück, welches das Dorf getroffen hatte, war vergessen. Auch in der Kirche war Alles wieder hergestellt, und man dachte nicht länger an den Diebstahl und die Schändung des Heiligthumes, genug, man lebte in dem Dorfe wieder so zufrieden wie nur je, als plötzlich abermals eine Begebenheit vorfiel, welche das Unterste zu Oberst kehrte.

Es wurde ein Verlöbniß gefeiert. Mechteld, die schöne und sittige Tochter des Bierbrauers, war die Braut, ihr Verlobter war, wie der Leser sich wohl denken kann, Niemand anders als der Sohn von Krooner dem Schulzen.

Nachmittags, als das junge Paar vom Pfarrhause zurückkam, war das ganze Dorf auf den Beinen, die Gildebrüder schossen, daß der Boden zitterte, während Jedermann in die Hände schlug, die Bauerfrauen hatten den Weg, welchen Selm mit seiner jungen Braut gehen mußte, mit Blumen und Laub bestreut, und vor der Thür des Schulzen war aus Spanisch=Grün oder Ligustrum, worein man Hunderte von großen Sonnenblumen gewunden hatte, eine schöne Ehrenpforte gemacht. Niemals noch hatte es im Dorfe eine solche Festlichkeit gegeben, und Jeder sagte, man würde stundenweit zusammenlaufen, um das Hochzeitsfest zu sehen, welches vierzehn Tage später Statt finden sollte.

Die Frauen hatten geschmückt, die Männer hatten geschossen, folglich mußte traktirt werden, und das geschah denn auch auf eine prächtige Art. Beim Brauer wurden die Frauen mit Kaffee, Butterschnitten von Rosinenbrod und Zwieback mit Aniszucker bewirthet, das Mannsvolk hielt sein Fest in dem nahe gelegenen Wirthshaus. Ein Jeder bekam eine lange Pfeife, welche aus einem kleinen Korb auf dem Tisch immer wieder gestopft wurde, und in einem Winkel der Stube lagen so viel halbe Tonnen, daß gewiß keiner der Eingeladenen befürchten durfte, Durst zu leiden. Der Zucker stand in einer Reistonne daneben, und Jeder nahm davon so viel es ihm beliebte — so machte man es in der guten alten Zeit, wenn ein Fest auf dem Lande war.

Es wurde bereits dunkel, als zwei Reiter im Gasthause ankamen und Nachtquartier begehrten. Es waren zwei ansehnliche junge Leute, die man für vornehme reisende Kaufleute halten konnte. Der Eine war groß, der Andere von untersetzter Gestalt und schwarz. Sie sprachen mit Selm Krooner über Pferde und Jagd, in welchen beiden Liebhabereien sie sehr erfahren schienen. Der junge Krooner, welcher sowohl Pferde wie Jagd liebte, fand großes Behagen an der Unterhaltung mit den Reisenden, und da er so gut wie gar kein Bier getrunken hatte, ließ er eine Flasche-Wein bringen und blieb, nachdem seine übrigen Gäste fort waren, mit den Fremden sitzen, um vergnüglich ein Gläschen zu leeren.

Der gute Selm bemerkte nicht, daß so oft er sich zu einem der Fremden wandte, der Andere aus einem kleinen Fläschchen, welches er im Aermel verborgen hielt, ihm etwas in seinen Wein goß. Dies hatte zur Folge, daß der Wein dem jungen Krooner mit einer ungewöhnlichen Schnelligkeit und Kraft in den Kopf stieg und ihn völlig trunken machte. Wir wollen nicht Alles berichten, was zwischen dem benebelten Bräutigam und den beiden Fremden vorfiel, die völlig nüchtern blieben, wir begnügen uns zu sagen, daß sie Selm Krooner ein Papier vorlegten, und daß man aus einander ging, nachdem er es unterzeichnet hatte.

Zwei Tage später erschienen die Fremden Abends im Hause des Schulzen und zeigten Selm das Papier vor. Obwohl Selm es in der Betrunkenheit unterzeichnet hatte, erkannte er es doch für die Schrift, welche er von dem Kleinsten der Fremden hatte aufsetzen sehen und wurde todtenbleich, als er den Inhalt des Papieres las. Mechteld, die junge Braut, welche gekommen war, um den Abend mit der Familie des Schulzen zuzubringen, fiel zu Boden und gab kein Zeichen von Leben mehr, während die übrigen Frauen das Haus mit dem angstvollen Geschrei erfüllten: „O Gott, hab' Erbarmen mit uns — die Seelenverkäufer, die Seelenverkäufer!"

Das war der Name, welchen man damals den Werbern gab, und welchen ich, als ich noch jung war, hundert Mal mit Abscheu habe aussprechen hören. Selm erkannte seine Unterschrift, und stand wie zu Stein geworden neben seiner geliebten Braut, welche wie vom Blitz darnieder geschmettert auf der Erde lag. Der jüngste Tag hätte nicht mehr Verwirrung und Todesangst hervorbringen können, als das Erscheinen der Werber in dem Hause des Schulzen. Man bat, man flehte, man bot Geld, man drohte — Nichts konnte die Abscheulichen bewegen.

Plötzlich sprang der alte Schulz wie ein gereizter Löwe hervor, schlug mit der Faust auf den Tisch und rief mit einer durch Schmerz und Wuth erstickten Stimme: „Schurken, das soll nicht geschehen. Mein Sohn bleibt — wo nicht, macht Euch bereit!" Und er sprang nach dem Uhrkasten und holte sein Gewehr hervor.

Die Werber zuckten mitleidig die Achseln, und sagten dem Schulzen freundlich, er möchte doch ein Mal an die Hausthür sehen gehen, Krooner ging und kam sprachlos und mit gesenktem Haupte zurück. — Aller Widerstand war nutzlos, vor der Thür standen acht starke Kerle bis an die Zähne bewaffnet. Wenige Minuten später war Selm fort, ohne daß man ihm erlaubt hätte, noch ein Mal nach seiner Braut zu sehen. Wenn man die Leiche des braven Jungen aus dem elterlichen Hause getragen hätte, würde kaum so bitterlich geweint worden sein, wie jetzt.

Die Seelenverkäufer waren mit ihrem Gefangenen schon ein großes Stück vom Dorf und wollten eben über die Brücke der Wassermühle, als das Pferd des Einen durch das Geräusch des Mühlrades scheu wurde und zu steigen begann. Der Reiter hielt sich im Sattel, konnte aber nicht verhinbern, daß sein Pferd den Kopf zwischen die Beine nahm und spornstreichs nach dem Dorfe zurückrannte. Sein Gefährte suchte ihn die ganze Nacht durch, aber umsonst ritt er in der Finsterniß herum. Gegen Morgen endlich setzte er in der Ueberzeugung, daß sein Gefährte ihm voraus sei, seinen Weg auf der bestimmten Straße fort.

Er täuschte sich; am Abend des folgenden Tages fanden die Dorfleute in den Höhen gegen die Heidegrenze zu ein lediges Pferd und in einer tiefen Sandgrube einen Menschen, der mehr todt als lebendig war. Es war der kleinste der beiden Seelenverkäufer. Er hatte aus dem Munde eine große Menge Blut verloren, athmete fast nicht mehr, und lag ohne Bewußtsein, genug, Alles ließ annehmen, daß sein Ende nahe sei.

Der Barbier des Dorfes, derselbe, welcher Huibe und Jeurie Jokke in ihrer schrecklichen Krankheit behandelt hatte, war herbeigeeilt und hatte den Verunglückten entkleidet. In demselben Augenblick kamen auch der Schulz und der Pastor an.

Das Erste, was Krooner that, war sich einer Brieftasche zu bemächtigen, welche aus der Tasche des Seelenverkäufers fiel und glücklicher Weise die Verschreibung enthielt, welche Selm unterzeichnet hatte. Der Pastor las sie, und fing an zu zittern. Er sah eine bekannte Hand, es war dieselbe, wie auf dem Zettel, welchen damals die Diebe in der Kirche zurückgelassen hatten.

„Kennt Ihr diesen Menschen nicht?" rief er voll Erschütterung aus. „Es ist doch der Kleinste, der dies geschrieben hat — kennt Ihr ihn nicht?"

Der Barbier wusch eben das Haupt des Seelenverkäu=

fers, dessen kohlschwarze Haare unter seinen Händen plötzlich blutroth wurden.

„Jeurie Jokke!" riefen plötzlich zwanzig Stimmen zugleich.

„Der Brandstifter, der Kirchendieb, der Heiligthum= schänder!" sagte der Pastor, feierlich die Hand nach ihm aus= streckend.

Ja, es war Jeurie. Ein Schrei des Abscheu's stieg aus der Menge empor, und man drängte sich drohend um den bösen Sohn von Huibe Jokke. Ohne die Gegenwart des Schulzen und des Pfarrers wäre der Seelenverkäufer nicht lebend aus der Sandgrube gekommen.

Der Barbier hatte ihm am Arme zu Ader gelassen. Jeurie Jokke schlug die Augen auf, holte leichter Athem und kam endlich wieder zur Besinnung. Unter Geschrei und Dro= hungen wurde er auf einen Karren gesetzt, nach dem Dorfe geführt und gut bewacht in den Thurm gesperrt. Nach zwei Tagen war er fast gänzlich hergestellt und konnte seine Lage überschauen. Er kam bald zu der Ueberzeugung, daß seine Sache sehr schlecht stände, und daß er ohne einen besonders glücklichen Zufall, den er nicht erwarten konnte, rettungslos verloren sei. Und dabei sollte er sich nicht ein Mal an Selm Krooner gerächt haben! Bei diesem Gedanken biß der Sohn des Scheerenschleifers sich in die Lippen, und sein Negergesicht nahm den schauerlichsten Ausdruck an.

Seit acht Tagen hatte Krooner kein Auge zugethan. Tag und Nacht war er darauf aus, den alten Scheerenschleifer und dessen Frau zu fassen. Obschon sie seit so langen Jah= ren nicht mehr in der Gegend gesehen worden waren, glückte es ihm doch, auf ihre Spur zu gelangen. Kaum waren vierzehn Tage verflossen, so kamen Vater und Mutter dem Sohn Gesellschaft leisten.

Das Gericht ging in der damaligen Zeit mit weniger Umständen zu Werke; nach zwei Tagen schon war die ganze Untersuchung zu Ende.

Auch war sie einfach und leicht gewesen. In der Stadt, wo Jeurie Jokke seit einigen Jahren seinen abscheulichen Beruf ausübte, war er, wenn gleich unter einem andern Namen, von Jedermann gekannt, und da sein Gewerbe ihn täglich zum Schreiben nöthigte, kannten viele Hunderte auch seine Handschrift: diese wurde durch Sachverständige mit der Schrift in den zwei Brandbriefen, so wie mit der auf dem Zettel verglichen, welchen der unbedachtsame Junge in der Kirche zurückgelassen hatte. Die vollkommene Uebereinstimmung wurde um so leichter bestätigt, da Jeuries Hand eine ganz eigenthümliche war, und sich seit den sieben Jahren durchaus nicht verändert hatte. Dennoch würde man, so wenig Beweise man damals auch nöthig hatte, auf diesen einzigen hin, die Gefangenen nicht haben verurtheilen können, aber Roosje, die seit der Zeit, wo wir sie nicht mehr gesehen haben, sieben Jahr älter geworden, und schon sehr faselig war, wußte oft nicht mehr was sie sagte. Bereits im ersten Verhör hatte sie sich hineingeredet, im zweiten verrieth sie Alles.

Den nächsten Tag wurden Vater, Mutter und Sohn zum Strang verurtheilt. Den Tag vor der Hinrichtung besuchte der alte brave Dorfspastor die Gefangenen im Spinnhause. Der Mann kam mit einem schweren Herzen heim und sagte leise zu sich selbst: „wie ist es doch möglich, daß solche Menschen zu sterben wagen, wie sie gelebt haben?"

Tags darauf lief die ganze Meierei von Herzogenbusch nach der Stadt, um die berüchtigte Scheerenschleiferfamilie hinrichten zu sehen. Als das Glockenspiel acht Uhr zu schlagen anfing, betraten die Verurtheilten das Schaffot und das Stückchen war eben kaum aus, als auch bereits alle drei am Galgen hingen.

Aber schon zwei Tage nach der Gefangennehmung des Seelenverkäufers war der junge Selm Krooner wieder zurück in seinem Dorfe und umhalste seine Eltern, seine Freunde, den Pastor und seine liebe Braut, die aus Bekümmerniß um ihn beinah des Todes gewesen war. Kurz darauf wurde die Hochzeit vollzogen, und noch niemals war ein solches Fest gefeiert worden, wie an dem Tage, wo der junge Krooner getraut aus der Kirche kam.

Seit dieser Zeit wird im Dorfe an Stehlen und Brandstiften nicht mehr gedacht, sondern man lebt zufrieden und glücklich, weil man weder Haß noch Neid kennt. Nur einen Schlag Menschen giebt es, die man nicht gern sieht, und Niemand würde in ihre Niederlassung im Dorfe stimmen: Das sind die Scheerenschleifer.

Romantische Verhaelen. 1850. Nur in wenigen Exemplaren gedruckt.
Het kind met den helm. Antwerpen 1852.
De hut van Wartje Nulph, episode uit de krygstogten van Maurits van Nassau. Antwerpen 1853.
Dorpsverhalen. Antwerpen 1854.
Het Eerekruis, blyspel met zang in twee bedryven. Waeregem 1854.
De meesterknecht, verhael uit het dorpsleben. Antwerpen 1854.
Amanda. Uit het leven der zinnelozen. Antwerpen 1856.
Doctor Marcus. Turnhout 1858.

Staes (Jan), geboren zu Antwerpen 1828, war das sechste Kind von armen, aber sehr wackern Eltern. Sein Vater, jetzt 75 Jahr alt, war gleich dem ebenfalls noch lebenden Großvater, ein Dachdecker. Die Mutter, die vor fünf Jahren starb, machte Spitzen. Als der Knabe acht Jahr alt war, sandte man ihn in eine Freischule, wo er bis zu seinem elften Jahre blieb und lesen, schreiben und etwas rechnen lernte. Dann mußte er, um sich seinen Unterhalt zu erwerben, in eine Tabacksfabrik, wo er ungefähr 16 Jahr arbeitete. Von klein auf äußerst wißbegierig, sparte er sich seine Sonntagsoorbjens*), um Bücher zu kaufen. Was er nicht kaufen konnte, borgte er sich, und so blieb für ihn im Blämischen bald Nichts mehr zu lesen. Mit achtzehn Jahren fing er an, in einer Abendschule Französisch zu studiren, Deutsch lehrte ihm ein Freund. Seit einem Jahr ungefähr ist Staes zweiter Redacteur am Handelsblatt. Seine Gedichte sind zerstreut in Zeitschriften; das, welches ich mittheilen werde, ist aus dem „Niederdeutschen Jahrbüchlein" für 1858. Von Zeit zu Zeit übersetzt er aus dem Deutschen und Französischen für das Feuilleton des Handelsblattes. Das einzige selbstständige Werkchen, welches er herausgab: **Ein goldenes Jubelfest in der Kempen**, hat einen frischen ländlichen Hauch.

Die Blümchen meiner Mutter.

Was lasset Ihr die Zweige hängen,
Ihr Blümchen, die so theuer mir?
Erzählt mir's, woran leidet Ihr?
Kam Euch der Sturmwind hart bedrängen?
Verdorrt sind Eure kleinen Blätter —
That es die Sonne, that's das Wetter?

---

*) Oorbje, frühere kleine Münze, jetzt von Kindern für Centen und Sous gebraucht.

Klagt, Blümchen, Euer Leiden mir,
Denn ich bin traurig so wie Ihr.

Ihr siecht, und noch vor wenig Tagen
Sah' ich Euch frische Knospen tragen,
Im Sonnenlicht Euch freudig wiegen,
Und um Euch her die Falter fliegen.
Ihr fülltet jeden Tag das Zimmer
Mit Euern süßen Düften an,
Und wurdet täglich schöner immer,
Und wer vorbei ging, sah Euch an.
Ja, Mancher blieb selbst vor Euch stehn
Und sprach: „was sind die Blümchen schön!"

O ja, das waren frohe Zeiten,
Als Ihr noch durftet Duft verbreiten;
Was standet lieb und fröhlich Ihr!
Und ich war glücklich so wie Ihr.

Was blüht Ihr denn wie ehmals nicht?
Der Lenz schickt doch sein Sonnenlicht
So warm wie ehmals auf Euch nieder,
Was kehrt Ihr nicht in's Leben wieder?

Fern ist die Zeit, wo jeden Morgen,
Als Ihr geblüht in Eurer Pracht,
Ein Engelswesen aufgewacht,
Um Euch mit Liebe zu versorgen.
Ließ Euch das Sonnenlicht ermatten,
Sie trug Euch zärtlich in den Schatten,
Sie tränkte Euch mit kühler Flut,
Und wenn das Wasser Euch belebte,
Sah ich ein Lächeln froh und gut,
Das hold um ihre Lippen schwebte.

Was standet lieb und fröhlich Ihr
Zur schönen Zeit des Lenzes prangen,
Als voll von Knospen Ihr gehangen —
Und ich war glücklich so wie Ihr.

Und wenn sie Euch so liebreich hegte,
Um wie viel mehr noch war sie mir!
Ich war ihr lieber noch als Ihr,
Es war die Mutter, die mich pflegte!
Nun ist die Theure uns genommen —
Was helfen Thrän' und Klagewort?
Sie ging dahin an jenen Ort,
Von wo noch Niemand wieder kommen.
Uns aber ließ sie hier allein,
Und Ihr — laßt Euern Schmerz nur sehen —
Kaum ging zum Heil die Theure ein,
So bliebt Ihr auch vergessen stehen.
Es sah sich Niemand nach Euch um,
Es gab Euch Niemand Licht und Schatten,
Und Blüt' auf Blüte mußt' ermatten,
Und, Blatt für Blatt, vergingt Ihr stumm. —

Ach käm' die Zeit doch wiederum!
Wie tobt jetzt in den Lenzestagen!
Ihr könnt nicht länger Blüten tragen —
All' unser Glück entschwand mit ihr,
Und ich bin traurig, so wie Ihr.

Vielleicht daß Euch ein beßres Leben
In ihre Sorg' zurückgegeben:
Man sagt, daß was wir hier geliebt,
Der Himmel dort uns wiedergiebt?
Ist's wahr, daß Ihr auf's Neu erblühtet,
Im ew'gen Frühlingssonnenschein,
Und daß sie wiederum Euch hütet,
Sagt, denkt sie da nicht manchmal mein?

Spricht sie nicht von dem bittern Leiden,
Das mich ergriff bei ihrem Scheiden,
Mich, der ich ohne Mutterkuß
Noch leben und noch ringen muß?
Ach, Blümchen, wüßt' ich Euch bei ihr,
Da möcht' ich sterben so wie Ihr!

Een gouden Jubelfeest in de Kempen. Antwerpen 1854.

Stallaert (Karl Frans), geboren den 23. Sept. 1820 zu Merchtem in Braband. Bis zu seinem zehnten Jahre hatte er in der Dorfschule Unterricht in der Muttersprache, dann setzte er auf dem Collegium zu Turnhout das Lateinische fort, welches er ein Jahr lang bei dem Vicar der Gemeinde getrieben hatte. Nachdem er dieses Studium auf dem Collegium zu Mecheln vollendet hatte, bezog er 1837 in Brüssel, wo seine Eltern sich niedergelassen hatten, die Universität, sah sich jedoch bald genöthigt, sie wieder zu verlassen. Sein Vater war gestorben, und ihm, als dem ältesten Sohne, fiel die Sorge für die Familie anheim. Seinen Neigungen entsagend, war er vier Jahr lang im Handel, vier Jahr im Finanz-Ministerium, und zwei Jahr bei der Westvlandrischen Eisenbahn zu Brügge, dann verschaffte sein Gönner und Freund, der Präsident Delecourt, ihm das Amt eines Archivars bei der Verwaltung der Bürgerhospitäler zu Brüssel, und endlich 1853 eine ihm zusagende Stelle in der Professur der niederländischen Sprache am königlichen Athenäum ebendaselbst. Seit dem 27. Juli 1849 ist er verheirathet mit Mechthilda Mast aus Brüssel.*)

Das Vorbild seins Großvaters, Jan Frans Stallaert, der ein glücklicher Dichter war, muthigte Karl Stallaert an,

---

*) Starb im Frühling 1859.

sich ebenfalls in seiner Muttersprache zu versuchen. Er hat noch nicht viel gearbeitet, aber nur Gutes, und noch mehr ist von ihm zu erwarten. Die Uebersetzung von „Hermann und Dorothea", welche in einzelnen Gesängen im „Lesemuseum" und später mit Illustrationen von seinem Bruder erscheinen soll, ist ihm vortrefflich gelungen, ebenso die von Gutzkows „dreizehnten November." In diesem Augenblicke legt er die letzte Hand an „Johann I. von Brabant" und für die nächste Zukunft hat er gemeinschaftlich mit seinem Schüler und Freunde Alphons Willems den Plan einer vlämischen Geschichte und Chrestomathie in französischer Sprache. Stallaert war auch mein Lehrer im Vlämischen und zugleich der erste Vlaming, bei dem ich die Entdeckung machte, daß der vlämische Charakter weder kalt noch prosaisch, vielmehr durch Phantasie und Leidenschaftlichkeit ein ächt nordisch-germanischer sei. Mit Van Driessche, Delcroix, Blockhuis und Jakobs gründete Stallaert den „Klauwaerts," ein Blatt, das seinem Namen nicht umsonst führte. Außer Van Rucklingen ist vielleicht kein Vlaming so ganz und so starr vaterländisch wie Stallaert. Diese Gesinnung drückt sich selbst in der folgenden kleinen Skizze aus.

Die erste deutsche Charte in Brabant.

An einem hellen Maimorgen des Jahres 1289 zog ein Reiter durch die „Verlorene Kostpforte," heute die „Vlämische Pforte" genannt, in die Stadt Brüssel ein, welche seit der von den Löwenern dem Herzog Johann und seiner Mutter Alide zugefügten Schmach die Hauptstadt von Brabant geworden war. Sein Reitthier war ein behender Esel, das auserwählte Lastthier der Schreiber und der Gelehrten. Er war ein Mann von ungefähr sechzig Jahren und von mittlerer Größe, seine zusammengedrungenen und nach vorn ge=

neigten Schultern genügten, um in ihm eher einen Schreiber, als einen Krieger erkennen zu lassen. Seine hohe und breite Stirn übrigens verrieth so gut wie seine funkelnden braunen Augen, über denen dicke borstige Brauen sich nach der schönen Adlernase hinzogen, einen Mann, dessen Lebenskraft sich im Haupte zusammengedrängt hatte. Er war glatt geschoren, aber sein braunes volles Haar wallte unter einer Pelzmütze bis auf die Schultern herab und diente dem edlen Angesicht als Rahmen. Das karmoisinrothe Gewand mit Pelzkragen, welches ihn ganz umhüllte, ließ Nichts entdecken, als am Halse einen Hemdumschlag von schneeweißer Leinwand, und an den Füßen graue Sandalen. Das Thier, worauf unser Reisender saß, schien, seinem stattlichen und gelassenen Schritt nach, etwas von der Würde seines Meisters in sich zu fühlen, und hielt den Kopf hoch, als sei es stolz auf seine Last. Mann und Thier blickten mit großen Augen nach den neuen Dingen links und rechts, obgleich es nicht zum ersten Male war, daß sie nach Brüssel kamen. Die Hauptstadt war seit zwanzig Jahren so verändert und verschönert worden, daß unser Reisender sich höchst angenehm überrascht fühlte. Mit Vergnügen sah er die alte schwarze Burg der Grafen von Löwen wieder, um deren Fuß die schnellfließende Senne ihre gelben Wasser schlängelte, und ebenso die nah gelegene, nicht minder alte St. Gorixkapelle; beide Gebäude führten ihn im Geist in die Zeit zurück, wo das Christenthum und die welt= liche Macht der Karolinger in Braband Fuß faßten. Etwas weiterhin wurde seine Aufmerksamkeit in Anspruch genommen durch einen Wechsler= oder Goldschmiedladen, durch die bunte und prächtige Ausstellung eines Tuchkaufmanns, durch den

Glanz von feilgebotenen Helmen oder Kirchenzierrathen. Noch höher hinauf bewunderte er die schöne St. Nikolaskirche mit ihrem prächtigen Belfroy, deren Glocke erst seit einigen Jahren das Eigenthum der in Blüthe zunehmenden Gemeinde geworden war. Dann sah er das Gemeinde-Fleischhaus und den Fischmarkt, und auch die hohen schwarzen Häuser beschäftigten ihn. Sie hingen auf die mannichfaltigste und wunderlichste Weise über die krumme Straße her, indem sie die Bewohner, welche sie am Boden körperlich von einander trennten, in dem Maße wie sie selbst sich erhoben, gleichsam geistig näher zusammenführten und so ein treffendes Bild von dem Gemeinsinn lieferten, welcher die Bürgerschaft damals zu einem mächtigen Körper vereinigte.

Unser Reisender stieg endlich in der Bergstraße vor dem Gasthof „Im großen Spiegel" ab, empfahl sein treues Thier der Sorge eines herbeigeeilten Dienstboten und ließ sich selbst eine einfache Suppe auftragen. Dann setzte er, nachdem er sich etwas vom Staube gesäubert hatte, zu Fuß seinen Weg fort und trat bald in die Pforte des herzoglichen Hofes. Ein dienstfertiger Läufer brachte ihn in einen weiten gewölbten Vorsaal, der rings von eichenen Sitzen umgeben war. An den hohen Wänden hatte eine kunstgeübte Hand ritterliche Abenteuer und die lustigsten Auftritte aus Reinart dem Fuchs gemalt, so daß ein Besucher, dem es geschah, etwas verziehen zu müssen, sich hier sehr gut eine halbe Stunde lang unterhalten konnte. Es währte nicht lange, so kam aus einem anstoßenden Saal ein riesenhafter Kriegsmann zum Vorschein, der ohne Umstände auftrat und das trotzige Haupt hoch aufgerichtet trug. Mit dem ersten flüchtigen Blick erkannte er in dem angemeldeten, Besucher einen Schreiber, und der Ausdruck seines Gesichtes wurde noch finsterer, ja, der nicht minder rasche und scharfe Blick des Fremdlings konnte in den Zügen des Hofmannes sogar einen Schatten von Geringschätzung entdecken. Der Höfling that drei Schritte auf den Besucher zu und ließ sich dann, um seiner Pflicht Genüge zu thun, zu der kurzen Frage herab: was er verlange?

„Ich begehre die Ehre zu haben, dem gnädigen und durchlauchtigen Herzog von Braband meine Huldigung darzubringen," war die gemessene Antwort. Der Ton, mit welchem dieser Wunsch ausgesprochen wurde, so wie die ruhige Haltung des Fremden bewiesen dem Kriegsmann hinlänglich, daß er keinen gewöhnlichen Mann vor sich hatte. Es war, als habe der Blick der Weisheit den Blick der Gewalt überwunden, denn der Hofmann verneigte sich, kam noch zwei Schritte näher und sprach: „unser gnädiger Herzog ist eben im Gespräch begriffen, doch möge die Herrschaft mir ihren Namen und ihren Stand nennen, und ich werde die Ehre haben, sie augenblicklich zu melden." Statt der Antwort zog der Besucher einen prächtigen goldenen Ring mit einem kostbaren Stein vom Finger und ersuchte den Höfling, ihn dem Herzog zu überreichen. Der Leibwächter nahm den Ring mit einem mühsam bezwungenen Aerger zwischen Daumen und Zeigefinger und entfernte sich mit den gemurmelten Worten: „schon wieder ein gefeierter Bürger, ein bevorrechteter Schreiber! die haben hier seit einiger Zeit weiße Füße, man sieht Niemand anders mehr als von dem Weißbrodvolk. O weh! o weh!" Er heftete sein Auge auf den Ring und fuhr fort: „eine Eule, eine Eule! ein wunderliches Wappen, welches sicher noch je weder im offenen Felde, noch am hellen Tage gesehen worden ist," und noch ein Mal geringschätzig wiederholend: „eine Eule!" verschwand er.

In seinem gewöhnlichen Audienz= und Arbeitssaal saß Herzog Johann I., umgeben von einer Anzahl vornehmer Bürger, mit welchen er eine ziemlich lange Unterredung gehabt hatte. Sie ging eben zu Ende, als der Höfling eintrat, dem Herzog einige Worte in's Ohr flüsterte und ihm den räthselhaften Ring überreichte. Bei dem Erblicken dieses Juwels, welchen er dem Besitzer einst als eine Huldigung der Wissenschaft und des Talentes verehrt hatte, sprang der Herzog mit einem unverhehlten Ausdruck der Freude im Gesicht auf. „Wohlan, Herren," sprach er, „es bleibt dabei, wie wir es besprochen haben: auf übermorgen," und sich zu seinem Geheimschreiber wendend, setzte er hinzu: „Ihr, Heinrich, sollt unsere Vergünstigung und Uebereinkunft sogleich aufsetzen und zur rechten Zeit in Bereitschaft halten."

Hierauf verließ die Gesellschaft den Saal, und auf einen Wink des Herzogs wurde unser Frembling eingelassen. „Jakob!" rief, als er sich zeigte, der Herzog. „Mein gnädiger Fürst!" antwortete der Mann, welcher dem trotzigen Schildknecht frei entgegen getreten war, aber nicht ohne Befangenheit dem Kriegsmann gegenüberstand, auf dessen Antlitz sich nicht nur die materielle Kraft, sondern auch der herrliche Glanz des Geistes offenbarte. „Mein gnädiger Herr, ich werde alt, ich fühle meine Lebenskräfte allmählich abnehmen, und so habe ich, bevor es dem guten Gott gefalle, mich aus diesem Thal der Widerwärtigkeiten abzurufen, Euch einen letzten Besuch abstatten wollen, habe den durchlauchtigen Fürsten und Ritter der Niederlande, welcher am Hofe von Flandern dem armen Dichter so edle Beweise seiner Geneigtheit gab, den jugendlichen und lebenslustigen Minnesänger, den Helden von Woeringen zu sehen begehrt, um ihm vielleicht ein ewiges Lebewohl zu sagen." — „Das ist brav, Jakob, das ist brav von Euch, dem kräftigsten, dem freimüthigsten Denker, ja, und auch Sprecher der Niederlanden. Euer Besuch gereicht mir ebenso zur Ehre wie zur Freude, denn Eure Feder ist meines Degens werth. Und was Euer Leben betrifft, das wird wohl noch nicht so bald zu Ende gehen wie Ihr Euch vorstellt; über Männer, wie wir, Jakob, bekommt der Tod nicht so leicht Gewalt; wir beschäftigen, Jeder auf seine Art, die Zeit so dringend und unaufhörlich, daß sie es vergißt, über uns ihre Sense zu schwingen. Kommt, schlagt Euch die Gedanken aus dem Kopfe und kämpft, gleich mir, weiter für Recht und Vernunft. Für mich, seht Ihr wohl, bester Maerlant, für mich beginnt jetzt, nun ich das Ziel meiner persönlichen Wünsche erreicht habe, ein neues Leben: meine Herrschaft ist sowohl inner= wie außerhalb Brabands befestigt. Fortan braucht hier der Ritter Schwert und Lanze, außer zum Vergnügen seiner Schönen, nicht mehr zu handhaben; meinetwegen kann er ausruhen. Eine andere Macht, ge= mäßigter in ihrer Ausübung, anhänglicher an Fürst und Pflicht, hat schon längst mit der des Adels gewetteifert, und bald wird sie durch ihren Gewerbfleiß, ihre Bescheidenheit und ihre Ge= meinsamkeit das Uebergewicht erwerben; die Bürgerschaft, welcher meine Vorfahren, seit dem großen Heinrich, schon so viel Zuneigung bewiesen, die mir auf dem Schlachtfeld von Woeringen gezeigt hat, daß sie mir zur Noth allein als

Brustwehr dienen kann, die Bürgerschaft soll fortan meiner besondern Vorliebe genießen, ich will sie in ihrem eigenen und in Jedermanns Augen erhöhen. Sie hat es um mich verdient. Bereits hab' ich Hand an's Werk gelegt. Eben jetzt hatte ich hier eine ansehnliche Zahl der Brüsseler Bürger versammelt, namentlich von der Fischerinnung, und als Zeichen meiner Gunst hab' ich ihnen meinen Fischmarkt erblich übergeben und ihnen eine eigene Ordnung verliehen, welche wir übermorgen feierlich einführen wollen. Ihr sollt diesem Bürgerfeste beiwohnen, Jakob, und einige Tage, hoff' ich, in unserer Mitte zubringen. Ich habe noch Das und Jenes mit Euch zu besprechen und möchte gern meine Reformpläne durch den Aristoteles der Niederlande beurtheilt hören, durch den unermüdlichen Vorkämpfer und Erleuchter der Bürgerschaft."
Nachdem sie noch einige Zeit länger im Gespräch zusammengeblieben waren, drückte der Herzog die Hände des weisen Mannes, ermahnte ihn, sich von der Reise auszuruhen, und übergab ihn seinem Geheimschreiber, damit er im Palast die vollste Gastfreundschaft finden möge.

Der Tag, an welchem die Einrichtung des bürgerlichen Fischmarktes stattfinden sollte, war angebrochen. Die Sonne stieg hell an einem reinen Himmel empor und verbreitete Licht und Leben über die Hauptstadt. Sie fand dieselbe bereits in einer ungewöhnlichen Bewegung, in einer allgemeinen freudigen Stimmung. Dieses Mal beschien sie gewiß keine lebendige Seele, selbst die allerträgste nicht, im Bette; während die Kranken und Alten mit lebendiger Theilnahme die Köpfe aus den Schiebefenstern steckten, war die sämmtliche gesunde

Bürgerschaft auf den Beinen und wimmelte jauchzend und summend, lachend und scherzend die Straßen entlang, wie ein Bienenschwarm, der sich auf einem blühenden Kleefelde zerstreut.

Die meiste Geschäftigkeit herrschte auf dem Steinwege vom Hofe bis an den Fischmarkt, nicht weit von dem heutigen Fleischhause. Zwischen diesen beiden Endpunkten sah man seine Freude an den schwarzen malerischen Häusern, welche von oben bis unten mit Laub und Blumen verziert waren. Von Haus zu Haus schlangen sich der Länge nach bunte und duftige Gewinde, und von Giebel zu Giebel gespannt, ließen sie über die Straße die schönsten Kronen niederhängen, welche Mädchenhände hatten flechten können. Auch die Straße war mit Grün und Blüthen bestreut, und gleich festlich geschmückt waren die Menschen; Frauen und Mädchen, Männer und Knaben, Alle drängten sich im besten Staat durcheinander und aus aller Augen leuchtete Fröhlichkeit.

Die Vorbereitungen zu der Feierlichkeit waren beendigt, und man wartete nur noch auf den Herzog. Bereits verschiedene Male hatte ein falscher Lärm, durch das unverbesserliche Völkchen der Straßenjungen veranlaßt, die Menge in Bewegung gebracht und hier Gelächter und dort Murren erregt, bis endlich das Geschmetter der Trompeten die Ankunft des Herzogs wirklich ankündigte. Sich drängend und stockend ordnete die Menge sich zu beiden Seiten längs der Häuser und als, umgeben von seinem prächtigen Hofstaat, der Fürst auf einem muthigen Schimmel erschien, jauchzte es aus Aller Mund und aus Aller Herzen: „Lange lebe der Herzog! Es lebe Johan von Woeringen!"

Die Masse, welche gleich einer ungestümen Flut sich vor

dem Helden getheilt hatte, strömte hinter ihm wieder zusammen. Bald hielt der Zug vor der Halle des Fischmarktes. Hier wurde der Herzog durch den Amman und den Magistrat der Stadt, sowie durch die Dekane der Fischer und der übrigen Nahrungen und Gewerbe empfangen. Nach den gewöhnlichen Ehrfurchtsbezeigungen bildete sich ein Kreis um den Herzog, der nun seinen Geheimschreiber vortreten und das Priviligium vorlesen ließ, welches er der Innung der Fischer geschenkt hatte. Der Schreiber nahm vor dem Herzog Platz, entrollte sein Pergament, und bei der größten Stille begann er mit lauter Stimme die Lesung der Urkunde in der gebräuchlichen Form: „Nos, Johannes, Dei gratia Dux Lotharingiae, Brabantiae et Limburgiae —" als plötzlich ein Gebränge in dem Kreise entstand, und ein Mann, welcher bisher mit den Dekanen im Gespräch gewesen war, ehrerbietig vortrat und den Herzog ersuchte, ihm, bevor der Leser fortführe, einige Worte gestatten zu wollen. Das wurde ihm huldreich zugestanden, und sobald sich das Geräusch, welches er veranlaßt, wieder gelegt hatte, sprach der Mann: „gnädiger Herzog, Ihr habt zu allen Zeiten für Jakob Van Maerlant, den niedrigen Gerichtsschreiber von Damme, eine große Gewogenheit gehegt, und ihm dieselbe mehr als ein Mal durch Eure Handlungen bewiesen, obwohl er sich solcher hoher Gunst ein für alle Mal unwerth erachtet. Gestern noch drängtet Ihr ihn, Euch Gelegenheit zu neuen Gunstbezeigungen zu geben, gestattet denn, daß ich heute Eure hohe Freundschaft anrufen dürfe." — „Sprecht frei, Jakob," antwortete der Herzog, „Euer Verlangen ist Euch im Voraus bewilligt, denn Ihr werdet Nichts heischen was unbillig, oder nicht unserer Beider würdig wäre." — „Ruhmreicher Herzog, der Fürst, der sein Volk als ein ihm von Gott anvertrautes Gut betrachtet und als solches schätzt und liebt, schätzt und liebt es auch in dem, was dem Unterthan am eigensten und darum auch auf Erden am theuersten ist. Nun, das wichtigste Wahrzeichen und das heiligste Unterpfand eines Volkes zu allen Zeiten und in allen Ländern, war stets die Sprache. Die Sprache ist das Heiligthum und die Kraft des Volkes. Auch haben alle Ueberwinder, um ein unterjochtes Volk zu schwächen, diesen Magnet der Vereinigung stets mit Füßen getreten. Die lateinische Sprache drückt noch jetzt auf die Völker den Stempel der römischen Gewaltherrschaft. Der Gebrauch dieser fremden Sprache ist zur Gewohnheit geworden und selbst nach der Befreiung der Germanen als solche geblieben, so daß heutiges Tages noch die Fürsten mit ihren Unterthanen in einer Sprache reden, welche diese nicht verstehn. Aber schon hat Frankreich, das lebendige und wackere Frankreich, welches zu unserer Beschämung uns mit allen Verbesserungen vorangeht, Europa das Beispiel gegeben, und Frankreichs König spricht zu seinem Volk in seines Volkes Sprache. Und auch Ihr, o Fürst, der Ihr Euer Volk liebt, und von ihm als ein Vater geliebet werdet, Ihr der Ihr unsere Muttersprache lieb habt und sie durch Eure Lieder verherrlicht, folgt nicht länger einem unsinnigen Gebrauche, welcher die Entwicklung des Volkes verhindert und dadurch dasselbe erniedrigt. Möge dieses Privilegium zu Gunsten der Fischer, mit welchem Ihr, um so zu sagen, Eure hausväterliche Regierung beginnt, möge es zugleich die erste vlämische Urkunde in Braband sein, das, o Fürst, ist die letzte Gunst, welche der vlämische Dichter von Euch erbittet."

Der Herzog war getroffen durch die unwiderlegbare Richtigkeit von Maerlants Worten. Wohl empfand er einen geheimen Aerger über die allzubeziehungsreiche Lobpreisung Frankreichs, aber er konnte sie doch auch wieder nicht mißbilligen, er beschloß lieber Nutzen daraus zu ziehen und sprach nach einem Augenblick Bedenkens: „Jakob, es sei so; auch unser gnädiger Kaiser, Rudolph von Habsburg, ist uns mit gutem Beispiel vorausgegangen, und," fügte er lächelnd hinzu, „indem ich Euerm Wunsche gemäß thue, erfüll' ich nur meine Pflicht und bleibe Euch meinen Gunstbeweis noch schuldig." Hierauf holte der Dichter seinerseits eine Rolle hervor und fing an zu lesen: „Wir, Johann, durch die Gnade unsres Herrn, Herzog von Lothringen, von Brabant und von Limburg, machen kund allen Denjenigen, welche diesen Brief sehen und hören —" aber er konnte nicht weiter lesen, die Menge unterbrach ihn durch lautes Zujauchzen und durch die schallenden Rufe: „Es lebe Herzog Johann!" und: „Es lebe Jakob Van Maerlant!" welche wie Klang und Widerklang einander durchtönten. Inzwischen wechselte Maerlant einige Worte mit des Herzogs Geheimschreiber, gegen welchen er sich wegen seines Diebstahls um der guten Sache willen entschuldigte, und dieser bot ihm eine freundliche Hand, deren Druck von Freude und Erkenntlichkeit zeugte. Als es wieder still geworden war, setzte Maerlant seine Lesung fort und, während die Menge den Schluß durch neues Zujauchzen begrüßte, drückte der Herzog sein Siegel auf die ihm vom Leser überreichte Urkunde.

Die Feierlichkeit war aus, der Herzog nahm Abschied von dem Magistrat und der Bürgerschaft und kehrte mit feiner Begleitung nach dem Hofe zurück, überall auf seinem Wege begrüßt durch die Freudenrufe des Volkes.

Unterdessen hatten die Dekane der Gilden und andere Leute die Köpfe zusammengesteckt und nach einigen Worten trat der Dekan der Fischer zu Maerlant, dankte ihm im Namen der brüsselschen und brabantschen Bürgerschaft für die schöne vaterländische That, die er so eben verrichtet, und ersuchte ihn, den Vorsitz bei dem Festmahl zu führen, welches sie alle auf dem Fischmarkt selbst erwartete. Dem alten so vielfach geprüften Dichter ging das Herz vor Freude auf, seine erwarmte Seele strahlte auf seinem Antlitz und er empfand eine Seligkeit, wie sie ihm seit lange fremd geworden war. Er sah sich durch die herzliche Freundschaft dieses Mittel= standes, dem er seine besten Jahre, sein Herz und seinen Geist geweiht hatte, für die Wirksamkeit seines ganzen Lebens vollständig belohnt, und Thränen des Glückes flossen über seine Wangen.

Er wollte seinen Dank durch einige rührende Worte aussprechen, aber man ließ ihm nicht die Zeit fortzufahren, in einem Nu fühlte er sich auf den Armen einiger starker Männer in die Höhe gehoben und, mit Blumen bekränzt, unter fröhlichem Gesange rund um den rauchenden Tisch getragen.

Leesoefeningen voor de jeugd. Gent 1854.
Verhandeling over den staet der kunsten en wetenschappen in België onder de bestiering van Philips den Goede, hertog van Burgundië. Bekrönt von der Gesellschaft Yver en Broedermin zu Brügge. Brügge 1850.
De dertiende November. Aus dem Deutschen von Karl Gutzlow Brussel 1852.

Lyst van nederduitsche merkwoorden, die oudtyds met den genitief verbonden werden. Taelverbond 1855.
Keurdichten uit de XVI. eeuw. No. I. Jonker Jan van der Noot, met een berigt over zyn leven en zyne werken, alsmede een glossarium. Gent 1857.
Maria van Braband, hertogin van België, 1254—1256. Volksalmanak voor nederlandsche Katholiken 1855.

Stroobant (Eugen Eduard), geboren zu Turnhout den 30. Januar 1819. Die Namen seiner Eltern, Lieven Stroobant und Rosa Bille, hat er in der Widmung seiner Gedichte genannt, deren patriotischer Inhalt es wohl verdiente, daß König Leopold in einer kostbaren Diamantennabel dem Dichter ein Zeichen der Anerkennung gab. Stroobant ist auch einer der ältesten Streiter für die vlämische Bewegung. Seine ersten schriftstellerischen Versuche befinden sich in den „Heideblumen," einem Band Poesie und Prosa, welcher 1840 von der Rederyckammer „Bruderliebe und Treue" zu Turnhout herausgegeben wurde. Diese Gesellschaft war 1838 unter Stroobants Mitwirkung gestiftet worden, hat jedoch nicht lange bestanden.

Seit 1820 ließ Stroobant sich zu Brüssel nieder, wo er 1842 die „Niederdeutsche sprachliche und literarische Genossenschaft" gründen half. Seit 1847 nimmt er den Präsidentenstuhl in der bramatischen Gesellschaft „der Weingarten" ein. 1855 wurde er zum Notar in Sint Peeters Leeuw bei Brüssel ernannt, wo er noch jetzt wohnt. In demselben Jahr erschienen seine Gedichte, deren hauptsächlichen Inhalt ich bereits angedeutet. Sehr frisch ist sein „Winterabend in der Kempen," welcher in leichten natürlichen Plauderversen drei heimathliche Sagen erzählt. 1853 empfing er für sein Gedicht auf die Volljährigkeit des Kronprinzen von diesem eine goldene Feder. Bekrönt wurden von seinen Arbeiten: 1842 zu Eecloo „Peter de Coninck," Dichtung. 1847 zu Somerghem „Agneesens im Kerker," dramatisches Bild. 1848 durch die „Fonteinisten" zu Gent, „die Theaterliebhaber," Lustspiel in einem Akt. 1849 durch die Gesellschaft „Sprache und Kunst" zu Iseghem „der Erzbischof Märtyrer," Dichtung. 1850, den 20. Mai, durch die Gesellschaft der Rhetorika „Wild= blühend" zu Thielt „Leo d'Hulstar," Gedicht. 1850 den 21. Juli durch die Gesellschaft der Rhetorika „Wachsend, blühend in den Dünen" zu Knocke, „das Einstürzen der hängenden Brücke zu Angers," Gedicht. 1850 zu Knocke „Fluch und Vergebung," dramatischer Monolog. 1850 zu Somerghem „Alfried van Schoonhoven," dramatisches Bild. 1850 den 20. September durch die Gesellschaft für Drama und Literatur „Eifer und Bruderliebe," zu Brügge, „der Landbau," Gedicht. Auch 1850 und auch zu Brügge „Armuth," Monolog. 1851 zu Nieuport „Wer wagt, gewinnt," Scherz= lied. 1851 zu Poperinghe: „Jan Bygeloof," Monolog. 1851 den 18. August durch die Gesellschaft „Für Sprache und Vaterland" zu Aeltre „das Waisenhaus," Dichtung. 1852 zu Meenen „General van der Meersch," Dichtung. 1852 den 5. September durch die Gesellschaft der Rhetorika „Eicheln werden Bäume" zu Eecloo „Belgien 1848," Dichtung.

Es ist jedoch hauptsächlich als Dramatiker, daß Eugen Stroobant bekannt ist, und so habe denn auch ich zum Ueber= setzen ein allerliebstes Stück gewählt:

Rath und That.
Lustspiel in einem Aufzug.

Personen.

Herr Archief, Notar.
Friedrich, sein Schreiber.
Lina, seine Tochter.
Herr Kevelaers, ein reicher Grundbesitzer.

Vincent, Diener } bei Herrn Archief.
Clara, Dienstmädchen

Peter Langenakker } Bauern.
Dries Van Gallebart

Das Stück spielt in einer kleinen Stadt im Hause des Notars.

Ein Bureau. Rechts im Vordergrunde ein Pult, hinter demselben ein Kleiderschrank mit einem Vorhange. Im Hintergrunde eine Thür, daneben ein Fenster. Thüren rechts und links. Einige Stühle.

Erster Auftritt.

Vincent (allein).

(Er lehnt, den Besen im Arm, am Pult und liest im Gesetzbuche.)

Man muß es mir zugeben, daß es weiter nicht schwer ist, Advokat oder Notar zu sein. Alles, was man zu wissen braucht, steht in diesem Büchel. Weiß man das auswendig, so weiß man Alles, und mit ein bischen Anlage ist das doch bald gelernt. Ich, z. B., wenn ich noch einige Jahre fortfahre, das Bureau aufzuräumen und so manchmal ein wenig in den Protokollen herum zu schnüffeln und am Schlüsselloch zu horchen, ich will wetten, daß ich ein Mal ganz gut werde Rath geben können, wie man Kontrakte oder dergleichen aufsetzen muß. Aufgeräumt ist, es ist noch nicht Neune, ich will die Zeit, die ich noch übrig habe, wieder dazu anwenden, um ein oder das andere Paragraphelchen im Gesetzbuch zu studiren, ja, ja, studiren. Dies Studium schmeckt mir, ja, es schmeckt mir. Ich denke oft, anstatt Diener bei einem Ab=

vokaten, könnte ich selber Advokat sein. (Er macht das Pult auf.) Ei, was liegt denn da noch für ein Büchelchen? das kenn' ich ja noch nicht. (Er macht es auf und liest:) „Stanzen an Lina." So, so, es sind Verse. Mein Herr Friedrich macht Verse und noch dazu an Lina, an Fräulein Lina, an des Herren einzige Tochter. He, mein Junge, aufgepaßt, denn wenn Herr Archief das erführe, so flögt Ihr mit sammt Euren Stanzen und Versen zur Thür hinaus. Der Notar hält nicht viel auf Poesie, klingende Münze ist ihm lieber. (Nachsinnend.) Aber wißt Ihr wohl, daß der Herr Friedrich gar nicht so dumm ist? Wenn er Fräulein Lina heirathet, wird er später auch an Vater Archiefs Stelle rücken, das hieße wirklich zwei Fliegen mit einer Klappe schlagen. Aber etwas vorsichtiger sollt' er sein, denn wer Herrn Archief hinter's Licht führen will, der muß es geschickt anfangen. Na, wir wollen das Büchelchen sachtchen wieder hinlegen, wo wir's genommen haben — wir müssen bescheiden sein, Be= scheidenheit ist die erste Tugend für den Diener eines Notars. (Er legt das kleine Buch wieder in das Pult, nimmt das Gesetzbuch und blättert darinnen.) Paragraph 213. „Der Mann ist seiner Frau Schutz, die Frau ihrem Manne Ge= horsam schuldig." Das ist sehr richtig. (Langsam wieder= holend ohne zu lesen.) „Der Mann ist seiner Frau Gehor= sam, die Frau ihrem Manne Schutz schuldig." Das ist wieder ein Paragraph, den ich im Kopfe habe. (Wiederholend). Der Mann — nein, die Frau — nein, es ist doch der Mann — ja, ja, der Mann ist Gehorsam schuldig. (Weiter blätternd.) „Die Eheleute sollen einander indirekt Nichts geben können."

Was mag das heißen? Aber mir dünkt, ich höre den

Herrn Friedrich — sollt' es schon so spät sein? Wie schnell doch die Zeit vergeht, wenn man sich ernstlich beschäftigt! (Er wirft noch einen flüchtigen Blick in das Buch, bevor er es wieder in das Pult legt.) Wir sagen also, daß Paragraph 1099 — Ha, da ist er!

Zweiter Auftritt.

Friedrich, Vincent.

Vincent.

Guten Tag, Meinherr Friedrich. Wohl geschlafen?

Friedrich.

Ich danke. Ihr seid heute später fertig geworden, als gewöhnlich.

Vincent.

Verzeiht, Meinherr, ich glaube, Ihr seid früher gekommen.

Friedrich.

Das ist auch möglich.

Vincent.

Meinherr Friedrich, könntet Ihr mir wohl einige Aufklärung über Paragraph 1099 des Gesetzbuches geben?

Friedrich.

Um was Ihr Euch doch bekümmert, Vincent! Macht Eure Arbeit und laßt das Gesetzbuch in Ruhe.

Vincent.

Und warum soll ich meiner angeborenen Neigung nicht folgen? Wenn Ihr, Meinherr Friedrich, lieber Verse macht, als Akten schreibt, so ist das kein Grund, daß ich lieber Staub abwischen als die Gesetze studiren soll.

Friedrich (unruhig)

Wenn ich lieber Verse mache — was soll das heißen? (bei Seite.) Sollte er die Verse entdeckt haben? Welche Unvorsichtigkeit, sie im Pult liegen zu lassen!

Vincent (bei Seite).

Verteufelt, ich hab' mich verrathen! (Laut). Ich habe zu positiv gesprochen, Meinherr; ich wollte sagen: im Fall Ihr z. B. lieber Verse machtet, als Akten —

Friedrich (scherzend)

Ach so! Nun, Vincent, so laßt mich an meine Arbeit gehen und thut Ihr die Eure. Und künftighin schwatzt nicht mehr von Gesetzen und Paragraphen, die gehen Euch Nichts an.

Vincent (entrüstet).

Nichts an — Nichts an! das wäre! Sagt nicht das Gesetz selbst, Meinherr, daß jeder Bürger es kennen soll? Sollte ich z. B. —

Friedrich (ihm ungeduldig in die Rede fallend)

Keine Beispiele, Vincent. Erinnert Euch von nun an des Sprüchworts: Schuster, bleib' bei deinem Leisten.

Vincent (ärgerlich)

Ja, an das Sprüchwort sollte Jeder denken. (Bei Seite.) Da hast du's, Herr Poet.

Friedrich (beunruhigt.)

Seid Ihr bald fertig?

Vincent.

Schon lange, Meinherr Friedrich, schon lange.

Friedrich.

Nun, dann packt Euch, und sagt dem Notar, daß ich hier bin und auf seine Befehle warte.

Vincent (im Gehen für sich.)

Der verdammte Paragraph 1099. Ich muß mir die Zahl gut behalten, um ihn später gründlich studiren zu können.

Dritter Auftritt.

Friedrich, später der Notar.

Friedrich (zieht seinen Rock aus, hängt ihn in den Schrank und zieht seinen Schreiberrock an.)

Da, nehmen wir wieder das Joch um den Hals, denn dieser Rock ist für mich das Sinnbild der Sklaverei. (Er geht an sein Pult.) So langweilig wie der Mensch, der Vincent, mit seinen Paragraphen und seinem Gesetzbuch auch sein mag, Recht hat er, wenn er sagt: warum darf man seiner angeborenen Neigung nicht folgen? Warum muß ich, mit meiner Liebe zur Poesie hier, fern von Allem, was Poesie ist, verschmachten? Aber ich darf nicht daran denken — arbei=ten wir. Nur will ich zuerst noch ein Mal meine Verse durchlesen — vielleicht find' ich heute Zeit, um sie abzu=schreiben, (öffnet das Pult) und Gelegenheit, sie ihr zuzu=stellen.

(Der Notar kommt eilig aus der Seitenthür links. Er hat ein Papier in der Hand. Friedrich macht, als er ihn gewahr wird, hastig das Pult zu.)

Der Notar.

Meinherr Friedrich, hier hab' ich das Testament des Herrn von Poirtere, es ist heute seine Beerdigung, und die Erben versammeln sich im Sterbehause, um das Testament zu hören — nehmt eine Abschrift davon und dann tragt das Original auf das Bureau der Registratur. Ihr seht, die

Sache ist eilig. Ich will mich unterdessen ankleiden. Kommt Jemand, so laßt ihn warten.

Friedrich.

Gut, Meinherr.

(Der Notar ab.)

Vierter Auftritt.

Friedrich (allein.)

Da hatt' ich meine Rechnung ohne den Herrn Notar gemacht. Hat man ein Mal Nichts zu thun, so findet er sicherlich Etwas. Dieser Herr von Poirtere brauchte auch nicht gerade jetzt zu sterben, und wenn er sterben wollte, wenigstens nicht sein Testament gerade bei meinem Patron zu machen. Nun, es ist ein Mal so. Wir wollen die Paar Zeilen geschwind hinschmieren, nachher ist vielleicht der ganze Tag frei.

Fünfter Auftritt.

Friedrich, Lina (eilig aus der Seitenthür links.)

Friedrich (aufspringend)

Lina! Welche Unvorsichtigkeit! Euer Vater kann jeden Augenblick zurückkommen.

Lina.

Nein, Friedrich, der Vater macht seine große Toilette, und Ihr wißt, das geht nicht so schnell, darum dacht' ich, daß ich zu Euch kommen könnte.

Friedrich.

Ihr kommt, den armen Gefangenen in seinem Kerker trösten.

Lina.

Immer Dichter!

Friedrich.

Ihr spottet, Lina, aber seht hinaus und sagt mir, ob ich Unrecht habe, dieses Bureau mein Gefängniß zu nennen?

Lina.

Ihr habt nicht Unrecht, Friedrich, aber es ist jetzt nicht der Augenblick, darüber zu sprechen.

Friedrich.

Vergebt mir, es ist wahr — ich darf den Engel, der mich trösten kommt, nicht mit der Vorstellung meiner Sklaverei betrüben, ich darf Euch nur für Eure Güte danken und sie Euch durch Liebe lohnen, und das thu' ich auch, Lina.

Lina.

Ich zweifle keineswegs daran, aber jetzt sagt mir, Friedrich, wie sollen wir es anstellen, daß der Vater in unsere Heirath einstimme? Fürchtet Ihr nicht, er könnte Nein sagen?

Friedrich.

Ich fürcht' es so sehr, daß ich, aus Furcht, Euch zu betrüben, noch nie mit Euch darüber zu sprechen wagte.

Lina.

Ach, hätt' ich doch früher daran gedacht! vielleicht hätten wir einander da noch vergessen, während es jetzt —

Friedrich.

Unmöglich ist, nicht wahr? Lina, sagt, daß es unmöglich ist.

Lina.

Fragt Euch selbst.

Friedrich.

Bestes Kind!

Lina.

Aber, so schafft doch Rath, Friedrich, was müssen wir thun, um Vater herumzukriegen, um seine Einwilligung zu erhalten? — sprecht!

Friedrich.

Je mehr ich nachdenke, je weniger seh' ich einen Ausweg.

Lina.

Aber da Ihr ein Mal Notar werden wollt, müßt Ihr ja doch Rath für Alles wissen — es kann Euch ja doch Alles vorkommen?

Friedrich.

Das ist wahr, aber ich habe noch so wenig an die Obliegenheiten meines künftigen Standes gedacht, daß ich mir in dieser Sache durchaus keinen Rath weiß.

Lina.

Ihr hättet Euch darauf legen sollen, Friedrich, seht, ich bin gewiß, daß Vater nie verlegen um guten Rath ist.

Friedrich.

Euer Vater — Lina, diese Worte sind ein Lichtstrahl für mich — ich werde Euern Vater um Rath fragen!

Lina.

Was fällt Euch ein?

Friedrich.

Und warum nicht? Seid ruhig, er soll es nicht vermuthen, daß es Euch betrifft. Und dann folgen wir seinem Rath, nicht wahr?

Lina.

O gewiß!

Friedrich.

Ja, wir befolgen seinen weisen Rath und Ihr werdet meine Frau. (Er küßt ihr die Hand.)

Lina.

Friedrich! (Plötzlich erschrocken.) Himmel! der Vater! (Sie läuft in den Kleiderschrank, während Friedrich sich in seinen Stuhl wirft und hastig schreibt.)

Sechster Auftritt.

Der Notar, Friedrich, Lina (verborgen.)

Der Notar (eintretend)

Nun, Meinherr Friedrich, ist die Abschrift fertig? (Besieht Friedrichs Arbeit.) Was, Ihr habt ja noch kaum drei Zeilen geschrieben?

Friedrich (stotternd.)

Verzeihung, Meinherr, ich bin heute so zerstreut, daß ich gar Nichts Ordentliches zu Stande bringe. Ich war beinah ganz fertig, da sah ich, daß ich ganz falsch geschrieben hatte, und so zerriß ich die Abschrift, und begann eben eine neue —

Der Notar.

Warum paßt Ihr auch nicht besser auf? die Abschrift eines Testaments ist sehr wichtig und muß mit möglichster Genauigkeit gemacht werden.

Friedrich.

Sie soll augenblicklich fertig sein.

Der Notar.

Nicht mehr nöthig, die Zeit ist zu kurz, in einer Viertel=stunde muß ich hin. Ich werde das Original vorlesen, und Ihr könnt die Abschrift dann später machen.

Friedrich.

Wie Ihr wollt, Meinherr. (Er hält ihm das Testament hin.)

Der Notar (bei Seite)

Die jungen Schreiber sind nicht mehr wie sie zu meiner Zeit waren. (Laut, das Testament nehmend.) Gebt her. (Friedrich ansehend.) Aber was fehlt Euch? Ihr seht so wunderlich aus? — Ihr zittert, Ihr seid bleich — seid Ihr krank, Meinherr Friedrich?

Friedrich.

Ich bin schlimmer als krank, und Euch, die Ihr mein Patron seid, und mir so wohlwollt, Euch darf ich's wohl sagen — (Er steht auf und kommt zu Herrn Archief.)

Lina (bei Seite.)

Himmel, was wird er sagen?

Der Notar.

Nur heraus mit der Sprache, Junge, Ihr wißt, ich bin stumm wie das Grab, wenn es sich um ein mir anvertrau=tes Geheimniß handelt.

Friedrich.

Wißt also, daß ich von einem Mädchen aus einer der besten Familien der Stadt geliebt werde, daß aber ihre Eltern gegen eine Heirath mit mir sind, weil ich, wie Euch wohl bekannt ist, wenig oder gar kein Vermögen besitze, und auch noch keine bürgerliche Stellung habe.

Der Notar.
Ich verstehe.
Friedrich.
Ihr begreift, Meinherr, wie vortheilhaft eine reiche Heirath für mich wäre, und Ihr habt zu viel Wohlwollen für mich, um mir nicht mit Rath und That zu helfen, daß sie zu Stande komme.
Der Notar.
Gewiß, Friedrich, Euer seliger Vater war mein bester Freund, und deshalb hab' ich Euch auch zu mir genommen, um einst einen guten Notar aus Euch zu machen.
Friedrich.
Ihr versprachet mir sogar, Meinherr, daß Ihr, im Fall Euer Fräulein Tochter keinen Notar heirathete, mir einst Eure Stelle verkaufen wolltet —
Der Notar.
Ueberlassen, Meinherr Friedrich.
Friedrich.
Nun ja, überlassen. Folglich begreift Ihr, daß eine reiche Heirath —
Der Notar.
Das beste Mittel wäre, um mich beim Wort zu nehmen. Ja, ich begreife Euern Zustand sehr wohl.
Friedrich.
Und wißt Ihr mich durch keinen Rath aus diesem quälenden Zustand zu befreien?
Der Notar (bei Seite.)
Armer Junge — wenn ich es wagte — (Laut). Die

Sache ist zu kitzlich, um Euch, ohne reifliche Ueberlegung, rathen zu können. Wir werden später darauf zurückkommen, diesen Nachmittag, oder morgen —

Friedrich.

Warum wollt Ihr mir nicht gleich helfen? Ach, Ihr habt nie so empfunden wie ich, Ihr kennt mein Leiden nicht!

Der Notar (bewegt.)

Doch, Friedrich, doch, und zwar aus Erfahrung.

Lina (bei Seite.)

Aus Erfahrung?

Friedrich (neugierig.)

Aus Erfahrung sagt Ihr, Meinherr?

Der Notar (nachdem er sich umgesehen.)

Hört mich an, Friedrich. Ihr habt mir Euer Geheimniß bekannt, ich will Euch auch das meinige offenbaren, aber — es bleibt unter uns.

Friedrich.

Zweifelt Ihr daran, Meinherr?

Lina.

Ein Geheimniß — was werd' ich hören?

Der Notar (vertraulich.)

Wißt denn, daß ich mich einst in demselben Fall befand wie Ihr. Wie Eure Eltern Euch, hatten auch die meinigen mir nur wenig hinterlassen, gleich Euch war ich Schreiber und wohnte im Hause meines Patrons, Meister Verpennen. Er hatte eine einzige Tochter, die er einem seiner Klienten, einem schon bejahrten, aber sehr reichen Manne bestimmte. Das Mädchen dachte anders als ihr Vater, sie liebte mich,

Friedrich, und da sie kein Mittel sah, um ihren Vater zur Einwilligung zu bewegen, so verließ sie eines Abends mit mir das Haus —

Lina (bei Seite.)

Wie, meine Mutter?

Der Notar.

Ich brachte sie zu einem Freund, der Niemand anders war, als Euer Vater, Friedrich, und am folgenden Tage willigte der Vater in unsere Heirath, um die Ehre seiner Tochter vor der Nachrede zu retten. Ich ward sein Schwiegersohn und später sein Nachfolger —

Friedrich (etwas verlegen.)

Und Ihr rathet mir, es ebenso zu machen?

Der Notar (nachsinnend.)

Mir ist dies Mittel geglückt — warum sollte es Euch nicht auch glücken?

Lina (bei Seite.)

Ich soll mich entführen lassen? Nun und nimmermehr.

Friedrich.

Aber, Meinherr, um das Mittel anwenden zu können, muß man Geld haben.

Der Notar.

Habt Ihr nicht meine Kasse unter Euch? Wenn es nur daran liegt, so entnehmt einige hundert Franken gegen eine Quittung, ich gebe Euch die vollkommene Freiheit.

Friedrich.

Gut, doch wohin sie bringen? Ich habe keine Freunde, keine Bekannte, denen ich mein Geheimniß anvertrauen könnte?

Der Notar.

Jetzt, wo die Eisenbahn ist, braucht Ihr das ja gar nicht. Ihr fahrt mit dem Mädchen bis zur nächsten Station, dort nehmt Ihr den ersten Zug, und fort seid Ihr.

Lina (bei Seite.)

Ist das mein Vater, den ich höre?

Der Notar (fortfahrend)

Nur müßt Ihr Euch dagegen sichern, daß die Eltern des Mädchens Euch nicht als Entführer festnehmen lassen können.

Friedrich.

So? das Gesetz hat also diesen Fall angenommen?

Der Notar.

Gewiß. Seht, wie ich es machte. Zwei meiner Freunde befanden sich in der Nähe, und meine selige Frau erklärte ihnen, daß sie mir aus freiem Willen folge, ohne irgendwie gezwungen zu werden.

Friedrich.

Eine neue Verlegenheit für mich — wo soll ich die Freunde herkriegen?

Der Notar.

Der erste beste Vorübergehende kann Euch diesen Dienst leisten Ihr seht, die Sache ist nicht so schwer, wie Ihr sie Euch vorstellt. (Neugierig.) Aber ist es mir nun auch vergönnt, nach dem Namen Eurer Geliebten zu fragen?

Lina (bei Seite)

Was wird er antworten?

Friedrich (verlegen).

Ich hoffe, Meinherr, Ihr werdet mir verzeihen, wenn ich den noch verschweige, bis ich ihre Zustimmung in die Entführung erhalten habe.

Lina (bei Seite)

Diese Zustimmung erhaltet Ihr niemals.

Der Notar.

Ich verstehe. Auch fragte ich nur, Friedrich, um sicher zu sein, daß Eure Geliebte auch wirklich reich ist. Ihr wißt es, der Schein trügt, besonders heutzutage, und wo es sich um Vermögen handelt — es ist nicht Alles Gold, was blinkt.

Friedrich.

Ich weiß es, Meinherr.

Der Notar.

Und die Jugend läßt sich leicht betrügen, denn die Liebe macht blind. Schon Mancher hat geglaubt, eine reiche Frau zu bekommen, und wenn er sie dann hatte, dann war sie arm wie eine Kirchenmaus.

Friedrich.

Ich kann Euch versichern, dergleichen ist hier nicht zu fürchten.

Der Notar.

Nun, dann Nichts mehr darüber. Lebt wohl und überlegt Euch die Sache. Meine Zeit ist da — ich muß in's Sterbehaus. (Er bereitet sich zum Gehen.)

Lina (bei Seite.)

Wenn er nur schon fort wäre — ich ersticke.

Friedrich.

Meinherr, ich danke Euch für Euern Rath, und möge mein Plan nun glücken oder nicht, ich werde Euch eine ewige Erkenntlichkeit bewahren.

Der Notar.

Glücken? O, er glückt sicher. Wo sind die Eltern, die sich weigern sollten? Aber es ist Zeit, daß ich gehe. Lebt wohl, in einer Stunde bin ich wieder hier. (Geht, dann zurückkehrend, vertraulich) Und hört Ihr, kein Wort über das, was ich Euch anvertraut, und auch nicht über den Rath, den ich Euch gegeben.

Friedrich.

Seid ohne Sorge, ich bin stumm wie das Grab

Siebenter Auftritt.

Friedrich, Lina.

Friedrich (zu Lina, die aus ihrem Versteck hervorkommt.)

O Lina, was sind wir glücklich! Nun haben wir das Mittel, das wir suchten.

Lina (ernst)

Ein Mittel, Friedrich, dessen ich mich nie bedienen werde.

Friedrich.

Nie?

Lina.

Nie!

Friedrich.

Aber, Lina, es ist wahrscheinlich das einzige?

Lina.

Und wäre es das einzige, ich will Nichts davon wissen.

Friedrich.

Aber warum nicht? Euer Vater selbst räth es uns an, Eure Mutter — .

Lina (erschreckend)

Himmel!

(Sie versteckt sich wieder hinter den Vorhang, während Friedrich, auch erschrocken, sich an sein Pult setzt.)

Achter Auftritt.

Friedrich, der Notar, Herr Kevelaers, Lina, (verborgen).

Kevelaers.

Ich bitt' Euch um Verzeihung, Meinherr Archief, daß ich Euch wieder zurückzugehen nöthige.

Der Notar.

Es thut durchaus Nichts, Meinherr Kevelaers.

Kevelaers (fortfahrend)

Doch die Sache, wegen welcher ich mit Euch zu sprechen wünschte, schien mir zu wichtig —

Friedrich (bei Seite)

Sie will nicht!

Kevelaers (fortfahrend)

Und ich verspreche, Euch nicht lange aufzuhalten.

Der Notar.

Meinherr Kevelaers hat wahrscheinlich wieder einen Pachthof, ein Stück Land angekauft?

Kevelaers.

Doch nicht.

Der Notar.

Ober ein Haus?

Kevelaers.

Auch nicht. Die Sache, über welche ich mit Euch zu sprechen wünsche, ist von größerem Belang, sowohl für Euch, wie für mich.

(Er deutet ihm durch Zeichen an, Friedrich zu entfernen).

Der Notar.

In der That? (Zu Friedrich) Meinherr Friedrich, habt doch die Güte, ein Mal bis in's Sterbehaus zu gehen und die versammelten Erben zu benachrichtigen, daß ich augenblicklich kommen werde.

Friedrich.

Gut, Meinherr! (Aufstehend, bei Seite) Himmel, wie komm' ich zu meinem Rocke? Zieh ich den Vorhang auf, so sieht er Lina, und in dem Falle sind wir verloren.

Der Notar (hat unterdessen Stühle für sich und
Herrn Kevelaers herbeigeschoben.)

Nun, Meinherr Friedrich?

Friedrich (geht wie er ist).

Ich gehe schon, Meinherr.

Der Notar.

Was, wollt Ihr in dem Rocke gehen?

Friedrich (umdrehend).

Ja, es ist wahr — aber es lohnt sich nicht erst der Mühe, es ist ja keine hundert Schritte von hier.

Lina (bei Seite. Er geht).

Gut, nun geht Friedrich weg, und ich bleibe allein hier.

Neunter Auftritt.

Die Vorigen ohne Friedrich.

Der Notar (Friedrich nachsehend).

Die jungen Leute! Wenn sie die Liebe im Kopfe haben, sind sie wie Hühner ohne Kopf.

Kevelaers.

Die Liebe?

Der Notar.

Nun ja.

Kevelaers.

Ihr habt Recht, Notar! Ich selbst, wie Ihr mich hier seht, der ich doch nicht mehr jung bin, nun, ich habe Nichts mehr im Kopf als Heirathen.

Der Notar.

Wie, Meinherr Kevelaers sollte sich verheirathen wollen?

Kevelaers.

Ihr habt es gerathen, und eben in dieser Angelegenheit war es, daß ich mit Euch zu sprechen wünschte.

(Sie setzen sich).

Lina (bei Seite).

Nun, wenigstens wird das Gespräch sich ruhig anhören lassen.

Der Notar.

Ich bin durch Euer Vertrauen auf das Höchste geschmeichelt, Meinherr Kevelaers.

Kevelaers.

Uebrigens betrifft die Sache so gut Euch wie mich, und da man anderswo auf Euch wartet, werde ich mich kurz fassen. Ihr habt eine Tochter, Meinherr.

Der Notar (bei Seite).

Wo will er hinaus?

Lina (bei Seite).

Was hör' ich?

Kevelaers (fortfahrend).

Ein liebes Mädchen. Nun — ich bin verliebt in sie, und komm' Euch fragen, ob Ihr mir ihre Hand schenken wollt?

Lina (bei Seite).

O der alte Narr! Horchen wir.

Der Notar (überlegend).

Diese Frage, Meinherr Kevelaers, ist sehr schmeichelhaft, setzt mich aber zugleich in Verwunderung. Ich kenne Eure Abneigung gegen das Heirathen —

Kevelaers.

Eine Abneigung, die ich nicht länger fühle, seit ich Eure Tochter genau kennen gelernt habe. Aber Ihr habt mir nicht geantwortet?

Der Notar.

Ich kann es unmöglich so augenblicklich.

Kevelaers.

Ist das ein abschläglicher Bescheid?

Der Notar.

Keinesweges. Was mich betrifft, so nehm' ich Euern Antrag sehr gern an, glaubt mir, wenn ich in der ganzen Stadt für meine Tochter wählen sollte, würde meine Wahl auf euch allein fallen. Aber Ihr begreift, daß ich doch erst mit meiner Tochter sprechen muß . .

Lina (bei Seite).

Ich sage nein, drei Mal, tausend Mal Nein.

Kevelaers.

Geht doch, Notar, ein Mann wie Ihr kann eine Tochter zu Allem überreden. Ihr könnt Ihr tausend Gründe vorhalten: mein Vermögen, meine gute Stellung, unsere Beziehungen —

Der Notar.

Ganz recht, Meinherr Kevelaers. (Bei Seite) Ein so reicher Mann — wer hätte das je gedacht!

Kevelaers.

Sie wird vielleicht einige Einwendungen machen — über die Verschiedenheit des Alters —

Der Notar.

O, das laßt Euch nicht bekümmern, Meinherr, das ist Geschwätz, welches ich bald zum Schweigen bringen werde —

Lina (bei Seite).

Vater!

Kevelaers.

Also darf ich hoffen und mich auf Euern Beistand verlassen?

Der Notar.

Fest. Was mich betrifft, habt Ihr mein Wort, und möge nun meine Tochter geneigt sein oder nicht, so gebe ich Euch die Versicherung, daß ich sie, wenn nicht gleich, doch bald dahin bringen werde, in meine Wünsche einzustimmen.

Lina (bei Seite).

Nichts da. Lieber laß' ich mich noch entführen.

Kevelaers (aufstehend und Herrn Archief die Hand reichend).

Diese Versicherung genügt mir. Wann werdet Ihr mit Eurer Tochter gesprochen haben? Ich wünsche sobald wie möglich ihrer Einwilligung gewiß zu sein.

Lina (bei Seite).

Da könnt Ihr warten.

Der Notar.

Sobald ich aus dem Hause des Herrn von Poirtere zurückkomme, werde ich mit ihr sprechen. In zwei Stunden werde ich Euch ihre Antwort überbringen.

Kevelaers.

Nicht nöthig. Ich würde die Geduld nicht haben, Euch zu erwarten, ich werde selbst kommen, um mir die Antwort zu holen.

Friedrich (eintretend, bei Seite).

Sie sind noch nicht fort. (Laut). Alle Erben sind versammelt, Meinherr, und lassen Euch sagen, daß sie voll Ungeduld auf Euch warten.

Der Notar.

Das läßt sich denken. Meinherr Kevelaers, verzeiht —

Kevelaers.

Ich halt' Euch nicht mehr auf, Notar. Kommet, unser Weg ist derselbe.

(Herr Kevelaers und der Notar ab).

Zehnter Auftritt.

Lina (in der äußersten Bewegung vorkommend, zu sich selbst).

O, aber das ist nicht möglich! Mein Vater wird doch seine Tochter nicht für eine Handvoll Geld aufopfern.

Friedrich (der ängstlich horcht).

Was hör' ich?

Lina.

Friedrich, was hab' ich meinem Vater gethan, daß er so mit mir verfährt?

Friedrich.

Erklärt mir doch, Lina — ich versteh' Euch nicht.

Lina.

Ja, es ist wahr, Ihr wart nicht da, Ihr seid nicht Zeuge gewesen von der unerhörten Verhandlung —

Friedrich.

Eine Verhandlung?

Lina.

Ja, als Ihr fort wart —

Friedrich.

Als ich fort war? Um des Himmels willen, beruhigt Euch, Lina, und sagt mir, was vorgefallen ist?

Lina.

Ich bin versprochen, Friedrich; ein Anderer als Ihr soll mein Gatte werden.

Friedrich.

Ihr scherzt, Lina.

Lina (böse).

Dazu wäre der Augenblick schlecht gewählt, Meinherr; was ich sage, ist Wahrheit, und kein Scherz.

Friedrich.

Werdet nicht böse, Lina, es kommt mir nur so seltsam vor, weil Ihr doch seit ich fort war —

Lina (ihm in die Rede fallend).

Ihr habt den Herrn Kevelaers hier gelassen, nicht wahr? Nun wohl, er kam um mich anhalten, und mein Vater hat ihm meine Hand versprochen.

Friedrich.

Dem alten Geizhals? Ist es möglich? (Bei Seite.) Be= nutzen wir den Umstand.

Lina.

Es soll nicht geschehen, Friedrich, Euch oder Niemand.

Friedrich.

Das ist recht gut, Lina, aber wenn Ihr nun das Mittel nicht wollt, wodurch allein es möglich wird —

Lina.

Ich versteh' Euch, aber, Friedrich, das zu thun ist mir ja doch unmöglich!

Friedrich.

Euer Vater selbst räth es Euch an.

Lina.

Wenn mein Vater einen unbesonnenen Rath ertheilt, so ist es an mir, ihm nicht zu folgen.

Friedrich.

Aber Eure Mutter that dasselbe?

Lina.
Meine Mutter? Das ist wahr, aber dennoch —

Friedrich.
Euer Vater wird Euch zwingen, diesen Mann zu heirathen.

Lina.
Ich lasse mich nicht zwingen, Friedrich.

Friedrich.
Das sagt Ihr jetzt, Lina, und nachher werdet Ihr doch unterliegen. O, stimmt ein, flüchten wir, oder Ihr seid für mich verloren.

Lina (bei Seite).
O mein Gott, ich fühle mein Herz schwanken. (Laut). Wohl, Friedrich, wir wollen sehen — später, wenn mein Vater mit mir gesprochen haben wird.

Friedrich.
Nein, Lina, dann ist es zu spät, denn er wird Euch das Jawort abpressen.

Lina.
So schnell wird das doch nicht gehen.

Friedrich.
Lina, Ihr liebt mich nicht!

Lina (stammelnd).
Aber, Friedrich, was Ihr mir anrathet, ist ein Fehltritt — das ist nicht recht von Euch.

Friedrich.
Ein Fehltritt, Lina! Und wär' es selbst einer, so entschuldigt ihn das Verfahren Eures Vaters.

Lina (schamhaft).

Wohlan, Friedrich, ich will Euch meine Ehre anvertrauen und Euch folgen.

Friedrich.

O was mich dies Wort glücklich macht! Und wann, Lina, wollen wir unsern Plan ausführen?

Lina.

Sogleich, denn später könnte ich mich eines Andern besinnen.

Friedrich.

Sogleich, sagt Ihr?

Lina.

Ja, die Zeit drängt. In einer Stunde wäre es zu spät.

Friedrich.

Doch wie alles Nöthige besorgen? Wo finden wir einen Wagen?

Lina (bei Seite).

Dem Himmel sei Dank, ich bin gerettet! (Laut.) Ich gehe Vincent befehlen, unsern Wagen anzuspannen und in der kleinen Straße hinter dem Hause auf uns zu warten.

Friedrich.

Eures Vaters Wagen — was fällt Euch ein, Lina?

Lina.

Laßt mich nur machen. Ihr sorgt für das Geld und haltet Euch in Bereitschaft, ich komme augenblicklich zurück.

Elfter Auftritt.

Friedrich (allein).

Ihres Vaters Wagen — doch ja, Eile thut Noth. Wohlan, befolgen wir Wort für Wort die Anweisungen meines Patrons. Zuerst nehmen wir Geld — Geld ist in diesem, wie in so manchem andern Falle die Hauptsache. Schreiben wir den Empfangschein. (Setzt sich an das Pult und schreibt.) Jetzt nehmen wir die Summe und legen wir dafür die Quittung hin. (Während er aus einem Schubfach des Pultes Geld nimmt.) So ernsthaft die Angelegenheit ist, so kann ich mich doch nicht erwehren, zu lachen. Es ist nicht übel, die Tochter nach dem Rath des Vaters zu entführen und noch dazu mit seinem eigenen Gelde und seinem eigenen Wagen. Nun, was das letzte betrifft, das wäre mir nicht eingefallen, das ist Lina's Erfindung. Schreiben wir nun an meinen künftigen Schwiegervater — ich muß doch mein Versprechen halten und ihm den Namen meiner Geliebten melden. (Er schreibt.) „Meinherr, ich kann nicht abreisen, ohne Euch nochmals für Euern guten Rath zu danken. Nach einigem Widerstand hat meine Geliebte meinen Vorschlag angenommen. Da die Gelegenheit günstig war, so haben wir nicht gezögert, unser Vorhaben sogleich auszuführen. Ich habe aus dem Schubfach meines Pultes einige Banknoten genommen und dafür einen Empfangschein hineingelegt. Ich darf nicht vergessen, Euch zu sagen, daß es Fräulein Lina Archief ist, die ich entführe. Euer künftiger Schwiegersohn." (Er unterzeichnet.) Nun den Brief zugemacht, an den Papa Notar adressirt, und auf das Pult gelegt. (Er thut es). Und jetzt endlich meinen alten Rock aus und meinen guten angezogen, und fertig bin ich. O du wechselvolle Welt! Wer mir diesen Morgen, als ich hierher kam, das Alles vorausgesagt hätte, ich hätte ihn einen Träumer, einen Lügner gescholten! Aber wo bleibt Lina? Sollte sie schon andern Sinnes geworden sein? Nein, das wäre —

Zwölfter Auftritt.
Lina, Friedrich.
Lina.
Hier bin ich. Seid Ihr fertig?

Friedrich.
Schon lange.

Lina.
Ihr habt Nichts vergessen?

Friedrich (wie zu Boden geschlagen).
Ja, das Nothwendigste, das Unumgänglichste, die beiden Zeugen, vor denen Ihr erklären müßt, daß Ihr mir freiwillig folgt.

Lina.
Kommt nur, die haben wir nicht nöthig.

Friedrich.
Allerdings haben wir sie nöthig, denn sonst kann Euer Vater mich als Entführer festnehmen und gefangen setzen lassen.

Lina (ihn am Arm nach der Thür rechts ziehend).
Aber wenn ich Euch sage, daß wir sie nicht brauchen! Kommt, verlieren wir keine Zeit. Vorhin wollte ich nicht, und jetzt seid Ihr es, der nicht will.

Friedrich.

Ich will nicht in's Gefängniß, wo ich Euch so und so lange nicht sehen könnte.

Lina.

Ich sag' es Euch: kommt!

Friedrich.

Nun, wenn Ihr weder auf mich, noch auf die Vernunft hören wollt — Ihr habt's gewollt — sei's denn.

Dreizehnter Auftritt.

Die Vorigen. Peter und Dries.

Peter.

Ist Meinherr der Notar Archief zu sprechen?

Lina (leise zu Friedrich).

Seht Ihr wohl, nun ist Alles verloren.

Friedrich (ebenso zu Lina).

Sagt lieber, daß es der Himmel ist, der diese beiden hersendet. (Laut zu den Bauern). Meinherr Archief ist eben ausgegangen, aber er wird sogleich wiederkommen, setzt Euch einstweilen.

(Zeigt ihnen die Stühle, die links stehen).

Peter.

Meinherr ist wahrscheinlich sein Schreiber?

Friedrich.

So ist es.

Peter.

Dann könnten wir unsere Sachen wohl auch mit Euch abmachen?

Friedrich.

Verzeiht mir, ich muß ausgehen — man wartet auf mich — ich muß das Fräulein begleiten.

Lina.

In der That, Meinherr kann nicht verziehen. Ich kam ihn wegen einer höchst wichtigen Sache holen und bitte ihn nochmals, mir augenblicklich zu folgen.

Friedrich (bei Seite).

Gut, jetzt ist sie es, die mich entführt.

Peter.

Sehr wohl, Jungfrau. Geht nur, Meinherr Schreiber, wir warten, bis Meinherr Archief kommt — nicht wahr, Dries?

Dries.

Mir ist's gleich.

Lina.

Kommt denn, Meinherr.

(Indem sie im Begriff sind, durch die Seitenthür rechts abzugehen, hört man einen Wagen fortfahren).

Friedrich (leise zu Lina).

Was, der Wagen fährt fort?

Lina (leise zu Friedrich).

Das kann nicht unserer sein. Geht voraus. (Während Friedrich hinausgeht, bei Seite): Wenigstens soll meine Ehre vor aller Nachrede sicher sein.

Vierzehnter Auftritt.

Peter (sich niedersetzend).

Ich glaube, er hat gesagt, wir sollen uns was setzen.

Dries (sich ebenfalls niedersetzend).

Und hätt' er's auch nicht gesagt, wir werden für's Sitzen nicht mehr bezahlen als für's Stehen. Nun, Ihr müßt's eingestehen, Peter, daß die Menschen in der Stadt gut gelogiert sind. Was für ein Unterschied zwischen den Häusern hier und bei uns!

Peter.

Ja, das glaub' ich. Hier fühlt man kein Lüftchen und bei uns — da fliegt eine Thür zu, wenn die andere aufgeht, daß es schrecklich ist.

Dries.

Und die Stühle! Was die bequem sind!

Peter.

Und die Dielen! Das ist was anders als unsere rothen Ziegeln.

Dries.

Ja, Peter, ich möchte wohl auch ein Herr sein und in der Stadt wohnen. Ich hab' schon öfter mit unserer Anne Mie d'rüber gesprochen, aber die will Nichts davon wissen, die spricht, sie bleibt lieber Bäuerin.

Peter.

Und ich glaub', daß sie recht hat, das Weib, denn wenn die Städter auch besser gelogiert sind, glücklicher als wir sind sie darum doch nicht.

Dries.

Meint Ihr? Sie gewinnen doch ein schönes Geld, Junge. Seht, hier gleich der Notar, ich wette doch, daß der Mann nicht mit den besten Bauern in unserm Kirchspiel tauschen möchte.

Peter.

Da sprecht Ihr ein wahres Wort, Dries, aber wir wissen auch nicht, ob der Pachter mit dem Notar würde tauschen wollen.

Funfzehnter Auftritt.

Die Vorigen. Der Notar.

Der Notar (an der Thür, bei Seite).

Nun, das geht ja; die machen es sich bequem.

Dries.

Ihr sagt das, Peter, aber Notar sein, das ist nicht übel.

Der Notar (vorkommend).

Guten Tag, Freunde!

(die Bauern stehen verlegen auf).

Peter.

Sieh da, Meinherr Notar, wir hatten Euch nicht kommen hören; man hatte uns gesagt, wir sollten etwas warten, und da saßen wir denn hier ein wenig schwatzen.

Der Notar.

Ihr thatet wohl, Freunde.

Dries.

Meinherr Notar das ist 'ne gute Seele, immer liebreich. Ihr kennt mich doch, nicht wahr, Meinherr?

Der Notar.

Wie sollt' ich Euch nicht kennen, Van Gallebaert? Ihr kommt sicher die Papiere über das Stückchen Land holen, das Ihr unlängst angekauft habt?

Dries.

Recht gerathen, Meinherr.

Peter.

Und ich auch.

Der Notar.

Peter Langenakker, wenn mir recht ist?

Peter.

Derselbe; Meinherr hat eine gute Memorie.

Der Notar.

Nun, Freunde, Eure Papiere liegen bereit, und wäre mein Schreiber hier gewesen, so hätte er Euch dieselben geben können.

Peter.

Euer Schreiber war hier, Meinherr, aber er mußte eilig ausgehen, und so hieß er uns auf Euch warten.

Der Notar.

So, so? Dann wartet, und ich will sehen, ob ich sie finde. (Er geht an Friedrichs Pult und sieht den Brief. Für sich). Was ist denn das? Friedrichs Schrift. Sollte der Kerl schon auf und davon sein? Da muß sie sich haben schnell überreden lassen. (Er öffnet den Brief). Richtig, es ist so — aber, was seh' ich? Meine Tochter? (Er steht niedergeschlagen).

Peter (Dries anstoßend).

Was hat er denn?

Der Notar (bei Seite).

O das soll er mir bezahlen! (Laut.) Freunde, ist mein Schreiber allein ausgegangen?

Peter.

Das nicht, Meinherr. Er ging mit einer Jungfrau, die ihn, wie sie sagte, wegen einer wichtigen Sache holen gekommen war —

Der Notar.

Wie, sie hat Euch gesagt, daß —

Peter.

Wir wollten mit Eurem Herrn Schreiber sprechen, aber sie hat uns gesagt, daß er keine Zeit hätte, um uns anzu=hören, daß sie ihn zu einer wichtigen Sache brauchte, und, daß sie ihn ersuchte, ihr auf der Stelle zu folgen.

Der Notar (bei Seite).

Die Ehrlose! Und ich muß mich noch zusammennehmen, mir Nichts merken lassen — (Laut.) Freunde, ich kann Eure Papiere jetzt nicht finden, kommt nächsten Markttag wieder, da sollen sie bereit liegen.

Dries.

Gut, Meinherr, gut.

Peter (im Gehen, bei Seite).

Er ist derselbe=Mann nicht mehr. Wie kann Jemand sich nur so auf ein Mal verändern!

Dries und Peter (an der Thür).

Guten Tag, Meinherr Notar!

Sechzehnter Auftritt.

Der Notar allein.

O dieser Taugenichts! Diese Schlange, die ich in mei=ner Brust erwärmte, damit sie mich steche! Aber das soll ihm nicht so hingehen. Und Ihr, mein Fräulein Lina, ich werde mich wahrhaftig nicht mit der Herstellung Eurer Ehre bemühen, die Ihr verläugnet habt. Ja, nicht gezögert! Angespannt und ihnen nach — sie sollen nicht davonkommen. (Er klingelt heftig). Niemand! (Klinget wieder). Wird denn in des Teufels Namen Niemand kommen? (Er klingelt zum dritten Male, läuft dann an die Thür links, und schreit aus allen Kräften) Vincent! Vincent!

Siebzehnter Auftritt.

Der Notar. Herr Kevelaers.

Kevelaers (durch die Mittelthür kommend, bei Seite). Was für ein Lärm?

Der Notar (der ihn nicht bemerkt hat, stürzt der Mittelthür zu).

Vincent! Vincent!
(Er glaubt Vincent vor sich zu haben, faßt Herrn Kevelaers beim Kragen und zerrt ihn vorn auf die Bühne).

Kevelaers (schreiend).

Holla, Notar, holla!

Der Notar (seinen Irrthum bemerkend).

Vergebt mir, Meinherr, ich glaubte, meinen Diener zu halten.

Kevelaers.

Und wenn es auch Euer Diener gewesen wäre — (bei Seite). Er hat mich beinah erwürgt.

Der Notar.

O wenn Ihr wüßtet, wie der Schelm mich manchmal ärgerlich machen kann!

Kevelaers.
Ich bin es gewahr worden.
Der Notar.
Ich schreie mich manchmal halb todt nach ihm.
Kevelaers.
Ich hab' es gehört, aber — um auf etwas Anderes zu kommen —
Der Notar.
Allerdings (bei Seite). Ich will sehen, daß ich ihn so geschwind wie möglich fortbringen kann. (Laut). Meinherr Kevelaers, es thut mir leid, daß Ihr Euch die Mühe gegeben habt, hierher zu kommen.
Kevelaers.
Hab' ich Euch nicht gesagt, Notar, daß ich Eure Antwort —
Der Notar (ihn unterbrechend).
Eben weil ich Euch keine günstige Antwort zu geben habe, hätte ich gewünscht, daß —
Kevelaers.
Keine günstige Antwort — Fräulein Archief schlägt also meine Hand aus?
Der Notar.
Nicht geradezu, Meinherr, aber um Bedenkzeit hat sie gebeten. (bei Seite). Ich steh' auf Kohlen.
Kevelaers.
So daß ich also wenig zu hoffen habe?
Der Notar.
Sehr wenig, Meinherr. Es thut mir leid, Euch das

sagen zu müssen — (bei Seite). Wäre er doch in Gottes
Namen nur erst weg!

Kevelaers (bei Seite).

Angeführt! Verdammt! (Laut). Meinherr Notar, ich
eracht' es für unnöthig, mit Eurer Tochter noch weiter über
mich zu sprechen, indem sie mich doch ausschlagen würde —

Der Notar.

Das denk' ich auch, indessen, wenn Ihr es verlangt —

Kevelaers.

Nein, ich verlang' es nicht, ich will Euch nur sagen,
daß, wer zu hoch hinaus will, meistens die Rechnung ohne
den Wirth macht.

Der Notar (bei Seite).

Wem sagt er das? (Laut). Es ist wahrhaftig nicht aus
Hochmuth, glaubt mir —

Kevelaers (beleibigt).

Ich glaube, was mir gefällig ist, Meinherr. Uebrigens
giebt es Mädchen, die reicher sind als Fräulein Archief und
mich nicht abweisen werden.

Der Notar (bei Seite).

Gut, da verlier' ich noch einen Klienten. Und wenn ich
dadurch nur meine Tochter zurückbekäme!

Kevelaers.

Versteht Ihr mich, Meinherr Archief?

Der Notar.

Ja, Meinherr, ich bin in Verzweiflung —

Kevelaers.

Und ich, Meinherr, ich grüße Euch.

Achtzehnter Auftritt.
Der Notar. Dann Clara.

Der Notar.

Ich kriege noch den Schlag. (Schreiend) Vincent! Vincent! Der verdammte Kerl — wart', ich will dich suchen.
(Läuft nach der Thür links, eben als Clara sie öffnet).

Clara.

Meinherr Notar ruft?

Der Notar.

Zum Teufel, seit einer Stunde schrei' ich nach Vincent.

Clara.

Ja, Vincent kann Euch nicht hören, Meinherr, er ist weg.

Der Notar.

Wohin?

Clara.

Das weiß ich nicht, ich weiß nur, daß er weg ist.

Der Notar (mit den Füßen stampfend).

So sprecht doch ordentlich, alte Plapperschachtel!

Clara.

Nun gut, Meinherr, ich hab' gehört, daß Fräulein Lina ihm befahl, anzuspannen und an der Hinterthür im Gäßel zu warten.

Der Notar (für sich).

Das fehlte noch — in meinem eigenen Wagen!
(Er sinkt in einen Sessel.)

Clara (läuft herbei).

Ach, lieber Herr! der Schlag rührt ihn! Nur den Doktor.

Der Notar.

Wollt Ihr schweigen, alte Hexe!

Clara.

Alte Hexe? So hat er mich noch nie genannt. Und was sieht er wild aus! (Schreit). Hülfe! Hülfe!

Der Notar (aufspringend).

Schweig', sag' ich, und macht, daß Ihr wegkommt.

Clara (weglaufend).

Der Notar wird verrückt! (Ab in die Küche).

Neunzehnter Auftritt.

Der Notar, Lina und Friedrich im Zimmer rechts, später Vincent.

Der Notar (allein, wieder in den Sessel fallend).

Alle Hoffnung, sie noch einzuholen, ist verloren. Ich bin recht unglücklich! Unseliger Rath, den ich gab — ich muß ihn theuer büßen! Bis jetzt hielt man mich für ein Muster von strengen Sitten, und morgen weist man vielleicht schon mit Fingern auf mich.

(Er verbirgt sein Gesicht in den Händen und weint).

(Die Thür rechts wird leise geöffnet).

Lina (leise zu Friedrich).

Ich glaube, daß der Augenblick günstig ist.

Friedrich (leise).

Noch nicht.

Lina (leise).

Armer Mann, wie er leidet!

Der Notar (richtet den Kopf auf, Friedrich zieht leise die Thür wieder zu).

Ja, ja, morgen weiß die ganze Stadt den Vorfall mit den kleinsten Umständen. (Aufstehend). Aber ich verliere eine kostbare Zeit. Ich muß sie einholen, sie müssen mit mir zurück, ich vergebe ihnen, meine Einwilligung in ihre Heirath soll meine Rache sein. Nicht länger gezögert. (Man hört einen Wagen). Was ist das — mein Wagen? (Am Fenster). Ja! (Rufend) Vincent! Vincent!

Vincent (Von draußen).

Ich komme, Meinherr.

Der Notar (das Fenster schließend).

Nun werd' ich wenigstens hören, wo sie sind. (Zu Vincent, der eintritt.) Von wo kommt Ihr?

Vincent.

Von wo ich komme? Meinherr, das weiß ich beinah selbst nicht.

Der Notar.

Ich frage, wo Ihr gewesen seid — wo Ihr meine Tochter hingebracht habt, Schurke?

Vincent (bei Seite).

Schurke, ich? (Laut). Fräulein Lina, Meinherr, ich weiß nicht, was Ihr wollt —

Der Notar.

Aber ich weiß, was Ihr wollt —

Vincent.

Und mich hole der Kuckuck, wenn ich aus Euch klug werde.

Der Notar (bei Seite).

Vielleicht weiß er Nichts, in dem Falle verrathen wir uns nicht. (Laut, sanfter) Wollt Ihr mir sagen, wo Ihr gewesen seid?

Vincent.

Herzlich gerne, draußen bei Eurem Pachter, wohin Fräulein Lina mich mit einem Briefe an ein fremdes Fräulein schickte, welches dort sein sollte, aber nicht da war —

Der Notar (bei Seite).

Ich verstehe — Sie hat ihn unter einem Vorwand entfernt.

Vincent.

Ihr frugt mich, wo Fräulein Lina wäre? Ich möcht' es selber gern wissen, um mich bei ihr zu bedanken, daß sie mich so schön in den April geschickt hat.

Der Notar (bei Seite).

Wenn ich ihm sagen könnte, wo sie ist!

Vincent.

Ohne in Anschlag zu bringen, daß ich einen versiegelten Brief bei mir hatte und mich in Contravention mit dem Postgesetz befand.

Der Notar.

Vincent, spannt nicht aus — wir fahren sogleich nach der Eisenbahn.

Vincent (bei Seite).

Was hier vorgegangen sein muß, begreif' ich nicht. Der Herr ist in einem Zustand, wie ich ihn noch nie sah — die Tochter —

Der Notar.

Nun, Vincent, habt Ihr gehört?

Vincent.

Ja wohl, Meinherr. Ich erwarte Euch.

(Eilig ab).

Der Notar.

O Gott, habt doch die Gnade, mich meine Tochter bald wiederfinden zu lassen!

(Er geht der Thür zu, während plötzlich Lina und Friedrich erscheinen).

Zwanzigster Auftritt.

Der Notar, Lina und Friedrich, später Vincent.

Lina (sich in ihres Vaters Arme werfend).

Der Wunsch ist Euch erfüllt, Vater.

Der Notar (sie freudig umarmend).

Meine Tochter! Ihr kommt also wieder zu mir! Gott sei gedankt! Und Ihr auch, Friedrich! (Reicht ihm die Hand.)

Friedrich.

Wir haben Euch nicht verlassen. Wir gingen nicht weiter, als bis in das Zimmer dort.

Der Notar.

Und seid Zeugen gewesen von Allem, was hier vorging? (Vincent kommt unbemerkt herein).

Lina (ihren Vater liebkosend).

Vor Allem, Vater. Wir wissen, daß Ihr in unsere Heirath willigt.

Vincent (bei Seite).

Unsere Heirath! Es wird hier also geheirathet? Gut, dann kommen sie unter den Paragraphen 213.

Der Notar (seine Tochter nochmals umarmend, und Friedrich die Hand drückend).

Ja, ich willige ein.

Vincent (bei Seite).

Das wird zu rührend. (Laut) Meinherr Notar, wenn Ihr befehlt —

Der Notar.

Ich habe mich anders besonnen, Vincent, ich fahre nicht, spannt aus, und sagt Clara, daß Meinherr Friedrich zu Mittag bleibt.

Vincent (sich verbeugend und gehend, bei Seite).

Der verdammte Poet! (Ab.)

Der Notar.

Und Ihr, meine Kinder, seid glücklich.

Lina.

O das werden wir sein, nicht wahr, Friedrich?

Der Notar (Friedrich bei Seite nehmend).

Nur nehmt Euch in Acht, wenn man Euch um Rath fragen kommt, Friedrich, und später, wenn Ihr auch Töchter habt, denkt stets an das Sprüchwort:

Lina (die ihn unbemerkt behorcht hat).

Wie die Mutter, so die Tochter.

Myne eerste vlerken. Turnhout 1842.
Een Winteravond in de Kempen, drie volkslegenden. Antwerpen 1844.
Victor Hugo's balladen. Antwerpen 1845.
De Bloedolek, drama in 3 bedryven, (vervlaemscht) Brussel 1847.
De Huisraed van Lisa, Kluchtspel in 1 bedryf (vervlaemscht). Brussel 1849.
Anna of de Molenaer van Oud-Turnhout, tooneelsp. in 1 bedryf (vervlaemscht). Brussel 1849.
De tooneelliefhebbers, blyspel in 1 bedryf. Brussel 1849.
De Wiskunstenaers, blyspel in 1 bedryf (vervlaemscht). Brussel 1850.
De Barrikadenmakers, blyspel in 1 bedryf (vervlaemscht). Brussel 1850.
Arme Jack, drama in 1 bedryf (vervlaemscht) Brussel 1851.
De Belgen in 1848 volksdrama in 1 bedryf (met F. Roelants). Brussel 1851.
De Jaloerscken, blyspel in 1 bedryf (vervlaemscht). Brussel 1852.
Raed en Daed, blyspel in 1 bedryf. Brussel 1852.
Rue des Pierres no. 60, blyspel in 1 bedryf. Brussel 1852.
De Veldwachter, blyspel in 1 bedryf. Brussel 1853.
Willem Beukels, zangspel in 1 bedryf (met S. Willems). Brussel 1853.
Gedichten. Gent 1855.